中华人民共和国海船船员培训合格证考试培训教材

交通运输类“十四五”创新教材

符合《海船船员培训大纲（2021版）》《海船船员考试大纲（2022版）》要求

JIBEN ANQUAN —— GEREN ANQUAN YU SHEHUI ZEREN

基本安全

—— 个人安全与社会责任

中国海事服务中心 组织编审

大连海事大学出版社
DALIAN MARITIME UNIVERSITY PRESS

图书在版编目(CIP)数据

基本安全：个人安全与社会责任 / 中国海事服务中心编. — 大连：大连海事大学出版社，2023.6(2024.12 重印)
中华人民共和国海船船员培训合格证考试培训教材
ISBN 978-7-5632-4394-5

Ⅰ.①基… Ⅱ.①中… Ⅲ.①船舶航行-交通运输安全-技术培训-教材 Ⅳ.①U698

中国国家版本馆 CIP 数据核字(2023)第 095652 号

大连海事大学出版社出版

地址:大连市黄浦路523号 邮编:116026 电话:0411-84729665(营销部) 84729480(总编室)

http://press.dlmu.edu.cn E-mail:dmupress@dlmu.edu.cn

大连天骄彩色印刷有限公司印装　　大连海事大学出版社发行

2023 年 6 月第 1 版　　2024 年 12 月第 5 次印刷

幅面尺寸:184 mm×260 mm　　印张:12　　字数:277 千

出版人:刘明凯

责任编辑:杨　洋　　责任校对:刘若实

封面设计:解瑶瑶　　版式设计:解瑶瑶

ISBN 978-7-5632-4394-5　　定价:64.00 元

中华人民共和国海船船员
培训合格证考试

编写委员会

主　　任: 刘正江　赵友涛

执行主任: 王　勇

副 主 任:（按姓氏笔画排序）

丁振国　万　红　马洪涛　王　琪　王　磊　王进博　王松明
王明雨　方　磊　邓志华　曲　涛　朱耀辉　刘月鹏　刘芳武
刘金华　刘宗朴　刘宪珍　许　亮　李　志　李　翼　李先强
李江华　李明阳　杨延存　杨志勇　杨神化　何　毅　何江华
闵金卫　汪益兵　张　洋　张玉波　张世峰　陈东水　邵国余
林叶锦　林杰民　周兆欣　郑学贵　赵丽君　赵宏革　俞万能
俞文胜　贾宝柱　徐　攀　徐立华　徐言民　徐得志　翁石光
唐　锋　黄党和　盛　君　盛进路　章文俊　隋江华　蒋更红
曾冬苟　黎冬楼　滕宪斌

委　　员:（按姓氏笔画排序）

王方金　王立军　王希行　王建军　卢艳民　田学军　田海涛
史　言　代　锐　冯海龙　邢博君　吕二广　吕建明　朱永强
刘　雨　刘长青　刘沁源　刘新亮　关长辉　江建华　许媛媛
杜　新　杜金印　李继凯　李道科　李富玺　杨　林　杨　栋
吴叶平　沈荣欣　张　竹　张　磊　张芳亮　张春阳　张选军
陆宝成　陈永利　陈依梁　陈福洲　武　斌　林　郁　罗宏富
金建元　宗永刚　赵志强　赵贵竹　郝振钧　胡贤民　姜广丰
聂　涛　奚　瑞　高世有　高增云　席建龙　黄兴旺　阎　义
葛　帆　蒋　龙　程　欣　温秀萍　裴景涛　熊正华　黎鹭丹
戴　武

前　言

《中华人民共和国海船船员培训合格证书签发管理办法》已于 2019 年修订并于 2019 年 10 月 1 日起施行。交通运输部 2021 年发布的《海船船员培训大纲(2021 版)》,对海船船员培训合格证的适任要求,培训的理论知识、实践技能,评价标准及学时等作出了详细规定;中华人民共和国海事局根据《中华人民共和国海船船员适任考试和发证规则》和《海船船员培训大纲(2021 版)》编制并发布的《海船船员考试大纲(2022 版)》,对海船船员培训合格证理论考试大纲、实操评估大纲作出了详细规定。

为更好地实施高素质船员队伍建设,在新形势、新要求下推进并完善海船船员培训工作,增强海船船员的个人安全意识,进一步提升海船船员适任能力,中国海事服务中心组织具有丰富培训教学经验和航海实践经验的专家编写并审定了本套"中华人民共和国海船船员培训合格证考试培训教材"。

本套教材满足《1978 年海员培训、发证和值班标准国际公约马尼拉修正案》、《海船船员培训大纲(2021 版)》和《海船船员考试大纲(2022 版)》对海船船员培训合格证的各项要求,紧密结合我国有关船员职业培训的最新规定,知识点全面,图文并茂,易于学习、理解,可作为海船船员培训合格证培训用书,亦可作为船上人员解决工作中实际问题的工具书。

本套教材包括:

Z01	《基本安全——个人求生》
	《基本安全——防火与灭火》
	《基本安全——基本急救》
	《基本安全——个人安全与社会责任》
Z02	《救生艇筏和救助艇操作与管理》
Z03	《快速救助艇操作与管理》
Z04	《船舶高级消防》
Z05	《船舶精通急救》
Z06	《船上医护》
Z07、Z08	《船舶保安意识与职责》
Z09	《船舶保安员》
T01	《油船和化学品船货物操作(基本培训适用)》
T02	《油船货物操作(高级培训适用)》

（续表）

T03	《化学品船货物操作（高级培训适用）》
T04	《液化气船货物操作（基本培训适用）》
T05	《液化气船货物操作（高级培训适用）》
T06	《客船操作与管理》
T07	《大型船舶操纵》
T081、T082	《高速船操作与管理》
T09、T10	《船舶装载包装及散装固体危险和有害物质操作与管理》
T11、T12	《使用气体或其他低闪点燃料船舶操作与管理》
T13、T14	《极地水域船舶操作与管理》

在本套教材的编写、出版过程中，得到了各直属海事局、航海教育培训机构、航运企业及大连海事大学出版社等单位的大力支持，特致谢意。

中国海事服务中心

2022 年 10 月

扫码学习《深入学习贯彻党的二十大精神　加快建设交通强国　当好中国式现代化开路先锋》

编者的话

《基本安全——个人安全与社会责任》依据《海船船员培训大纲(2021 版)》和《海船船员考试大纲(2022 版)》对海船船员培训合格证的各项要求,紧密结合我国有关船员职业培训的最新规定编写,适用于海船上所有船员 Z01 基本安全培训合格证的考试培训,也可作为船上人员解决工作中实际问题的工具书。

本书共分为十章,内容包括:第一章紧急情况的预防与控制,第二章紧急情况下的应变部署,第三章船舶应急反应,第四章船上安全作业,第五章防止船舶污染海洋环境,第六章船上信息交流和语言技能,第七章船员人际关系,第八章防止和控制疲劳,第九章船员综合素质和职业素养,第十章案例教学。

本书由张明、郭春燕、王勇、黄俞华、刘锦辉担任主编,苗永臣、李忆星、赵贵竹、赖强担任副主编,曹勇、张磊担任主审,王安敏、严丹、李铁强、杨昆永、何德涛、邵景政、周章海、柯洋洋、韩涛、戴武参与了本书的编写。全书由张明统稿。

航海类培训教材的编写需要注重理论联系实际。因此,开发建设质量高、资源丰富、适应现代化航运发展的立体化教材是非常必要的。本书在编写过程中,立足于船舶生产实践,借助最新的虚拟现实理论、多媒体技术等,配套开发了仿真设备操作、二/三维动画、视频、AR 资源、教学课件等,同时提供多媒体、三维漫游以及三维实操等训练方式,旨在打造国内首套融合文本、VR、AR、视频、音频、动画、线上资源、仿真训练等多种资源于一体的海船船员培训合格证立体化教材,将课堂理论教学与实训实习等环节有机结合起来,丰富了教学内容。本书的立体化教学资源开发,得到了中国海事服务中心王希行船长、大连海事大学任鸿翔教授和段雅婷博士、福建船政交通职业学院李翼副教授和张明船长等的鼎力帮助,在此表示衷心的感谢。

需要说明的是,本书中每一个立体化教学资源均对应一个二维码,读者可以采用微信扫码的方式来使用资源(本书一书一码,需要刮开封底二维码涂膜,微信扫描并注册成功后方可使用),也可以 PC 端登录 http://www.vrship.vip 网站获得更好的交互体验(首次访问网站时,需要刮开封底的验证码涂膜,在网站登录界面上输入 8 位验证码,注册成功后方可使用)。

航海科技日新月异,相关国际公约、各国法律法规、行业标准和规定也在不断进步和完善,本书未尽之处请广大同人和读者批评斧正。

编者

2022 年 10 月

目　录

第一章
紧急情况的预防与控制

第一节
船员的个人责任、群体责任对控制事故的重要性

【要点】

现如今，我国船员按传统仍隶属于不同部门。为了有效地控制船舶安全，尤其是预防海上事故的发生，明确并强化船员个体和群体的责任是十分重要的。科学而合理的船员组织系统及其相关的岗位职责是确保船舶安全营运和经济效益的基础。

【必备知识】

随着世界经济和科技的高速发展，航运事业也得到了快速的发展。不仅船舶的数量及吨位大幅度增加，而且船舶的种类也日趋多样化。由于船舶数量增加，使船舶在世界有限水域内，通航密度不断增大，航行环境也随之恶化。长期以来，船舶安全和污染事故频繁发生，不仅危及船员、船公司的经济效益，也危及世界的经济发展，尤其是大量人员财产的灭失和对海洋环境的污染，引起了国际社会的高度重视。为此，国际海事组织制定了一系列的公约以提高船舶运输的安全性。

一、海上事故中的人为因素

以往的一系列国际公约，如 SOLAS 公约、MARPOL 公约等，都是对船舶设备和技术方面的规范，以提高船舶的安全性。例如，它们对船舶的消防和救生设备、防污染措施等提出了更多、更严格的要求。事实上，随着现代科学技术的发展，尤其是优质材料、计算机和通信技术的运用，使船舶构造以及导航、货运装载所用设备质量的可靠性得到了较大幅度的提高。可是，海上事故仍然不断发生，使 IMO 一些成员国对各船级社规范标准提出了

质疑。据1991年劳氏船级社统计,世界因事故而损失的船舶达182艘,究其原因,由技术和设备等造成的事故比例已在总事故中大幅下降。

统计与分析的结果表明,人为因素造成直接或间接的船舶安全和污染事故占事故总量的80%。人为因素涉及人的知识水平、技能、心理因素、技术安全管理、生理状况、安全意识和特定环境等领域。沉痛的海难事故的教训,使国际社会形成了"以人为本"的共识,即全面重视人的基本素质的提高和安全管理。通过对人的有效控制,规范船舶、船员的技术状况和行为,从而最大限度地降低海上事故的发生,保障船舶安全和保护海洋环境。

二、船员组织系统及其岗位职责

为了有效地控制船舶安全,尤其是预防海上事故的发生,明确并强化船员个体和群体的责任是十分重要的。科学而合理的船员组织系统及其相关的岗位职责是确保船舶安全营运和经济效益的基础。通常,船员组织系统(见图1-1)分为甲板部、轮机部和事务部,每个部门内部均有明显的岗位分工以避免交叉和无序的工作状况。

就群体职责而言,甲板部主要负责船舶航海、船体保养以及船舶营运中的货物积载、装卸设备、航行中的货物照管;负责救生、消防、堵漏器材的管理;负责货舱系统和舱外淡水、压载水和污水系统的使用和保养;负责舱、锚、系缆和装卸设备的一般保养;主管驾驶设备包括导航仪器、信号设备、航海图书资料和通信设备。轮机部主要负责主机、锅炉、副机及各类机电设备的管理、使用和维护保养;负责全船电力系统的管理和维护工作。事务部主要负责全船人员的伙食、生活服务和财务工作。

在公司管理、船况、船员配备状况一定的条件下,船上的安全管理就取决于全体船员,尤其是船长和高级船员对国际、国内和公司有关规定的切实执行,以及对下级船员执行的指导和监督。船上安全管理能否成功取决于能否有效地组织和激励船员,酌情处理有关事务。

通常,船上每个人员都有明确的职责和工作任务。以中国远洋海运集团有限公司为例,在其所属的大部分船舶上,其船员职责的具体分工如下:

1. 管理级

(1)船长

船长是船舶领导人,负责船舶安全运输生产和行政管理工作,对公司经理负责。主要工作包括:领导全体船员贯彻国家的方针政策、法令法规和公司下达的各项指示和规定,优质全面地完成运输生产和其他任务,最大限度地保障船舶和人命财产的安全;检查各项规章制度的执行情况以保持船舶正常航运;严守国际公约和地区性规定和承担应尽的国际义务;遇有应急情况时,果断而稳妥地处理好各项事务。

(2)政委

政委是船舶领导之一,受上级党委和行政双重领导,负责船舶党务工作、思想政治工作、精神文明工作和保卫工作;协助船长做好行政管理工作、安全生产工作和其他相关工作(该职位在国际公约中是没有要求的)。

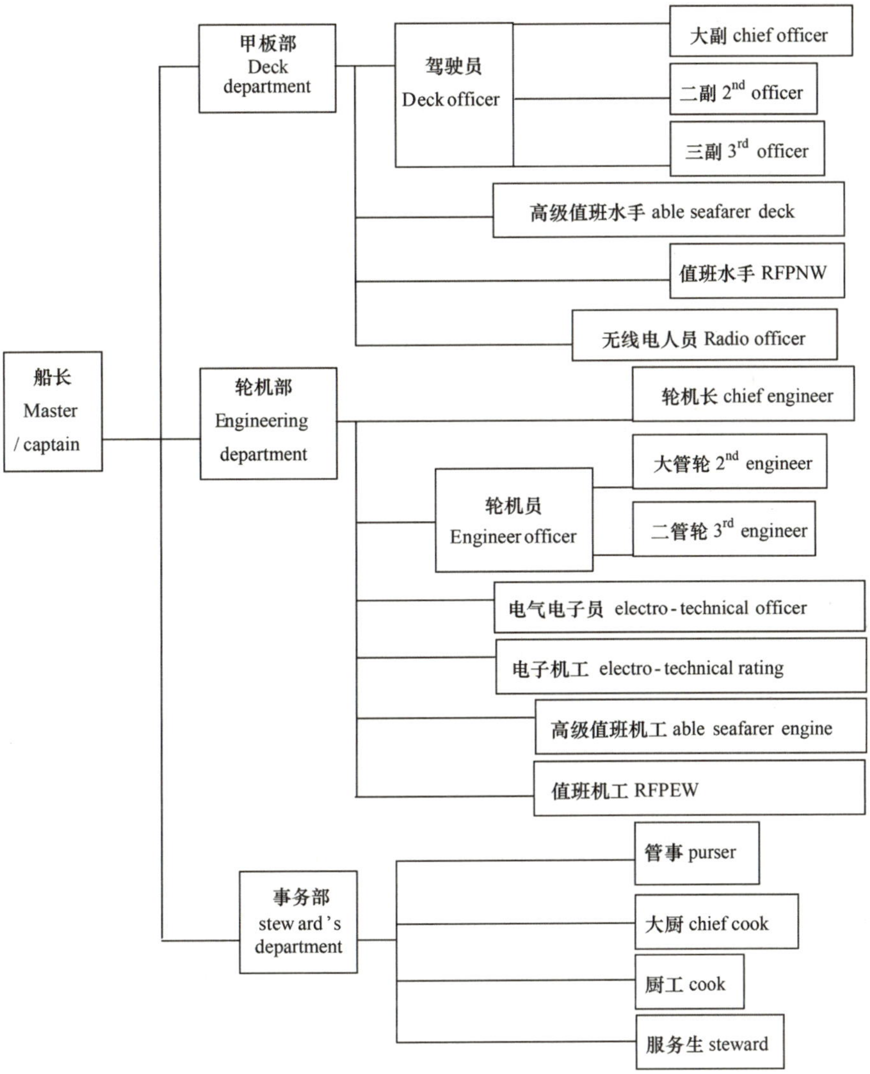

图 1-1　船员组织系统

(3)大副

大副主持甲板部日常工作,并协助船长做好安全生产和船舶航行的任务,负责航行值班。值班时间一天两次,每次四个小时,分别为 04:00~08:00、16:00~20:00。主管货物装卸、运输和甲板部的养护工作;负责制订并组织实施甲板部各项工作计划;负责编制货物积载计划、维修保养计划;主持安全月活动和相关安全工作。

(4)轮机长

轮机长是全船机械、电力和电气设备的技术总负责人。全面负责轮机部的生产和行政管理工作;检查轮机部各项规章制度的执行,以使各种设备时刻保持着良好的技术状态。

(5)大管轮

在轮机长领导下,大管轮参加机舱值班,值班时间与大副相同。负责维持机舱正常的工作秩序;主管推进装置及附属系统和设备的使用和维护,负责保持轮机部有关安全的设备经常处于可靠使用状态,定期进行必要的检查试验,并负责指导有关人员熟悉正确的管理和使用方法;做好防火、防爆、防冻和防污染工作。

2. 操作级

(1)二副

二副履行航行和停泊所规定的值班职责,航行值班时间为00:00~04:00和12:00~16:00。主管驾驶设备包括航海仪器和操舵仪等的正确使用和日常维护;负责航海图书资料、通告和日常管理和更正工作,以及各种记录的登录。

(2)三副

三副履行航海和停泊所规定的值班职责,航行值班时间为08:00~12:00和20:00~24:00。主管救生、消防设备的日常管理和维护工作。

(3)二管轮

二管轮履行值班职责,值班时间与二副相同。主管辅机及其附属系统、应急发电系统与燃油柜、驳运泵、分油机、空压机等设备的使用和维护工作。

(4)三管轮

三管轮履行值班职责,值班时间与三副相同。主管副锅炉及其附属系统、油水分离设备和污油柜,各种水泵、甲板机械、应急设备和各种管系的使用及维护工作。

(5)管事(事务员)

管事(事务员)具体负责全船的生活服务工作;办理进出港有关手续和有关客运工作。

(6)无线电人员

无线电人员负责船舶无线电通信和无线电导航仪器设备的技术管理工作。

(7)电子电气员

电子电气员主要负责保证船舶电子、电气设备以及自动控制系统的正常运转。其职能包括对船舶电子、电气设备以及自动控制系统的监控;操纵发电机及供电系统;操纵船上计算机及其网络系统;维护和维修驾驶台航行、通信设备,机舱主机和辅机等自动化控制系统,以及甲板机械设备的电子设备等。

3. 支持级

(1)水手长

在大副的领导下,水手长具体负责木匠和水手工作;做好锚、缆、装卸设备的养护维修工作;带领水手做好油漆、高空、舷外、帆缆、起重和操舵及其他船艺工作。

(2)木匠

木匠执行木工及有关航次维修和保养工作;负责起锚机的操作和保养工作;负责淡水

舱、压载水舱及植物油舱的测量及维护工作。

(3)值班水手

按照STCW公约的规定,值班水手只有航行一个职能,包括按照舵令操舵、用视觉和听觉保持正规的瞭望、值班、操作应急设备和应用应急程序等。我国的值班水手培训、考试等适任标准涵盖了高级值班水手的绝大部分能力要求,远高于STCW公约关于值班水手培训与发证的要求,此安排为值班水手的适任和船舶安全提供了更好的保障。

(4)高级值班水手

高级值班水手具有航行(航行值班、靠泊、锚泊和其他系泊操作)、货物装载和积载、船舶作业管理和人员管理(甲板设备和机械操作、职业健康和安全预防措施、防污染、操作救生艇筏和救助艇)、维护和修理四项职能。

(5)值班机工

按照STCW公约的规定,值班机工只有轮机工程一个职能,包括日常值班、操作应急设备和应用应急程序等。我国的值班机工培训、考试等适任标准涵盖了高级值班机工的绝大部分能力要求,远高于STCW公约关于值班机工培训与发证的要求,此安排为值班机工的适任和船舶安全提供了更好的保障。

(6)高级值班机工

高级值班机工具有轮机工程(值班、加燃油和驳油作业、舱底水和压载水作业、设备和机械操作),电气、电子和控制工程,维护和修理,船舶操作控制和船上人员管理(物料管理、防污染、职业健康和安全程序)四项职能。

(7)电子技工

电子技工协助电子电气员做好船舶有关的电子、电气设备以及自动控制系统的检查、日常维护和维修工作。

(8)厨工

厨工执行船员伙食工作(船上根据自身需要设置多名厨师,分别为大厨、二厨等职位)。

(9)服务生

服务生负责生活场所卫生、生活用品保养以及接待工作。

根据《中华人民共和国海船船员适任考试和发证规则》(20规则),各职务船员晋升路径如图所示,包括:船长、甲板部船员晋升路径图(见图1-2);轮机部船员晋升路径图(见图1-3);无线电操作人员晋升路径图(见图1-4)。

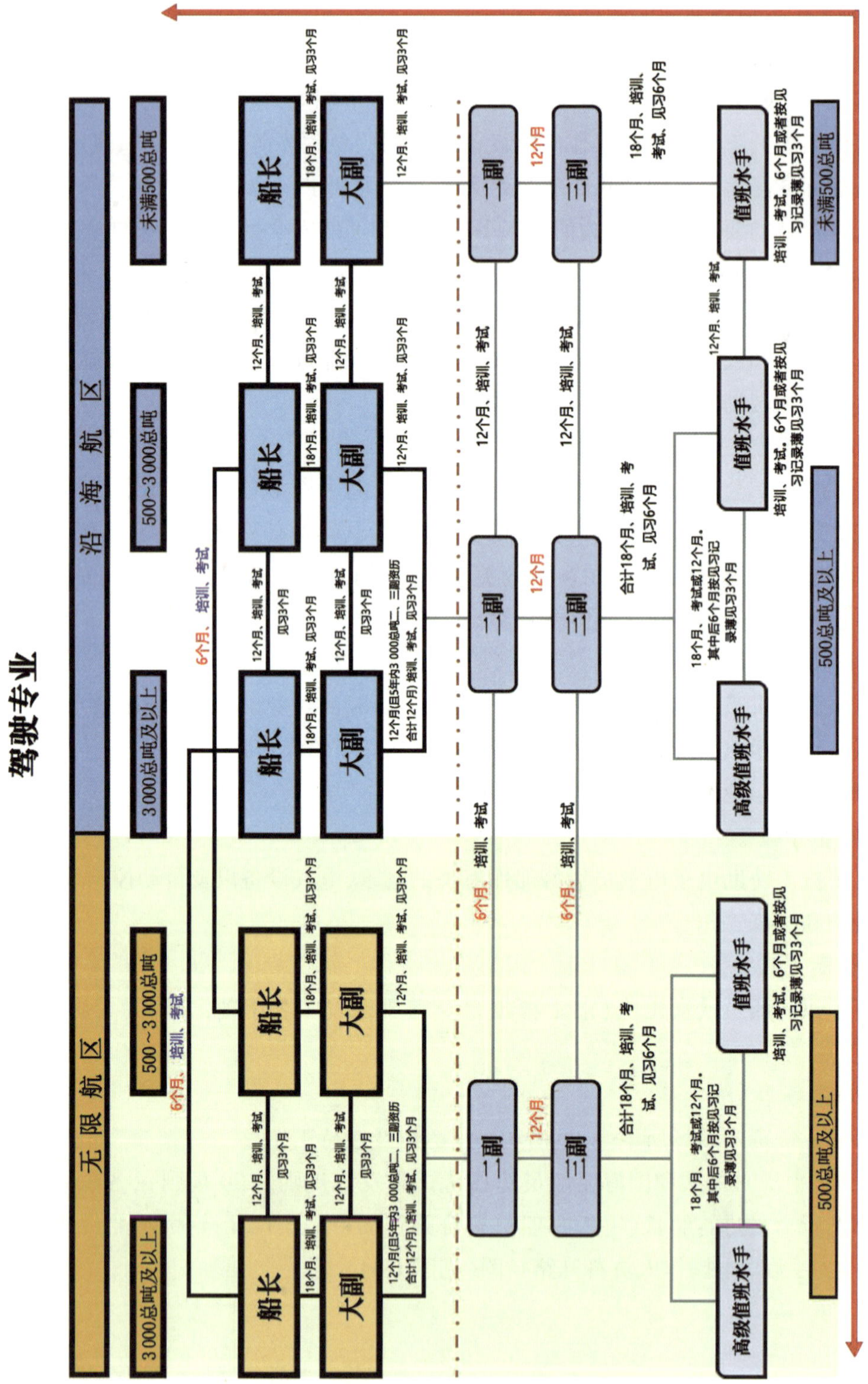

图 1-2　船长、甲板部船员晋升路径图

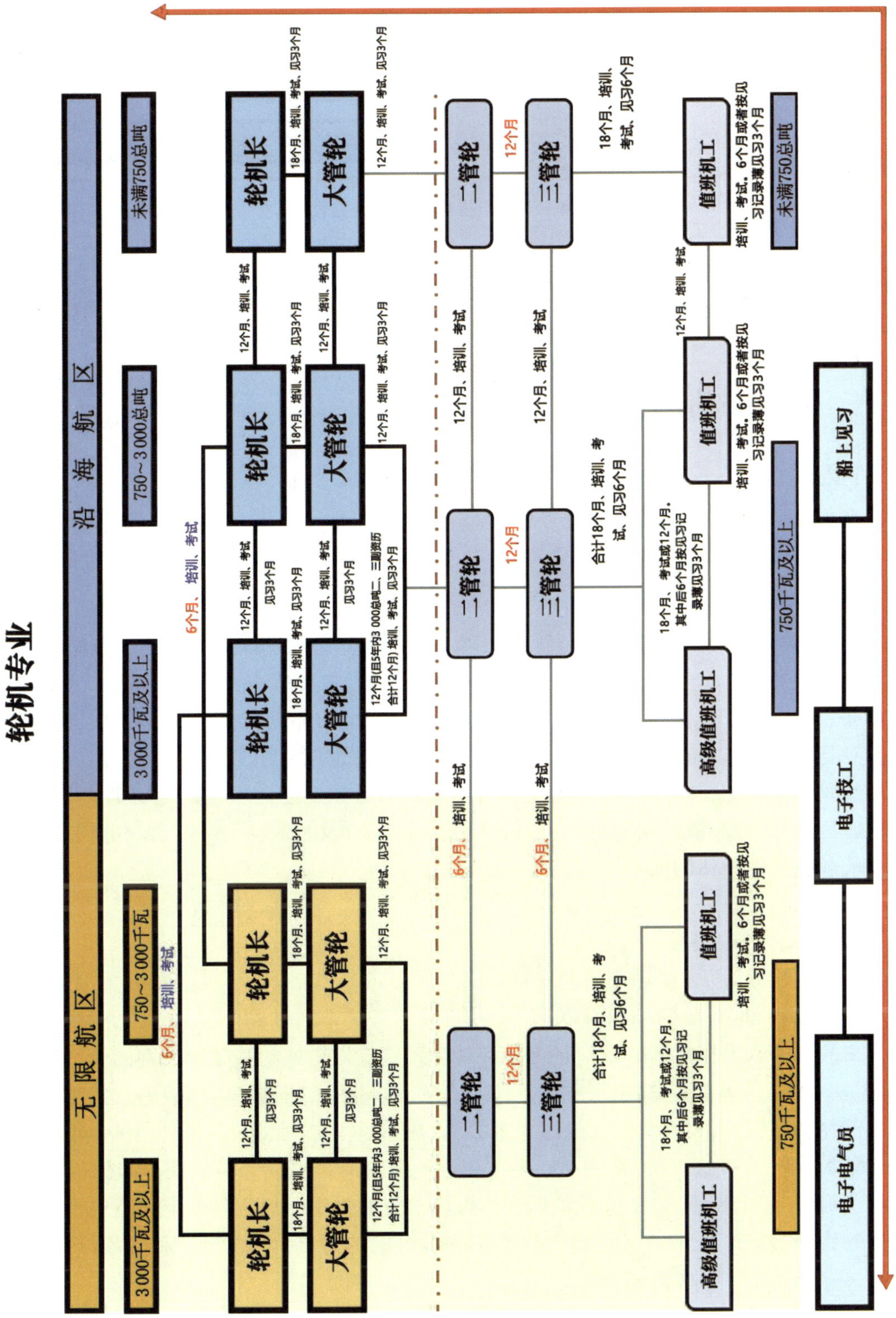

图 1-3 轮机部船员晋升路径图

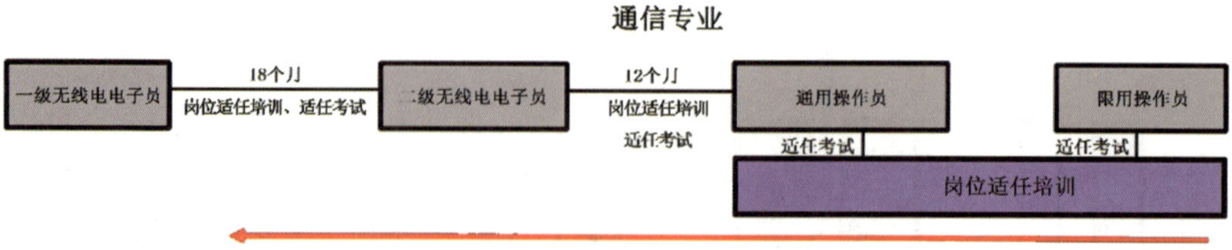

图 1-4 无线电操作人员晋升路径图

第二节 船舶的安全评估

【要点】

船舶在海上航行，最重要的是可靠性，其次是经济性。只有保证了船舶的安全可靠，才能有较好的经济性。

【必备知识】

“安全第一，预防为主”是安全管理最基本的方针。就船舶营运而言，安全始终是一项十分重要的工作。安全工作必须定期进行研究，经常督促检查，反复抓好落实。船舶领导在布置运输生产工作的同时应布置安全工作，当安全与船期或其他操作事项发生矛盾时，应将安全摆在首位，并结合运输生产的实际，重点做好各类事故的预防工作。在不断总结经验的基础上，吸取以往事故的教训，针对船舶可能发生的安全问题，通过对船舶内在的诸因素和外部环境变化的深入分析评估，从而采取及时的、积极的、有效的预防措施。

船舶安全性评估的通常方法：

(1)事故苗子和潜在危害的识别；

(2)危害性判断和评价；

(3)检测危害的方法和途径的选择；

(4)及时采取有效的控制措施。

事故苗子和潜在危害的识别是正确评估和采取有效措施的基础。识别的灵敏性直接与船员个体的安全意识、知识水准和责任心有关。事实上，任何一项事故的发生都会有一定的前兆，尤其是人为因素造成的海上事故，其前兆是十分明显的。例如，1994 年客滚海船“爱沙尼亚”号进水沉没，造成 900 多人死亡的重大海难事故。事故的直接原因是船首门掉入海中，海水长驱直入，造成该船快速沉没。究其更深的原因是船上人员忽视正规的检查和维护，船首门已明显存在隐患却没有进行及时的修复，再加之对海上风暴环境估计不足。这是一个十分惨痛的教训。

总之，对事故苗子和潜在危害的正确判断和评价是有效控制事故的重要途径。首先，从船舶自身诸因素进行评价，通过全面分析隐患及其各因素的相互关系，抓住隐患的根本原因。同时不可忽略环境因素和船舶操作的特殊性，不充分考虑环境因素的变化往往是事故的直接原因。因此,必须对环境因素有一个充分的认识和估计,例如,较高的通航密度、恶劣的天气和海况、自然水文条件的非常规变化以及区域政治变化等。只有对事故苗子和潜在隐患做出正确而及时的判断和评价,才能采取积极有效的控制措施。

长期以来,航海人员已总结出许多十分有效的控制事故的办法和应急措施,这将有助于当事的船员选择必要而合理的措施。对新船员来说,首先要认真学习各项安全管理的规章制度与安全操作规程,熟练地掌握各项操作的要领,并且虚心向同行学习,使自己掌握良好的安全操作技能。

第三节 船员日常安全教育和培训

【要点】

根据水上交通事故原因分析和统计得知,人的不安全行为是事故发生的主要原因。教育和培训是防止船员不安全行为的必要措施。通过强制性的培训、评估和考试,对通过者签发适任证书和专业训练合格证,是船员教育培训的强制形式。但是适任性强制培训以外的日常教育和培训,对保证船舶安全生产也具有非常重要的意义。

【必备知识】

船员日常安全教育及相关培训(以下简称安全教育),首先是有利于巩固提高和不断更新船员的安全意识、知识和技能,使船员对安全始终保持较高的灵敏度;其次是有利于培养船员良好的安全习惯和全船的安全人文环境,以便其适应频繁的船员调动,适应科技的高速发展,满足复杂多变的高风险职业需要,满足日趋严格的安全和防污染管理要求。从而实现保持身体健康和保护人身安全,船舶和货物安全,避免海洋环境污染受损害的目标。

根据《国际船舶安全营运和防止污染管理规则》(ISM 规则)的要求,船舶应建立一套完整的安全教育和培训制度,并作为安全管理新机制的重要组成部分。船领导应根据本船人员结构、设备状况、航次任务、季节特点及安全工作中存在的问题,定期对船员进行安全教育,开展安全训练活动,不断增强船员的安全意识和自我保护意识以及遵守规章制度的自觉性,提高安全操作技能,形成"人人关心安全,时时注意安全"的良好局面,使"安全在我心中,安全在我手上"体现在每位船员的实际行动中。

一、安全教育和培训的一般内容

1. 熟悉安全教育和培训

凡是新船员,或者新岗位的继任者都应接受基本的岗前安全教育和操作培训,尤其是涉及海上安全的关键性操作项目、救生、求生、应急处理等工作内容,岗位工作人员不仅要获得有关方面的专业知识,而且应熟练掌握专业技能,例如特定船舶的应变部署、油船安全工作规范和危险品装卸等。

2. 公司和船舶安全管理体系的学习

《国际船舶安全营运和防止污染管理规则》的核心是要求相关船舶及负责安全和防污染的营运公司建立、实施和保持安全管理体系(内容详见本章第四节)。因此,每位船员都必须认真学习本公司的安全管理体系和船上安全管理手册。由于不同类型的船舶,其操作要求和规范不一样,船上安全管理手册的具体内容有所不同。新船员应当仔细阅读船上安全管理手册,并着重掌握不同的设备操作要求和管理规范。

3. 船舶安全规章制度与操作规程的学习

船舶各项安全规章制度是船员在船上进行各种操作的准绳,每个船员都必须了解和掌握。各岗位的船员必须熟知与本人职责相关的安全规章制度和安全操作规程内容,并做到严格遵守,按章操作。

船舶的安全规章制度可以分为国际公约和规则、国内法规和规定、船舶的规章和业务指导书等。

4. 遵章守规教育

每位船员应自觉接受遵章守规教育,认真贯彻"安全第一"的方针,真正明白安全与完成任务、维护国家利益和声誉、提高企业与个人经济效益以及与个人家庭幸福的关系,牢固地树立"安全是生命"的责任意识,做到警钟长鸣。同时,每位船员都应认识到规章制度是长期实践经验的总结,是科学性、实践性和针对性的有机结合。因而,严格执行规章制度可以最大限度地消除隐患,减少事故的发生率。规章制度还具有强制性和严肃性,并且有一定的法律效力,违反了就要受到行政和法律的惩罚。总之,船员应自觉地与违反规章制度的现象做斗争,互相监督,形成人人自觉维护和遵守规章制度的良好风气。

5. 日常防火防爆及人身安全教育(内容详见第四章)

6. 事故案例学习

事故案例多种多样,通过事故案例学习,有助于从事故的实例中吸取教训,尤其是经过分析事故原因和后果,联系本船的实际操作,总结经验举一反三,可消除各种不安全的隐患。

7. 紧急情况下的应急应变知识教育、训练与演习

应急应变知识教育、训练与演习是船舶安全制度不可缺少的内容。船舶安全活动日应每月至少举行一次。其主要内容是训练活动、查找问题、总结讲评和落实措施。有关火灾预防和训练、消防演习内容及救生培训和演习,演习内容详见《防火和灭火》和《个人求生》。

二、加强船员日常安全教育及其相关培训的重要性

1. 船员安全教育的功能和目的

安全教育是提高人员安全素质和控制人为因素的有效途径之一。所谓安全教育,是指用教育手段认识安全的本质含义、重要性,获得必要的安全知识和技能,以提高安全意识、安全技术水平和安全管理水平的过程。

安全教育的功能是提高公司管理者和船员搞好安全生产的责任感和自觉性;提高安全意识、知识和技能水平,掌握安全生产的客观规律,学会预测、预防和消除事故;为保护

船员人身安全,保证船舶安全,提高劳动生产率,创造良好的条件。

安全教育的目的是提高船员和岸上人员的安全素质,使之积极响应公司的安全管理,最大限度地防止和减少人身伤亡、财产损失和污染水域环境。

安全教育对每个员工的具体要求是:具有高度的责任感和事业心,良好的安全素质和严谨的工作作风,始终奉行安全方针,遵守安全规章,在工作中有时刻保证安全的警觉,有足够的知识和技能及时准确地判断和处理险情事故。

2. 船员安全教育的主要方面

人普遍具有保护生命的本能,有谋求身体、精神乃至社会环境安全的愿望,有与家人和亲友相聚的归属欲,并渴望得到人们的承认与尊重。安全教育是从人的需要出发,将尊重人的生命、提高人的能力和素质放在首位。国际航运界"以人为本"的倾向正日趋明朗:SOLAS 公约制定大量的船舶技术规则,目的是保障海上人命安全;港口国监督检查船员的生活条件。对"人为因素"的控制已成为保障海上人命财产和海洋环境的关键,并通过修正 SOLAS 公约和 STCW 公约,实施 ISM 规则和 PSC 等方法予以保证。安全教育的主要内容包括法制教育、思想政治教育、劳动纪律教育、安全方针和规章教育、安全知识教育、安全技能训练、安全正反典型教育等。

船员安全教育须因材施教。对高级船员、水手长和机匠长等的安全教育内容应包括:安全的意义和重要性;心理学、群众路线、行为科学等基础知识;现场监督者的作用与责任;操作方法的改善及工艺流程;操作人员的合理配置;操作指导及教育方法;操作中的监督与纠正,包括了解操作情况、对不安全行为的纠正和使用;操作设备及场所的保养和管理;出现异常和海事时的处理办法;作为监督人员应进行的安全工作和应组织的活动,随时保持对海事事故的警觉并研究防止海事事故的对策和措施等。对船员应突出人身安全和健康教育。

对新人应突出安全意识的树立。国际上常借鉴仁木茂雄的新人安全教育计划(见表 1-1),并要熟悉有关的安全规章。鉴于一次安全教育内容多、难消化,常在现场工作时辅以四阶段安全教育法(见表 1-2)和四阶段安全作业法(见表 1-3)。如果条件允许,还应考虑下述教育内容:安全的意义与重要性;岗位安全规则、安全须知和相关安全法规;机械、原材料的危险性和有害性以及处理方法;各安全装置的性能及使用方法;护具性能及用法;作业顺序及步骤;作业开始时的清点与检查要求;整理工具与物品,整顿并保持现场清洁;发生海事时的应急措施与如何避免发生伤害;应知的其他安全内容。

表 1-1 对新人实施的安全教育计划

项目	内容
安全为何必要?	(1)工作岗位与学校的不同 (2)不要认为自己可以特殊 (3)海事事故是可以预防的 (4)安全会带来幸福 (5)岗位需要知识和技能,不需要眼泪

（续表）

项目	内容
伤亡有多少？ 伤亡损失有多大？	(1)伤亡的发生统计 (2)海事事故统计 (3)1∶29∶300 的规律 (4)伤亡事故难以预报
受伤之后	(1)一般须知事项 (2)联系、医疗、急救、处置后应遵从医生的要求去做
伤亡实例	(1)新人常受其害的伤亡实例
安全作业须知	(1)安全教育一次不漏 (2)一般性问题 (3)着装 (4)灵活使用安全装置和护具 (5)要特别注意手、脚和眼睛 (6)注意做好精神和物质准备 (7)如果发现危险,应当场纠正 (8)正规安排个人船上生活 (9)说不做的事坚决不做 (10)说做的事必定去做,必定做好
安全知识	(1)安全第一、安全色、安全活动等

表 1-2　四阶段安全教育法

阶段		要领和注意事项
第一阶段	进行学习准备	(1)放松紧张情绪 (2)讲清做何作业 (3)明确应掌握的程度和要求 (4)保持其掌握作业的自信心 (5)使之正确就位
第二阶段	作业说明	(1)讲解、示范和写出主要步骤 (2)强调需掌握的关键 (3)清晰、准确、耐心地示范 (4)不超过实际理解能力
第三阶段	令其实际操作	(1)试做之后纠正错误 (2)令其边作业边加以说明 (3)直到完全搞懂为止

（续表）

阶段		要领和注意事项
第四阶段	教学后的查验	(1)令其承担工作 (2)不明白时即确定其为提问对象 (3)再三抽查 (4)让他们认真提出问题 (5)逐渐减少指导
教练员的总结		教育对象未掌握的内容自己是否教过？为何会出现这种情况

表 1-3 四阶段安全作业法

安全作业阶段		查核要点
第一阶段	作业之前	身体情况是否良好 着装是否符合要求 准备活动是否充分
第二阶段	作业准备中	工作内容是否充分领会和理解 工作步骤及准备是否已就绪 作业现场是否很好地清理和整顿过 机械、器具及工具、材料是否清点检查 有关规则及注意事项是否充分了解 安全装置是否安全正常
第三阶段	作业之中	作业方法是否符合规定要求 是否充分掌握周围的情况 已有护具是否正确使用 工具的使用方法是否正确 作业位置和姿势是否正确 共同作业中联系如何？步调是否一致
第四阶段	作业之后	用完的工具、器具经检查保养后是否存放于规定位置 现场是否良好地进行了清理和整顿 有无麻痹大意、疏忽松懈现象 机械器具出现异常、工具不良或损坏是否已向上级立即报告

3. 日常安全教育的手段

日常安全教育的手段灵活多样。按活动形式划分为安全活动日、班前班后会、安全会议、广播、电视、录像、事故现场会、展览会等；按组织形式有集体教育、个人教育等；按对象分类有新人上岗教育、在职船员教育、新技术教育（采用新技术、新型船舶、新型设备操作），工作变动教育（换岗、调岗），航前、航中、航后的现场教育等；安全教育的方法主要有授课、集体讨论、会议、事例研究、角色演练法、实践操作训练、个别谈话或帮带等。

日常安全教育要行之有效，应有领导的重视，科学合理的计划，良好的师资，并激发起受教育者的兴趣和热情。领导的重视能保证有效地组织人员和必要的资源。计划关系到安全教育的成效,应当结合实际情况确定适当的目标。对于船员,理想的师资主要是在船员中寻找,各种职务船员都是候选人,只要其具备足够的相应知识、丰富的经验、较好的表达能力和诲人不倦的热情即可。全体人员必须全部接受安全教育,受教育者应当全部合格,任何遗漏者和不合格者都是船舶安全的隐患,应予有效监控,迅速补课并坚决撤换不合格者。安全教育内容因人而异,要有实用价值。安全教育效果不可能一蹴而就和一劳永逸,应有计划地持之以恒。

日常安全教育计划应具有如下内容:安全教育目标,因人制宜的教育内容和方法,安全教育的适当时机和时间,适当的师资和教材,安全教育的准备,安全教育的实施,以及安全教育效果评估。对执行 ISM 规则的公司,一般将计划列入 SMS 的安全教育程序。

4. 现场四阶段安全教育法和四阶段安全作业法

对于船员,除了课堂讲课外,现场安全教育是一种有效的安全技能训练方法。表 1-2 所示的四阶段安全教育法,特别适合于新船员安全和职业技能教育。表 1-3 所示的四阶段安全作业法,既是通用性的安全作业程序,又是一种将安全教育和安全作业紧密结合于一体的安全教育和作业方式。该方法适用于参加作业的全体船员。认真遵循该方法,能有效地培养和巩固船员的安全操作意识、知识和技能,有效地减少人为因素造成的操作事故。

第四节 安全管理规则

【要点】

1993 年,国际海事组织第十八届大会通过了《国际船舶安全营运和防止污染管理规则》(International Management Code for the safe Operations of Ships and for Pollution Prevention, ISM Code,简称《国际安全管理规则》)的第 A. 741(18)号决议。1994 年 5 月,国际海事组织《国际海上人命安全公约》(SOLAS 公约)缔约国大会通过了 SOLAS 公约第Ⅸ章“船舶安全营运管理”,使该规则成为强制性规则。

按照 SOLAS 公约第Ⅸ章的规定,包括载客高速艇在内的客船、500 总吨及以上的油船、化学品船、气体运输船和散货船,以及载货高速艇,应不迟于 1998 年 7 月 1 日满足《国际安全管理规则》的要求,500 总吨及以上的其他货船和移动式近海钻井装置,应不迟于 2002 年 7 月 1 日满足该规则的要求;上述船舶及管理公司应分别在上述日期前取得“安全管理证书”和“符合证明”,否则,这些船舶将不能再从事国际海上货物运输。SOLAS 公约的缔约国,负有履行该公约的义务。

交通运输部授权中国船级社为实施《国际安全管理规则》的所有船舶发证机构。交通运输部海事局负责对发证工作实施监督。交通运输部发放船公司符合证明。

【必备知识】

一直到 20 世纪 80 年代,国际海事组织在制定和修改公约、规则时侧重的还是技术。据若干年的权威统计,全世界全损船舶数量和吨位均居高不下,尤其是 1991 年全损船舶数达 182 艘/171 万总吨,平历史最高纪录。统计分析结果表明,船舶安全和污染事故的80%是人为因素造成的,且重点在于公司和船员对船舶的管理和操作。

在借鉴国际标准组织的 ISO 9000 标准(国际通行的质量保证的过程控制原理)的基础上,1993 年国际海事组织第十八届大会通过了《国际船舶安全营运和防止污染管理规则》[简称《国际安全管理规则》(ISM Code)的第 A. 741(18)号决议]。1994 年 5 月,国际海事组织《国际海上人命安全公约》(SOLAS 公约)缔约国大会又通过了 SOLAS 公约第Ⅸ章"船舶安全营运管理",使该规则成为强制性规则。

IMO 几十年来制定和实施了一系列有关海上安全和防止海洋污染的国际公约、规则、标准和决议,但 ISM 规则与 IMO 以往的强制性文件有明显的不同。以前的强制性文件都是针对船舶构造、船舶设备和船员的技术性的要求或标准制定的,而 ISM 规则却是要求负责船舶营运的公司和其所营运的船舶建立起一套科学、系统和程序化的安全管理体系,并要求船旗国主管机关对公司和船舶的安全管理体系进行审核和发证。从性质上区分,以前的强制性文件偏重于"硬件"管理;而 ISM 规则偏重于"软件"管理,主要对公司涉及船舶安全和防止污染管理的船岸人员的责任、权利和各种工作程序提出要求。

一、安全管理的目标和内容

安全管理的根本目标是保证海上安全,防止人员伤亡,避免对环境,尤其是海洋环境造成危害以及对财产造成的损失。《国际安全管理规则》对这一目标的实现,提出了更为明确的要求:

(1)提供船舶营运的安全做法和工作环境;

(2)针对已认定的所有风险,制定防范措施;

(3)不断提高岸上及船上人员的安全管理技能,包括安全及环境保护方面的应急准备。

为了有效地实现上述三项具体的安全管理目标,必须确定相应的安全管理内容。

1. 预防——营造安全营运的环境

(1)提供船舶安全操作和营运的内外部环境;

(2)合格的资源配备,包括健康、适任和安全意识强的船员、岸上管理人员;

(3)高效、合理的管理机构和安全管理体系。

2. 预控——有效的防范措施

(1)日常安全管理和操作的规范程序;

(2)安全管理体系正常运作的保证,包括日常监控手段、管理体制的更新和规章制度的修订。

3. 预案——完善的应急措施

(1)定期的隐患和不符合规定情况的检查和评估;

(2)详细而有效的应急方案。

安全管理内容的涉及面广泛,它不仅与航务管理、设备管理、调度指挥和人事管理等有直接关系,而且涉及业务支撑系统。其中,最关键的是人为因素。因此,企业安全管理的核心是人的思想教育和行为管理。

二、实施《国际安全管理规则》的关键是建立安全管理机制

实施《国际安全管理规则》的实质是建立船公司的安全管理体系(SMS),而这个体系的建立是形成安全管理新机制的基本保证,如图1-5所示。安全营运机制、激励机制、自我调整机制和监督反馈机制的有机组合形成了一个安全管理的闭合系统,这个安全管理的闭合系统是由3个子系统作为基本的支撑组成的:组织机构体系、规章制度体系和监督保障体系。

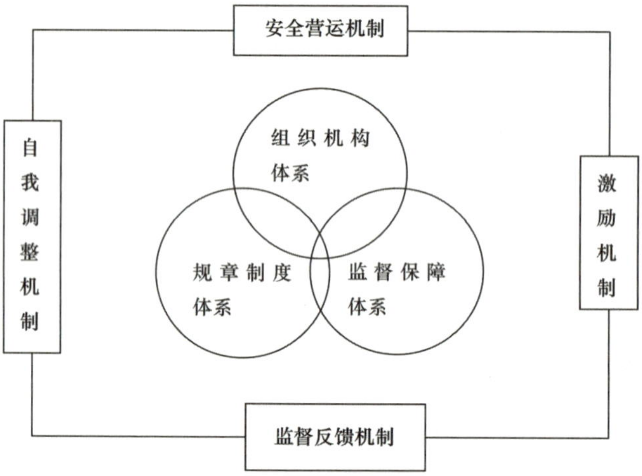

图1-5 船公司的安全管理体系

《国际安全管理规则》对SMS规定了6个方面的功能:

(1)安全和环境保护方针;

(2)确保船舶的安全营运和环境保护符合有关国际和船旗国立法的指令和程序;

(3)船、岸人员的权限和相互间的联系渠道;

(4)事故和不符合本规则规定情况的报告程序;

(5)对紧急情况的准备和反应程序;

(6)内部评审和管理性复查程序。

事实上,如果一个船公司建立起来的安全管理体系已具备上述6项基本功能,且能够正常运行,安全管理的新机制也就形成了。归纳而言,安全管理新机制是由三个体系为基础的4个运作机制所组成的。

三、为了加强国内航行船舶的安全和防止污染管理工作

2001年7月12日,交通部结合ISM规则和我国实际情况,发布了《中华人民共和国船舶安全营运和防止污染管理规则》(NSM规则)。为了保障水上交通安全和保护水域环境。该规则提供了船舶安全营运和防止污染的管理标准。考虑航运公司及其船舶状况各有不同,该规则依据安全和防污染要求的一般原则和总体目标制定。该规则用概括性术语写成,船岸不同层次的管理人员应当对所列条款具有适应其岗位需要的理解和认识。

高级领导层的决策是做好安全管理工作的基础,各级人员的责任心、能力、态度和主观能动性则对船舶的安全和防污染起决定性作用。该规则实际是 ISM 规则的国内化。由于该规则的基本原则与 ISM 规则相同,因此本节不做详细介绍。

【拓展知识】

文件化的安全管理体系

ISM 规则吸收了许多领域先进的管理经验,特别是吸收了 ISO 9000 标准质量管理和质量保证的思想,提供了一个世界通用的、科学的管理标准。它的核心是要求船公司和船舶建立起文件化的安全管理体系,并按这个体系的要求有效地营运。

一般地说,安全管理体系文件分为三个层次:安全管理手册、安全管理程序文件和安全工作规范与记录。

安全管理手册是公司建立和实施安全管理体系的内部法规性文件,是公司整个安全管理体系的纲要。它通过公布公司的安全和环境保护方针、目标、职责、措施等一系列规定,明确了各项安全管理活动。

安全管理程序文件是在安全管理手册的基础上,把公司的各项安全管理活动进行分解,通过工作流程及其具体操作要求的规定落实到各部门各工作岗位上,以使安全工作职责分明,任务落实,工作有效。

安全工作规范与记录是安全管理体系的最基本的支持文件,它是各项规章制度、操作手册和安全记录的汇集。

总而言之,执行安全管理体系的各项规定不仅是每个船员的基本职责,也是船舶营运中安全文化的主要体现。不仅是船舶运输生产安全的基本保障,也是船员能够安全、舒适、高效地从事一切活动的基本保障。

第五节 船旗国监督和港口国监督

【要点】

1995 年 11 月 23 日 IMO 第 19 次大会,通过了 A. 787(19)决议,即《港口国监督程序》,它已成为各港口国进行 PSC 检查的基准文件。各港口国政府正日益严格和广泛地采取措施,对抵港外轮实施港口国监督(PSC)。无论检查官是在执行与港口国有关的公务中,还是通过其他渠道得知船舶存在缺陷,都应采取可行的合理措施,使船舶具有符合标准适航性,达到消除低标准船舶的效果(如果船体、机器、设备或操作安全确实低于相应公约规定的标准,或其配员不符合最低安全配员证书要求,则该船被认定为低标准船舶)。

【必备知识】

一、船旗国监督

船旗国政府是公约所定义的主管机关(Administration),是IMO实现海上安全目标的关键环节。我国法律授权中华人民共和国海事局为我国沿海水域交通安全和防止船舶污染损害的主管机关。我国海事局的主要职责有监督管理外国籍船舶,维护国家海洋主权(包括对进入我国管辖水域的外国籍非军用船舶实施监管,对外国籍船舶实施港口国监督等);统一管理水上安全监督(包括船舶、船员、通航秩序、航标测绘、搜寻救助、海上交通事故调查处理等);防治船舶污染(包括船舶污染海域事故调查处理等)。我国船舶检验局主管中国籍海船的法定检验,具体的检验事务则授权中国船级社(China Classification Society,CCS)进行。

1. 船旗国的安全检查

为保障水上人命财产的安全,防止污染水域,除了针对船舶技术状况的船舶检验和发证以外,船旗国还应该依据有关国际公约和国内法规对悬挂本国国旗的船舶进行安全检查(Flag State Inspection,FSI),以加强对船舶技术设备状况和人员配备及适任状况的监督。

(1)安全检查的内容

与针对船舶技术状况的船舶检查不同,安全检查的内容较广泛,其主要针对船舶的营运管理状况和人员操作水平等。对船舶安全检查的内容一般包括:船舶证书及有关文件、资料;船员及其配备;救生设备;消防设备;事故预防;一般安全设施;报警设施;货物积载及其装卸设备;载重线要求;系泊设施;推进和辅助机械;航行设备;无线电设备、防污染设备;液货装载设施;船员对其岗位职责相关的设施、设备的实际操作能力。

(2)安全检查程序

对船舶的安全检查,一般于船舶在港口停泊或作业期间进行。为保证船舶的航行安全,原则上禁止对在航船舶进行安全检查,但法律、行政法规另有规定的除外。船舶检查人员进行船舶安全检查时,由船长如实报告船舶的安全状况,并指派有关人员陪同检查。陪同检查的船员按检查人员的要求调试和操纵有关设备,回答有关问题。

检查人员对船舶进行安全检查后,按规定的格式填写船舶安全检查记录并签发安全检查通知书,注明所查项目、发现的缺陷及处理意见,签名并加盖船舶安全检查专用章。安全检查通知书通常一式三份:一份留船,一份由主管机关存查,一份寄交船舶所有人或经营人。

船舶必须按照船舶安全检查通知书的要求,对存在的问题予以纠正和改善,并申请复查。检查人员要求船舶在指定港口纠正问题的,船舶在离开指定港口前应当纠正。如果船舶存在的缺陷危及船舶、船员及旅客和水上交通安全或者可能造成水域严重污染的,按照规定的程序报经批准后,执行检查的主管机关会禁止船舶离港。被禁止离港的船舶在纠正问题后,经执行检查的主管机关复查合格,并按规定报批,船舶获得解除禁止离港的处理通知或文书后方可离港。

(3)我国的安全检查规则

船旗国安全检查的主要依据是有关国际公约和国内法规,并按规定的程序进行。我国根据《中华人民共和国海上交通安全法》《中华人民共和国海洋环境保护法》《中华人民共和国内河交通安全管理条例》和我国缔结加入的有关国际公约,制定了《中华人民共和国船舶安全检查规则(2009)》,该规则于 2010 年 3 月 1 日起实施。

二、港口国监督

检查官检查的重点在于确保船舶符合国际海上安全和防止污染的要求,并保持了与船员的福利、健康和安全有关的可行标准。不少船舶因被发现存在重大问题而被警告、限期解决或被滞留。被滞留的船舶不仅要承担船期损失和高昂的修船费,还会使船舶、船公司、船旗国、船级社因被列入“黑名单”而导致名誉损失。

一般地说,检查官在船长或其指定负责人的陪同下,对船舶进行初步检查中涉及船舶有关证书和其他文件的有效性以及船舶及其设备或船员的总体状况的检查。如果船舶未携带有效证书;或者检查官对船舶的总体印象或观察,有明显理由认为船舶或设备的状况与证书的细节有重大不符;或者船长/船员不熟悉船上主要操作程序,应进行更详细的检查。更详细的检查可以覆盖船舶全部构件、设备和操作的极为详细的检查。港口当局要通知船长或代表、船旗国领事、代表船旗国签发有关证书的船级社和船舶代理。

开展 PSC 的依据主要是 IMO 和 ILO 制定并经修正的有关国际公约:

(1)1974 年国际海上人命安全公约及其修正案(SOLAS 74);

(2)73/78 国际防止船舶造成污染公约(MARPOL 73/78);

(3)经 1995 年修订的 1978 年海员培训、发证和值班标准国际公约(STCW 78/95);

(4)1966 年国际载重线公约(LL66);

(5)1969 年国际吨位丈量公约(ITC 69);

(6)1972 年国际海上避碰规则公约(COLREGS 72);

(7)1976 年商船运输(最低标准)公约(ILO 第 147 号)。

港口国监督优先检查特别关注的检验项目集中在下述几个方面:

(1)客船、滚装船和散货船;

(2)首次到达,或经 12 个月之后再次抵达本备忘录的成员国港口;

(3)滞留率高于 3 年平均值的船旗国的船舶(该类国家在本备忘录的年报中公布);

(4)未按期消除 PSC 发现的问题的船舶;

(5)由引航员或港口当局报告存在危及航行安全的问题的船舶;

(6)载运危险货物或污染货物而未向有关港口和沿岸国家当局报告有关船舶资料、船舶动态及所装危险/污染货物资料的船舶;

(7)前 3 个月内因安全原因已被中止船级的船舶。

【拓展知识】

国际海事组织在过去几十年中制定了一系列的国际公约以规范船舶的建造和营运,尤其是在海上安全和海洋环境保护方面做出了十分严格的强制性规定。各船旗国作为 IMO 公约的缔约国,对悬挂其旗帜的船舶执行监督管理,即船旗国监督(FSC),又称为船旗国管理。

然而,由于各国国情、现实条件和主观努力上的差异,使得国际公约的履约很不一致,而且海上事故仍然不断出现。因此,有必要建立船旗国之间的国际监督与控制的机制。

许多IMO公约赋予缔约国政府一定的权利,让它们可以检查停靠其港口的外国船舶,以确认这些船舶的技术状况及管理水平是否完全符合和达到公约的要求,即港口国监督(PSC),亦称港口国监控、港口国管理或港口国检查。

就IMO和船旗国在海上安全和海洋环境保护方面发挥的作用而言,港口国监督是实施国际海事标准的重要外部力量,它是通过检查到港的船舶来促进国际海事标准的执行。所以港口国监督是继船旗国监督之后形成的保障海上安全和防止海洋污染的第二道防线。

港口国监督是由1978年挂巴拿马旗的美国油船“阿莫科·卡迪兹”号的触礁事故而产生的。当时,该事故引起了欧洲公众与政界的极大震动,1982年1月通过了由14个欧洲国家签署的“巴黎谅解备忘录”(Paris MOU)。该备忘录于1982年7月1日起生效。该备忘录现有18个成员国。

由于“巴黎谅解备忘录”组织在防止和减少低标准船继续航行方面成效显著,IMO在1991年召开的第17次大会上通过了关于“在船舶排放和控制方面加强地区合作”的决议。该决议要求全球各地区建立与“巴黎谅解备忘录”相类似的PSC备忘录组织,并且要求各备忘录组织成员国及实施PSC的其他国家应做出安排,相互合作,从而建立全球性的PSC网络。

目前,地区性PSC组织已达8个:巴黎谅解备忘录(1982.7.1)、拉美PSC协定(1992.11.5)、亚太地区PSC谅解备忘录(东京备忘录)(1993.12.2)、加勒比地区PSC谅解备忘录(1996.2.9)、地中海地区PSC谅解备忘录(1997.7.11)、印度洋地区PSC谅解备忘录(1998.6.5)、中西非地区PSC谅解备忘录(1997.10.22)和黑海地区PSC谅解备忘录(2000.4.7)。我国是亚太地区PSC谅解备忘录的成员国。

【思考题】

1. 试简述船上组织系统和人员职责。
2. 船员日常安全教育和培训包括哪些主要内容?
3. 通常采取哪些形式对船员进行安全教育?
4. 公司安全管理的目标是什么?
5. 安全管理的内容包括哪些?
6. 什么是安全管理体系?根据ISM规则建立的安全管理体系的基本功能是什么?
7. 船舶安全管理的途径是什么?
8. 港口国监控的基本内涵是什么?

第二章
紧急情况下的应变部署

第一节
应变部署表/应变计划基本知识

【要点】

SOLAS 公约将同时包含弃船和消防的应急计划称作应变部署表(Muster List),将为船舶其他应急情况预先制订的行动方案称为应急计划(或程序)。两者都属于船舶应急预案。

由于船舶所处的环境复杂多变,随时都有可能发生各种危及船舶和人命安全的紧急情况。为了避免造成严重后果,把损失减小到最低程度,每艘船舶都应该根据人员状况、本船设备和情况,编制应变部署表。其主要作用是明确每个船员在紧急情况下应执行的任务,并通过定期进行训练及应变演习,使预定方案变成船员的本能反应,从而在发生紧急情况时能够迅速协同抢救,正确熟练地使用各种应急设备,有效地控制局面。

【必备知识】

一、应变部署表/应变计划的功用和紧急情况种类

1. 应变部署表/应变计划的功用和紧急情况种类

船舶紧急情况大致可以分为 4 类 23 种。

火灾和海损类主要包括:碰撞、搁浅/触礁、火灾/爆炸、船体破损/进水、严重横倾、恶劣天气损害、弃船救生。

机损和污染类主要包括:主机失灵、舵机失灵、供电故障、机舱事故、船舶溢油、造成污染的意外排放。

货物损害类主要包括:货物移位、海难自救抛货、危险货物事故。

人身安全类主要包括:严重伤病、人员落水、海盗或暴力行动、搜救/救助、进入封闭场所、战区遇险、直升机操作。

2. 应变部署表/应变计划的基本内容

为保证船上人命安全，每艘船舶都必须根据本船的设备和人员的情况，编制应变部署表。应变部署表以船长为中心，全体船员分工配合。海洋运输船舶应变部署表分为货船应变部署表和客船应变部署表，见附件。

货船应变部署表分成救生部署、消防部署和封闭处所进入与救助三部分，包括紧急报警信号、驾驶台和机舱、弃船、放救生艇筏、消防、封闭处所进入与救助、人员编号表格和备注等 8 个栏目。

客船应变部署表分为救生部署、消防部署、封闭处所进入与救助、客舱乘客搜索四部分，包括紧急报警信号、驾驶台和机舱、弃船、放救生艇筏、船舶破损控制、释放海上撤离系统、放救生漂浮平台、消防、封闭处所进入与救助、人员编号表格和备注等 11 个栏目。

(1)应变部署的基本内容

①船舶及船公司名称、船长署名及公布日期；

②紧急报警信号的应变种类及信号特征、信号发送方式和持续时间；

③职务与编号、姓名、艇号、筏号的对照一览表；

④航行中驾驶台、机舱、电台固定人员及其任务；

⑤消防应变、弃船求生、放救生艇筏、封闭处所进入与救助行动的详细分工内容和执行人编号；

⑥每项应变具体指挥人员的接替人；

⑦有关救生、消防设备的位置。

(2)船员的任务

SOLAS 公约规定，应变部署表应写明指派给每位船员的任务，包括：

①船上水密门、防火门、阀、流水孔、船舷小窗、天窗、舷窗和其他类似开口的关闭；

②救生艇筏和其他救生设备的配备；

③救生艇筏的准备工作和降落；

④其他救生设备的一般准备；

⑤集合旅客；

⑥通信设备的用法；

⑦指定各防火区域的消防队人员；

⑧使用消防设备及装置方面的专门任务。

应急计划的内容是在上述项目的基础上做适当修改确定的。

(3)应变部署表的编制与公布要求

应变部署表的管理由船长总负责，大副具体负责。三副根据大副的部署意图，于船舶开航前编排应变部署表，经大副审核，船长批准签署后公布实施。

应变部署表(见附页)应张贴或用镜佩配挂在驾驶台、机舱、餐厅和生活区内走廊的主要部位；在其附近，应有本船消防器材布置示意图。为了能够让应变中各级负责人熟悉所领导的人员及其分工，应当将部署表中各编队(组)分别抄录发给各艇(队、组)长。

在客船上，还应当绘制出本船各层安全通道的路线图，图上应标明各梯口、出入口和各登艇点的位置及走向，张贴在旅客生活区各部位(包括休息室、餐厅、主要走廊、重点舱室和其他旅客活动场所)。在此附近和每个客房内均应挂有救生衣穿法的示意图，同时在备用救生衣站(柜或箱)处应标有醒目标志。走廊内每隔适当距离,都应标有指明通道走向的箭头标志并注明去向。

每个船员都应有一份应变时的须知。在床头及救生衣上都有一张应变部署卡(见表2-1、表2-2)。任务卡上有本人在船员序列中的编号、救生艇艇号、各种应变信号及本人在各种应变部署中的任务。

表 2-1 船员个人应变部署卡的格式

<table>
<tr><td colspan="4">应变部署卡 EMERGENCY CARD
船名 M/V ____________</td></tr>
<tr><td colspan="2">编号 No.:</td><td>姓名 Name:</td><td>职务 Rank:</td></tr>
<tr><td colspan="2">艇号 Boat No.:</td><td colspan="2">消防集合地点 Fire muster station:</td></tr>
<tr><td rowspan="2">消防
Fire
Control</td><td>信号 Signal</td><td colspan="2">短声连放一分钟。随后,一长声(船前部失火),二长声(船中部失火),三长声(船后部失火),四长声(机舱失火),五长声(上甲板失火)。
Short blasts continued for one minute. Thereafter, one long blast stands for fore part, two for middle part, three for aft part, four for engine room, five for upper deck.</td></tr>
<tr><td>任务 Duty</td><td colspan="2"></td></tr>
<tr><td rowspan="2">弃船
Abandon
ship</td><td>信号 Signal</td><td colspan="2">七短声一长声,重复连放一分钟。
seven short blasts with one long blast repeated for one minute.</td></tr>
<tr><td>任务 Duty</td><td colspan="2"></td></tr>
<tr><td rowspan="2">人员落水
Man
overboard</td><td>信号 Signal</td><td colspan="2">连续三长声,随后,一短声(右舷落水),二短声(左舷落水)。
three long blasts. Thereafter, one short blast stands for starboard, two for portside.</td></tr>
<tr><td>任务 Duty</td><td colspan="2"></td></tr>
<tr><td rowspan="2">封闭处所进入与救助
Enclosed space entry and rescue</td><td>信号 Signal</td><td colspan="2">广播通知 broadcast notification。</td></tr>
<tr><td>任务 Duty</td><td colspan="2"></td></tr>
<tr><td colspan="4">解除警报:一长声。
Signal for dismissal: one long blast.</td></tr>
</table>

表 2-2 旅客用应变部署卡

应变部署卡 EMERGENCY CARD 船名 M/V ____________ 艇号 Boat No.: ____________
火警信号:短声连放一分钟随后,一长声(船前部失火),二长声(船中部失火),三长声(船后部失火),四长声(机舱失火),五长声(上甲板失火)。 Fire alarm: short blasts continued for one minute. Thereafter, one long blast stands for fore part, two for middle part, three for aft part, four for engine room, five for upper deck. 注意事项 Notice:
弃船求生信号:七短声一长声,重复连放一分钟。 Abandoning ship alarm: seven short blasts with one long blast repeated for one minute. 注意事项 Notice:
人员落水信号:连续三长声随后,一短声(右舷落水),二短声(左舷落水)。 Man overboard alarm: three long blasts. Thereafter, one short blast stands for starboard, two for portside. 注意事项 Notice:
封闭处所进入与救助信号:广播通知。 Enclosed space entry and rescue alarm: broadcast notification.
解除警报:一长声。 Signal for dismissal: one long blast.

在旅客舱室内,应张贴用适当文字书写的图解和应变须知,发生紧急情况时旅客的集合地点,应变时必须采取的行动以及救生衣的穿着方法等。

我国规定,航行于海上的从事以商业运输为目的,500 总吨及以上的货船、载客 12 人及以上的客船,都必须配备我国海事主管机关认可的统一印制的货船或客船应变部署表。

其他的船舶应急计划均由公司根据各自情况安排编制;"船上油污应急计划"需经主管机关核准;属于国际安全管理(ISM)规则要求的安全管理体系(SMS)中的应急计划,需经主管机关的审核。应急计划在船上的公布和存放,应遵照公约、船旗国规定及公司要求中的最高标准执行。

二、警报系统

1. 全船性警报系统

全船性警报系统通常挂接火灾自动警报系统、烟火探测自动警报系统、手动火警按钮和驾驶台警报器等。

感温式或感烟式火灾自动警报系统的探头遍布全船各处,通常装在舱室天花板上。切勿故意损坏或悬挂衣物,以免造成本室失火时不能自动报警而危及人命,妨碍全船的及时施救。

手动火警按钮用途十分广泛,除主要用作火灾报警外,当人员在遇到任何需要向全船报警的紧急情况时,能够方便就地使用附近的火警按钮及时发出警报。手动火警按钮应遍布于起居处所、工作场所和控制站,并且每一通道出口都应装设。每层甲板的走廊内的手动火警按钮的间隔距离最多为 20 m。手动火警按钮均应封闭在墙壁上的玻璃盒罩内，旁边存放小型手锤等敲击器具。需要时，可不拘方式果断地击碎玻璃面罩，启动火警按钮。

驾驶台警报器，用于按约定的警报信号召集船员。

2. 局部性警报系统

①船内应急通信警报系统包括电话、有线对讲机、无线对讲机和话管。

②机舱施放 CO_2 前的自动警报系统，用于通知机舱人员立即撤离。

③保安警报系统，该系统启动后，能激发并向主管机关指定的主管当局发送船对岸保安警报，而不向任何其他船舶发送船舶保安警报，也不在船上发出任何警报。

④主机、舵机、供电、锅炉等的故障自动报警系统，用于通知机舱值班人员修理和照料。

除上述的声、光警报系统外，船上还使用汽笛和有线广播报警。必要时，船钟、雾锣和口哨等均可用于报警。作为一名船员，应了解船上应急警报系统并熟悉各种形式的警报信号，并且在听到紧急警报后，能迅速而有效地做出应急反应。

三、船舶警报信号识别

当船舶遇到紧急情况时，值班人员或现场发现人员可用报警器或汽笛发出各类警报信号，必要时还可辅以有线广播。船舶通常使用的警报信号有以下 6 种。

(1)消防：警铃和汽笛短声，连放 1 分钟；

(2)救生(弃船及召集旅客)：警铃和汽笛七短一长声，连放 1 分钟；

(3)堵漏：警铃和汽笛两长一短声，连放 1 分钟；

(4)落水：警铃和汽笛三长声，连放 1 分钟；

(5)溢油：警铃和汽笛一短两长一短，连放 1 分钟；

(6)解除警报：警铃和汽笛一长声，持续 6 秒或口头宣布。

为了指明火警部位，在消防警报信号之后，鸣一声表示前部，两声表示中部，三声表示后部，四声表示机舱，五声表示上层建筑甲板。即“一前二中三后四机舱五甲板”。

对于其他紧急情况的警报信号，船公司可根据情况具体规定。船员应通过培训和演习，熟悉这些警报信号及本人的相应职责。

四、船员应急职责分配原则

编制应变部署表/应急计划时，船员具体职责的分配应遵循下述原则：

(1)关键部位、关键动作派得力人员；

(2)根据本船情况，可以一人多职或一职多人；

(3)人员编制应最有利于应变任务的完成。

五、集合地点

1. SOLAS 公约对集合地点的选择要求

SOLAS 公约对集合站的规定，主要是供弃船使用。集合地点的选择应：

(1)设在容易从起居和工作场所到达的地方；

(2)靠近救生艇筏登乘地点；

(3)能容纳指定在该地点集合的所有人员，并人均至少占地 0.35 m^2；

(4)通往集合与登乘地点的通道、梯道和出口应有至少 3 h 的应急照明；

(5)从脱险通道到集合地点，应用集合地点的符号引导和指明；

(6)应能将担架病人抬进救生艇筏。

2. 集合地点的引导和指示符号

图 2-1 为集合地点标识符号，其右边的数字表示集合地点的编号；图 2-2 为登乘站标识符号，右边英文字母表示登乘站编号；图 2-3 为方向指示符号，其左边应加上适当的标志符号；图 2-4 为应急出口方向指示符号；图 2-5 为出口标识符号；图 2-6 为应急出口标识符号。

图 2-1　集合地点

图 2-2　登乘站

图 2-3　方向指示

图 2-4　应急出口方向指示

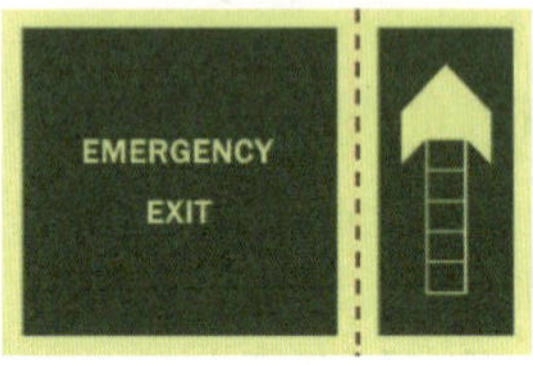

图 2-5　出口

图 2-6　应急出口

3. 其他紧急情况下集合地点的选择

(1)设在容易从起居和工作场所到达的地方；

(2)便于采取应急行动处理紧急情况；

(3)有较宽敞的场地和足够的照明。

该集合地点，可在应急计划中明确规定，或授权应急指挥临时确定并通知到全体船员。

六、个人安全设备

应急用的个人安全设备，包括个人救生设备、消防员装备、紧急逃生呼吸装置以及可用于其他紧急情况的船员劳动防护用品等。

1. 个人救生设备

个人救生设备是指供个人使用的救生设备。货船和客船的个人救生设备包括救生圈、救生衣、救生服和抗暴露服，并在主管机关监督下按 SOLAS 公约规定配备。此外，客船的个人救生设备还包括每件救生衣所应配备的符合国际救生设备规则要求的救生衣灯，以及客船为救生艇中没有配备救生服的每个人所配备的符合国际救生设备规则要求的保温用具。

个人救生设备的配备与基本要求详见《个人求生》。

2. 消防员装备

消防员装备包括防护服、消防靴和手套、防撞消防头盔、防爆手电、太平斧及储压式呼吸器，其配备与要求详见《防火与灭火》。

3. 用于应急的船员劳动防护用品

在其他应急情况下，如果没有法定的个人安全设备，可使用船员平时工作用的一些劳动防护用品作为个人安全设备。通常包括安全帽、防护手套、防撞防滑工作鞋、防护眼镜、工作服、安全带等。

七、应变演习的相关规定

(1) 每位船员每月应至少参加一次弃船演习和一次消防演习。

(2) 若有 25% 以上的船员未参加本船上月的弃船演习和消防演习，应在该船离港后 24 h 内举行该两项演习。

(3) 客船每周应举行一次弃船演习和消防演习。

(4) 堵漏（抗沉）演习应每 3 个月举行一次。

(5) 油污应急反应应定期进行演练，可以同船上其他演习合并进行。

(6) 船舶保安培训操练和演习应至少每 3 个月进行一次演习。此外，如一次有 25% 的船员发生变更而这些人员在最近的 3 个月中没有参加过该船的演习则必须在发生变更的一个星期内进行这些演习。

第二节 听到警报信号后的行动

【要点】

船员在听到紧急警报后能否有效行动，取决于平时的应急培训和演习效果。因此，把应急计划的要求和目标变成船员的熟练行动，才能够有效地保障应急的成功，从而保障船舶的完整和船上人命的安全。

【必备知识】

一、确认警报

当船员一听到警报时，首先应立即弄清属于何种紧急情况。船员应当一边迅速穿着衣物、打开房门，一边冷静地听完两组警报，若不是熟悉的消防、弃船、人落水、堵漏信号，应当核查布置于床头墙壁上的应变部署任务卡。切忌没有弄清情况而盲目行动，导致延误宝贵时间和造成不必要的人身伤害。切忌不穿着衣物就行动，这在任何应急行动中都会造成人身伤害。切忌携带不需要的物品而妨碍应急行动，一些船员在弃船时因不舍钱财而延误撤离时机，来不及撤离而随船沉没。

二、迅速行动

当确认警报性质后，应立即明确自己的任务。若有任何疑问，应当核实自身在应变部署任务卡或应变部署表中的任务,避免失误。在确认应急任务后,应立即携带规定器物加入应急行列。

听到警报信号后,船员必须在 2 min 内到达指定的集合地点。所有的警报确认、任务确认、着装、拿取规定器材和到达集合地点,都必须在 2 min 内快速优质完成。任何的拖延都会丧失最佳的抢救时机,导致事态扩大而无法控制,甚至丧失撤离时机。

三、保障旅客和下属船员的安全

海上对象的应急优先权依次为:人命(旅客—船员)—船舶—海洋环境。一切抢救财产的行动,均应在不严重危及人身安全的情况下进行。但抢救船舶,往往是保护人身安全的最好选择,不到万不得已时,不应放弃船舶这一最佳的海上人员生存场所。无论何种应急情况,船员都应优先确保旅客和下属船员的安全。

发生火灾时,船员应引导旅客撤离现场,并予以迅速灭火。弃船时,应按照先旅客、后船员、最后为船长的顺序快速撤离。在海盗活动频繁区域,应防止海盗登轮,一旦遇到武装海盗攻击,国际社会建议船员和旅客放弃对抗,以避免伤亡。

客船弃船时,由指定船员负责保护和照顾旅客,主要工作包括:

(1)向旅客告警;

(2)查看旅客是否适当地穿好衣服,以及是否正确地穿好救生衣;

(3)在各个集合地点集合旅客;

(4)维持通道及梯道上的秩序,并控制旅客的动向;

(5)保证把毛毯送到救生艇上;

(6)应向旅客说明情况并安抚他们的情绪;

(7)指导旅客有秩序地登乘救生艇筏;

(8)清点旅客人数并确保所有旅客住舱无人。

每位船员都应保持镇定,切忌向旅客流露出恐慌情绪;对发生暴力行为和失去自控能力的旅客应果断采取措施。

四、服从指挥,保持镇静

由于船上应急情况复杂多变,因此,需要船长、现场指挥和各队负责人在应急计划的基础上,根据事态发展灵活指挥。服从指挥能使全船的应急行动有条不紊地进行。服从指挥意味着全船人员形成一个坚强的整体,无论在何种情况下都能够给人以信念、力量和成效。若不服从指挥,此团体会瞬间土崩瓦解,致使恐慌情绪迅速蔓延至全船,船员因而放弃救船,从而失去良好的海上生存和待救基地,使人员在救生艇筏和水中面临明显增大的死亡威胁。因此,在应变过程中,全体船员必须无条件服从并自觉维护统一指挥,只有这样才能有效地挽救船舶,继而保证人员的安全。对于不服从指挥的人和事,必须予以及时且有效的制止。

在任何应急情况下,人员的沉着冷静是取得成功的必要条件,恐慌只会让事态变得更加严重。恐慌是人对事物极度害怕和自认为无能为力时的心理和行为表现,它将瓦解人们的士气,使人脑过度紧张而严重妨碍正常的思维和行为能力,甚至会导致人们丧失理智。如果人员具备处理应急情况的能力,就能避免对紧急情况的恐慌。所以,只要船员坚持不懈地积极接受应急培训和参加应急演习，对应急做到心中有数，就能够沉着冷静地判断和处理应急事宜。即使是面临生命绝境，也应牢记，生命会在恐慌和绝望的心理暗示下过早终结，只有冷静和幸存的信念才能够延长生存和待救时间。

五、按应变部署表/应变计划步骤要求，采取正确的应急行动

应急部署表/应急计划是应急的行动规范，是制定者对可能发生的紧急情况，根据以往的经验教训，结合本船的实际情况，在反复考虑的基础上确定的应急预案。在应急时，应始终以该预案为基础。在应急的初始阶段，应严格遵循应急预案，而后由指挥人员根据事态发展做适当的调整。

应变部署表/应急计划，通常是明确应急职能分工和应急程序框架，无法做到详细地描述所有的应急行动和应急操作。这时应在指挥人员的指挥下，灵活运用在应急培训和演习中获得的知识和技能，实施正确的应急行动。对于特定船舶的关键性操作（如施放 CO_2 操作），应严格按本船专用的施放须知进行检查和施放。对于应急中出现的异常情况，应及时向指挥人员报告，以便及时进行评估和调整部署。指挥人员在下达具体任务时，应从人力、技术、设备、环境和人身安全等方面考虑可操作性，操作人员应迅速设法完成任务，若明显无法胜任，应立即报告指挥人员。

第三节 逃生路线

【要点】

每位船员均应熟悉船上的逃生路线，并保持逃生路线在任何情况下都畅通和无障碍。

【必备知识】

每艘船舶均应事先确定逃生路线，并在每一段路程的拐角处标有明显的引导标记符号。在重要场所，应在多处标示该场所的逃生路线示意图，使所有人员都能了解在各种紧急情况下的逃生路径。每位船员均应熟悉船上的逃生路线，并保持逃生路线在任何情况下都畅通。

逃生路线的确定，应当根据本船特点，考虑火灾、船体破损/进水、严重横倾等可能的紧急情况。为了确保人员安全和便于抢救船舶，应确定多条逃生路线。同一紧急情况下的不同逃生路线应用同一颜色标示；不同的紧急情况有不同的逃生路线，则应当用不同的颜色区别。

船方应通过培训和考核的形式使船员熟悉重要场所乃至全船的逃生路线。每位船员为了自身安全，均应当主动掌握本人住舱及工作场所的逃生路线。

居住或工作在某场所的人员，应对逃生路线是否畅通多加注意，一旦发现有妨碍撤离的故障或障碍物，应立即清除。

第四节

船内应急通信

【要点】

用于船内应急的通信设备包括电话、有线对讲机、无线对讲机和话管。有线广播、报警系统用于单向传递应急信息。驾驶台还可以用车钟摇两次完车信号的方式通知机舱人员撤离。

【必备知识】

船内有线电话和有线对讲机是最有效的船内应急通信系统。在主电源停止供电的情况下，只要船舶纵倾不超过 10°和横倾不超过 22.5°，船上的应急电源会向所有船内通信设备持续 18 h 供电。

无线对讲机便于在船内任何地点通信，但电池供电时间相对较短。

进行船内应急通信时，通话应简明扼要，应当重复关键语言，受话人员如有不清楚之处，应立即询问清楚，以免延误应急时机或错误操作。

【拓展知识】

所有的船内通信语言，必须使用工作语言。如果全体船员均为中国国籍但有多种方言，则应使用普通话。如果船员来自不同的国家，则应使用船上工作语言，通常是使用英语。船长和高级船员应通过应急演习来考察船员的船内应急通信能力，并进行必要的应急用语培训和考核。

【思考题】

1. 船舶应变部署表中有哪些内容？
2. 船员应变任务卡上包括哪些信息？
3. 船舶应变部署表或应急计划的作用是什么？怎样才能充分发挥其作用？
4. 船员听到警报信号后，应怎样迅速采取行动？
5. 如何确保逃生路线的有效性？

第三章 船舶应急反应

船舶一旦临近事故状态或进入事故状态,就必须进行紧急抢救。应急是使海上人命、财产和海洋环境摆脱或远离事故危险,恢复安全状态的活动过程。应急的成败直接关系着人命财产损失和环境损害的程度,所以应急必须是迅速和有效的。成功的应急依赖于训练有素的人员,完备的应急设施和器材,高效率的应急预案(船舶应变部署表/船舶各类应变计划),正确的指挥和良好的群体协同。船舶应急计划/应变部署表由各船公司根据船舶情况编制,但其目的、总的原则和程序是一致的。

在海上,船舶是船员和旅客最好的生存基地,用救生艇筏和在水中漂浮求生是万不得已时的选择,因此船舶发生危险和紧急情况时,船上人员应竭尽全力应急,使船舶脱离危险,以保全自身的生存空间,直至船舶恢复安全状态或船长宣布弃船。

第一节 碰撞应急

【要点】

船舶碰撞事故是发生率较高的海上事故,船舶在航行中发生碰撞,其后果非常严重,船舶可能因此而进水甚至沉没。因此在发生碰撞后,应迅速、果断地采取应急行动。

【必备知识】

船舶碰撞事故中95%以上是人为因素造成。船舶碰撞的应急程序通常包括:

(1)船舶临近碰撞或发生碰撞,应立即停车,发出警报,并向船长和机舱报告,召集船员采取应急行动。

(2)船长应督促大副和轮机长查明破损部位的损坏情况,有无进水、人员伤亡,油污染情况及程度。木匠测量各污水沟、压载舱、淡水舱液位,二管轮测量油舱液位,大副应派专人监督破损部位,及时向船长报告监测结果,以便船长确定自救方案和判断是否需要外援。

（3）当一船撞入对方船体时，船长应视情况采取慢车顶推等措施减少破洞进水，尽力操纵船舶使破洞位置处于下风侧，便于对方争取时间采取有效的应急措施。

（4）若船体破损进水，应组织排水和堵漏，进水严重应设法抢滩；若碰撞引发火灾或油污染，应按火灾应变部署、船上油污应急计划行动；如发生人员受伤，应立即组织抢救。

（5）若船体碰撞位置在机舱，轮机长应当负责机舱的损害控制，即对主机、辅机和舵机等机电设备的损害立即做出评估和抢修，并向船长报告；还应按指示做好在舱柜之间转移燃油和压载水等工作，以及提供电力和辅助机械等方面的工作。

（6）船舶碰撞双方，应互换船名、呼号、船籍港、船舶登记编号和出发港、目的港等相关信息。

（7）值班驾驶员应做好详细记录，保存相关海图；船员应向船长如实汇报有关情况；船长负责指导驾驶员谨慎如实地填写航海日志。

（8）若被撞船处于危险状态，在不严重危及本船安全的情况下，应尽力提供援助，包括援助对方船员或协助被撞船舶抢滩等。

（9）若情况紧急，船长有权请求第三方援助。当碰撞损害严重，确实无力抢救时，船长应宣布弃船求生。

第二节

搁浅/触礁应急

【要点】

当船舶发生搁浅/触礁事故后，应立刻采取适当而有效的应急行动。

【必备知识】

船舶搁浅/触礁事故，与碰撞事故同为发生率最高的海上事故之一，通常是船舶操纵不当、定位失误、走锚、不可抗力等原因导致，但这些事故的90%以上是人为因素造成。船舶一旦发生搁浅/触礁事故，即应：

（1）船舶航行中，值班驾驶员若发现船舶即将搁浅/触礁，应立即停车并尽可能抛下双锚，并立即发出紧急警报召集船员，报告船长，通知机舱。

（2）在船长的指挥下，大副作为现场指挥，率领水手长等人员了解搁浅/触礁部位及船舶的损害程度；木匠测量淡水舱、压载舱、污水沟等部位的液位；二管轮测量油舱（柜）液位；三副率领水手测量和记录船舶四周（尤其是船尾）水深。所有探测结果必须及时向船长报告，供船长判断和决策。一水应及时按《1972年国际海上避碰规则》显示相应号灯、号型（夜间：锚灯以及垂直两盏红灯；白天：垂直三个黑球）。

（3）发现船舶进水，应立即按堵漏应变部署表/进水应急计划组织排水、水密隔离和堵漏，同时判断是否可以立即动车脱浅；若发生油污事件，应按船上油污计划进行应急处置。

(4)轮机长指挥机舱人员检查主机、舵机和辅机有无损害并报告船长。根据需要换用高位海水吸入阀,并根据船长的指示备妥主、辅机。

(5)船长应根据各方反馈信息,结合外界的风、流和潮汐情况进行综合分析,估算自力脱浅所需拉力,对船舶能否起浮、脱浅做出判断并制订实施方案,采取适当行动,使船舶重新起浮或保持安全状况。

若船舶在低潮时搁浅/触礁且情况不严重,可采取调整前后吃水、减少压载水或淡水、转移燃料油和压载水、转移部分货物或物料等起浮措施,在下一个高潮来临前做好一切起浮准备。

当人员和船舶的安全受到严重威胁时,可以采取抛货控制局面的措施,但尽可能请示公司和报告当局,并及时宣布共同海损。

(6)大型船舶在非低潮时搁浅/触礁,一般难以自行脱浅,此时船长应申请外部援助。在待援期间,船方应尽力固定船体,包括调整载荷和使用锚具等;同时应警惕潮水和风流对船舶强度和稳性的不良影响,防止船体破损和断裂、打横、严重横倾或倾覆、被风浪推上高滩等;必要时,应请示船长放下高舷救生艇,防止船体过度横倾而无法放艇。

(7)二副或值班驾驶员应详细记录船舶搁浅/触礁情况。

第三节 火灾应急

【要点】

火灾事故是指船舶因自然或人为因素使船舶失火或爆炸造成损害的事故。船舶一旦发生火灾事故,应立即采取应急行动。

【必备知识】

船舶火灾事故发生数量虽然位居碰撞、搁浅/触礁之后,但全损率却高于这些事故。船舶一旦发生火灾事故,即应:

(1)船员发现火灾应立即发出消防警报,就近使用灭火器材进行灭火,并报告值班驾驶员。总指挥船长听到警报后应立即上驾驶台指挥。

(2)全体船员(除固定值班人员外)听到警报信号后,应按应变部署表的分工和职责,携带规定的消防器材和相关物品迅速赶到现场集合,分编为四队(探火队、消防队、隔离队、救护队),服从现场指挥的统一调度和做好灭火的一切准备工作。

(3)现场指挥大副应率领消防队、隔离队,迅速弄清火灾部位,火灾性质,火情火势,周围的危险品、爆炸品或易燃物质等,并立即报告船长以确定施救方案。

(4)船长和大副指挥各队人员按施救方案投入扑救,还应根据火情发展,及时组织力量和调整部署。

(5)各队职责

探火队:根据火灾的实际情况和在大副的指挥下,进入火灾现场进行探火,以确认火灾的性质、着火地点、范围大小、严重程度等。

消防队:在队长三副和水手长领导下,直接担负现场灭火任务。根据不同性质的消防器材划分为若干小组,如负责手提灭火器小组、负责水灭火系统小组、负责 CO_2 站和蒸汽灭火系统小组等。在灭火中若某类器材不适用,可将该组人员充实到其他各组执行任务。

隔离队:在队长木匠和轮助领导下,根据火情关闭门窗、舱口、风斗、孔道等;在机舱人员配合下截断局部电路和油路;隔离燃烧物质;冷却火区边界和检查毗连的舱室是否有危险货物或易燃易爆品等物质,从速隔离,阻止火势蔓延。

救护队:由医生或事务员任队长,任务是维持现场秩序,传令通信和救护伤员。

机舱值班人员在轮机长领导下,尽快启动消防水泵以及供水系统,并提供其他应急服务,确保主机、副机等机电设备正常运行。

(6)针对不同部位的灭火措施

①甲板以上部位发生火灾时:应立即隔离易燃物品,封闭货舱各开口;若在航行中,船长应立即调整航向,使火区处于下风方向;必要时应停止前进,以延缓火势蔓延和方便灭火。

②货舱失火时:如果难以进入失火点,使用固定灭火系统是首要手段;立即停止通风,撤离舱内人员,尽量隔绝空气流通;按现场指挥的命令,正确启闭各路阀门,启动 CO_2 灭火系统或蒸汽灭火系统,扑灭火灾。

③居住舱室失火时:可通过探火装置确定失火舱室,关闭防火门,使用适当的灭火剂或消防水扑灭火灾。

④机舱失火时:轮机长为现场指挥,应率领机舱船员确定施救方案,在大副和消防队的积极配合下,首先使用有效灭火剂或消防水灭火;若火情难以控制,应迅速撤离人员并封闭机舱,使用 CO_2 灭火系统或蒸汽灭火系统灭火(使用固定灭火系统会导致船舶暂时失去操纵能力)。

⑤船舶在港内失火时:应立即通知当地消防部门,向灭火外援提供防火控制图,详细介绍火场情况,共同扑灭火灾;还应立即停止装卸作业,视具体情况做好拖带出港的准备,机舱应备妥主机待命。

(7)灭火中应始终限制并及时排除积水,不使其随意流淌和积存,以防止水湿货损,避免船舶因积水减损稳性而翻沉。

(8)在港内时应立即停止货物作业,防止火势蔓延,并视具体情况做好拖带出港的准备。

(9)大副应将起火时间、部位、原因,灭火经过,采取的措施,火势受控情况,扑灭时间,货物受损程度,船体及机器设备损伤情况,认真记入航海日志。

第四节 进水与沉没应急

【要点】

船舶进水主要是由搁浅/触礁、碰撞、爆炸、船舶老旧、水密失效、大风浪袭击、造船缺陷、严重横倾、武器攻击等引起的。如果进水速度大于排水速度就会危及船舶安全,应采用必要的程序和方法应急。

【必备知识】

一、进水应急

对进水的堵漏应急通常分成排水、隔离、堵漏、救护四队,分别由轮机长、三副、水手长(三管轮)、医生(管事)担任队长,大副为现场指挥。

(1)发现船舶破损进水,应立即发出堵漏警报(警铃和汽笛二长声一短声,连放1分钟),召集船员,报告船长和通知机舱。

全体船员(除固定值班人员外)听到警报信号后,应根据应变部署表/船舶进水应急计划的分工,携带规定的堵漏器材迅速赶到现场,做好堵漏准备。

(2)大副应率领隔离队和堵漏队的队长,迅速查明漏损部位、损害情况和进水量等,立即报告船长、确定施救方案,指挥各队人员开始抢救。

木匠负责测量压载舱、淡水舱和污水沟等舱柜水位;二管轮测量油舱的液位;大副率领相关人员测定破洞的位置、大小及进水情况。查找漏损部位的方法:测量舱柜液位;倾听各空气管内有无水声;观察船旁水面有无气泡和旋涡;在舱内听声和目测漏损部位等。

(3)船舶发生漏损后,船长应通知机舱备车,立即采取减速或停车等措施,以减少水流和波浪对船体的冲击;若已知漏损部位,要保持破损位置位于下风(流)处,以减小进水量。

(4)一旦发现船舶进水部位,应立即通知机舱组织排水,同时由三副率领隔离队关闭进水舱室四周的水密门和隔舱阀等,使进水舱室与其他舱室隔离,必要时应加固邻近舱壁。

(5)堵漏队在水手长和三管轮的领导下,直接负责堵漏和抢修工作,采取行之有效的堵漏措施。船长和大副应根据漏情发展,及时调整工作部署。

(6)轮机长率领排水队使用所有水泵(包括便携式水泵)全力排水,并根据情况注入、排出和调驳压载水,保持船体平衡。

(7)木匠定时测量水位,并派专人不断观察并记录前后吃水和干舷高度的变化,估算进水量和排水量之差,判断险情的发展和大量进水对船舶稳性及浮力的影响,以便决定下一步的应急行动。

(8)若进水严重且情况紧急,船长应当请求第三方的支援,并尽可能选择适宜地点抢滩。若船长确认堵漏无效,船舶面临沉没危险时,应宣布弃船。

(9)船长应指示值班驾驶员做好详细记录,并及时向船公司和有关当局报告。

二、沉没应急

(1)船舶因水上交通事故导致船体和结构受损严重,大量进水,在排水速度跟不上,堵漏又有困难,沉没无法避免时,必须立即驶往安全地点搁浅,即抢滩。

(2)抢滩地点坡度越小越好,抢滩后应设法堵漏,保证船舶不继续下沉。

(3)船舶发生重大水上交通事故,虽经全体船员全力抢救仍难免沉没,且无法实施抢滩应急操作,为保证船员安全,船长经周密和慎重考虑后,可发出弃船警报信号。如条件许可应报告公司和当地海事管理机构。

(4)听到弃船警报信号后,全体船员应立即穿着救生衣,到甲板做好弃船准备。

(5)驾驶员应带领水手关闭所有液货舱管系阀门,堵塞相关通气孔,防止溢漏。

(6)机舱固定值班人员在听到警报信号后应坚守岗位按指令操作,在得到停车通知后,在轮机长领导下,抓紧做好熄火放气、关机、停电等弃船安全防护工作,并携带规定物品撤离机舱。

(7)弃船时,应派专人负责降下国旗并随身携带;关(停)发电机和机舱内正在运转中的其他一切设备;关闭海底阀等。

(8)弃船时,应按应变部署表的规定由专人分别负责携带航行日志、轮机日志和通信记录等资料。

(9)弃船后,船长应向公司和海事管理机构报告机舱存油和液货舱剩余液货数量。

(10)弃船后,船长对全体船员仍保持原有职权,不论是在紧急应变还是演习操作的情况下,所有船员都必须服从船长指挥。

【拓展知识】

常用堵漏方法:

船舶进水部位主要包括船体破口、水密门或舱口损坏、机舱管系损坏、艉轴套损坏、海底门损坏等。

船舶进水后应迅速予以控制,因为不论是否能够完全堵住被损部位,都能不同程度地减缓进水速度,减轻船舶危险程度并争取抢救时间。堵漏时,应在能控制船位的前提下考虑减速或停车,尽可能将破洞置于下风,以方便应急操作;堵漏后,应采用适当航速,经常检查封堵部位,以防堵塞物脱落。

(1)船体裂缝

船体裂缝处不可直接打入木楔,以防扩大裂缝,应先在裂缝两端各钻一小孔,将橡皮等软物覆于裂缝上,用木板压实,再用木柱等支撑和固定。

(2)船体小破洞

把与船体破洞相当大小的木塞用布料包裹,直接塞进破洞。如果一个堵漏塞不够,可用多个堵漏塞。

(3)船体大破洞

如果船内可以操作,可用床垫等卧具填塞,覆以木板,再用木柱支撑固定。

如果船内没有操作空间,则在船外使用堵漏毯能有效地降低船舶进水和下沉速度,以便为机舱排水、加固相邻舱壁、抢滩及等待救援争取时间。

如果破洞水压太大,应在船外破洞处敷设堵漏毯减少进水量,再在船内用木板、支柱等堵漏，如图 3-1 所示。

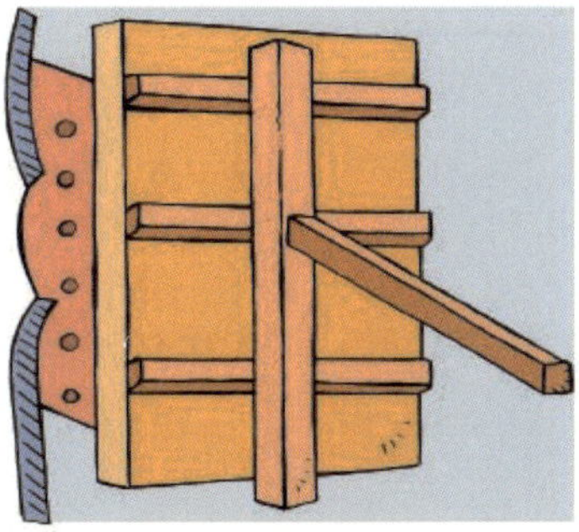

图 3-1 使用支柱堵漏示意图

大船使用的堵漏毯四周采用铁链或钢丝绳加强，中部辅以小号钢丝绳作经纬，用至少两层帆布缝制而成，四角应设强力耳环供张索受力，四个角的张索均为钢丝绳。使用堵漏毯时，下端应坠以重物，使其能垂到船底。底索应有足够长度绕过船底，与前张索、后张索、控制索配合，使堵漏毯覆盖于破洞；然后用绞车等收紧并固定各张索。在堵漏毯被破口钢板或船体突出物挂住时，应妥善处理，避免硬拉造成堵漏毯损坏。大船堵漏、舱壁加固示意图分别如图 3-2、图 3-3 所示。

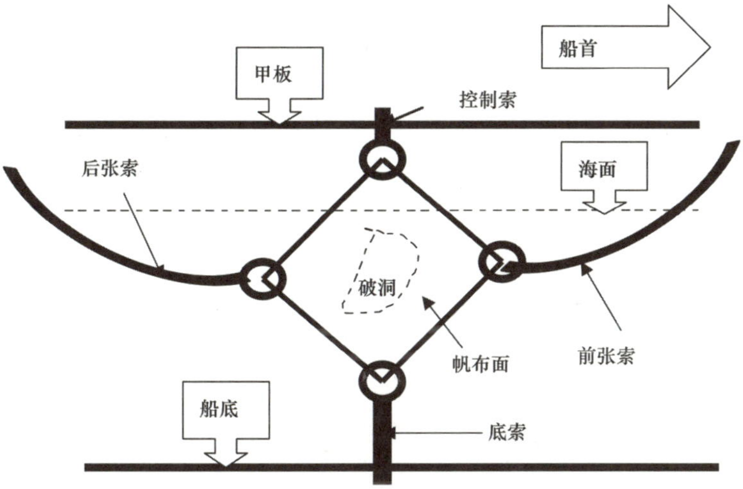

图 3-2 大船堵漏示意图

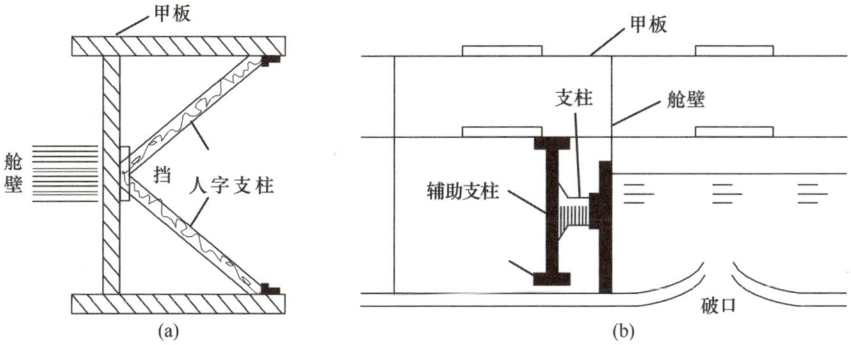

图 3-3 舱壁加固示意图

第五节

战争应急

【要点】

船舶在战争区域航行和靠港作业时，应做好战争应急工作，以保证船舶和人员的安全。

【必备知识】

(1)船长在发现船舶面临战争危险时，应立即报告船公司，尽可能选择合适航线避开战区。

(2)如果船舶不可避免地驶经战争海域，则应事先做好充分的物质准备、人员准备、医疗准备和其他安全准备，并对应急系统进行全面检查，加强船舶日常维修保养，确保船上设施能正常运转。船员和旅客都应遵守船上关于物品系固、保证水密关闭、节约食品和淡水、灯火和能量管制、战区值勤等临时规定。

(3)船舶抵达战区前，船长应指定专人收听当地战况广播，及时抄收战区航行警告和气象预报；密切注意布雷区等禁航区；了解战争当局和巡逻线对商船的航行规定。船长应能设计出快速驶离战区的安全航线并报告公司。

(4)船舶在战区航行时，应采取能使船舶尽快驶过战区的航向和航速。值班驾驶员和水手应加强海、空瞭望，谨慎驾驶，认真收听 VHF 无线电话，做到及早发现、及早通知、及早行动、及早宽裕地避开海面上的漂雷、可疑船舶、可疑漂移物。

尽量避免与战区各方发生冲突，以减少不必要的损失。

(5)船舶抵离战区时，必须向公司发送抵离战区的预报和确报，并且每天按时向公司报告船位。

(6)若遇军舰采取不友好或敌对行动，应及时采取变向、变速等措施，以降低炮火命中率，并尽可能用无线电报、电话与对方取得联系。遭到军方袭击，不论是否受损，应立即向公司或驻外使领馆报告有关情况。

(7)船舶在战区因战争导致堵漏、消防、油污、弃船、不属于应变事项等应变事项发生时，应按船舶的应变部署表/应急计划进行。在不严重危及施救人员和本船安全的情况下，船长和船员应采取积极应急措施。

(8)详细记录航海日志、轮机日志和电台日志，写妥海事报告和事实经过报告；备妥人员伤亡报告和死亡证明书，并妥善处理死者遗体和遗物；船舶抵达远离战区的第一港口后，应申请船舶检验和货物检验，取得检验报告交公司处理。

第六节

防污染应急

【要点】

随着社会经济的发展,保护环境已成为社会大众广泛关注的焦点,并且已成为可持续发展的基本国策。世界各国对船舶的管理与设施的检查日趋严格,法规也日趋完善,主管部门的执法手段和执法水平也越来越高。保护海洋环境、免遭污染损害、避免船舶因污染问题而引起不必要的扣押或造成经济损失已经成为航运界的共识。

【必备知识】

保护自然环境是人类21世纪的主题。各国对船舶污染的排放控制日益严格、处罚日益严厉,并成为港口国的必查项目。船上的油类、有毒有害物质、油性混合物、压载水、洗舱水、船舶垃圾和生活污水等的意外排放和违章排放,都会造成水域污染;船舶一旦发生污染情况,均应迅速反应,竭尽全力控制和消除污染。迅速报告有关当局并听从指挥,接受当局的调查和处理,赔偿污染损失。污染损害的法律责任属结果责任制。船舶一旦发生污染,除不可抗力原因外,无论船方有无过失,都按污染损害后果承担法律责任。

因此,船舶发生或可能发生污染时,每位船员都应全力以赴应急,防止和减轻污染损害。

根据《73/78国际防止船舶造成污染公约》(MARPOL 73/78)附则Ⅰ第26条规定:150总吨及以上的油船和400总吨及以上的非油船,均应备有经主管机关批准的《船上油污应急计划》。

该计划的目的主要是帮助船员处理意外的排油;当船舶发生或可能发生油污事故时,指导船长、驾驶员采取必要措施,以控制或减少排放或减轻其危害。

《船上油污应急计划》主要由强制性规定、非强制性规定和附录三个部分组成,必须用船员的工作语言写成,对于报告、控制和协作等强制性内容的修改,必须经主管机关核准。

1. 强制性规定

“强制性规定”这部分内容是确保公约附则Ⅰ第26条的实施,主要有四个部分:油污事故报告程序;需要联系当局或人员名单;船上人员采取减少或控制油类排放的详细描述;为使船上与国家及地方当局协同行动需取得联系的程序。

①报告要求

船长或负责管理该船的其他人员应按照IMO A. 648(16)决议通过的《船舶报告制度及船舶报告要求总则》(包括危险货物、有害物质和/或海洋污染事故报告指南)的要求报告,报告包括以下内容:

当船舶发生下列实际排放情况时,船长须立即报告最近沿海国:由于船舶或设备受损,或为保障船舶安全和海上救助人命所进行的排放;或船舶运行时油类的排放超出公约所允许的数量或瞬时排放率。

尽管尚未发生排放,但可能发生的排放,还需要报告。涉及下列情况时船长应向沿海国报告：影响船舶安全的故障、失灵或损坏，例如碰撞、搁浅、火灾、爆炸、结构受损、进水、货物移动等；机器或设备故障和受损，例如：舵机、推进器、发电系统、关键的船载导航设备故障或失灵事故使船舶安全性下降。

每位船员发现上述需要报告的情况，均应立即报告船长和值班负责人。

②联系当局或人员名单

船舶发生污染事故，需要进行通信联系的应包括：沿岸国联系人、港口联系人、与船舶有关的重要联系人。这些人的单位、姓名、地址、电话、电传、传真号码等列入附录的表格中，而且随着人员更换和电话号码等的变动应更新这些信息。

③控制排放应急措施

控制排放应急措施包括：操作性溢油（管系泄漏、舱柜溢油、船体泄漏）；海损事故溢油（搁浅、火灾、爆炸、碰撞、船壳破损、严重横倾等）。

优先措施：对事故的反应，最优先考虑的应是保证船舶和人员安全，并采取措施防止事故升级。

稳性和应力影响：在海损事故应急反应中，采取措施减缓溢油速度或使船舶脱浅时，应特别谨慎地考虑船体稳性和应力，只有在充分考虑可能影响船舶整体稳性和应力之后才能进行船内转驳。计划应明确指明，为评估破舱稳性和受损的纵向强度，应与谁联系，以便获得所需资料。

减载：船舶结构受损严重时，可能有必要将全部或部分货物驳到另一艘船上，因此计划应制定船与船过驳的安全措施和操作程序。

④国家和地方协作

在抗油污行动中，船舶与国家及地方当局协同行动需取得联系。若发生溢油事故，船舶与沿岸国或其他有关部门快速、有效的协作，对减少污染事故的危害至关重要，因此采取控制措施之前，有必要与沿岸国取得联系，以得到核准。应急计划应提供与沿岸国或地方当局联系请求协作的方式、注意事项和应急反应队伍的资料。

2. 非强制性规定

除 MARPOL 73/78 公约附则I第 26 条规定的上述强制部分外，应急计划应有地方或船公司要求提供的指导，如图表和图纸、应急反应设备、公关事务、记录保存、计划检查及演练等。

为保证船员熟悉计划，在应急时能做出正确的反应，应定期对船员进行演习，这种演习可以同船上其他演习合并进行，演习和训练都应做好记录。演习可使应急状态中的安全性和有效性得到增强。

按油污应急计划规定，每艘船都应有本船的溢油应变部署表。在溢油应变部署表中应明确注明：溢油报警信号、集合地点、每个船员的职责和岗位。

3. 附录

《船上油污应急计划》规定应具备下列附件：

①沿海国联系人一览表；

②港口相关联系人一览表；

③船舶重要联系人一览表；

④船舶资料及图纸。

《船上油污应急计划》规定应备有下列资料：

①适于张贴在船舱壁上的简明流程图；

②有关国家和地方主管当局的资料；

③其他参考资料。

表 3-1　某船溢油应急反应部署表

溢油报警信号：警铃和汽笛一短两长一短　　　　集合地点：主甲板

职务	负责部位	职责
船长	驾驶台/现场	总指挥，对外联络
政委	溢油现场	副总指挥，动员组织人员回收、清除溢油
轮机长	溢油现场	现场指挥，组织人员回收、清除溢油
大副	溢油现场	协助轮机长做好现场溢油指挥工作
二副	驾驶台/现场	驾驶台值班，采取应急措施，做好现场记录
三副	溢油现场	艇长，准备消防器材，指挥放艇，回收清除溢油
水手长	溢油现场	提供并携带防污器材，协助指挥放艇，回收清除溢油
木匠	溢油现场	检查甲板出水孔，关闭有关通道，回收清除溢油
部分水手	溢油现场	艇员，协助放艇，随艇下，回收清除溢油
大管轮	机舱/溢油现场	管理机舱设备/回收清除溢油
二管轮	溢油现场	控制有关阀门，防止溢油扩散，做好现场记录
三管轮	溢油现场	协助放艇，随艇下，操纵艇机，回收清除溢油
机工	溢油现场	提供并携带应急工具和防污器材，回收清除溢油
管事	生活区/现场	检查居住区火情，关闭有关通道，回收清除溢油
大厨	厨房/现场	检查厨房火情，关闭有关通道，回收清除溢油
船医	溢油现场	携带医疗急救器材和药品
其余船员	溢油现场	携带防污器材，回收清除溢油

【拓展知识】

除油类和油性混合物外，违反港口国和港口当局的规定排放，其他物质诸如有毒有害物质、压舱水、洗舱水、船舶垃圾和生活污水等，均属污染事件，船方都必须采取防污染应急措施。

污染应急结束后，船方应接受当局的污染事故调查和处理。船长应做好记录并向公司做详细汇报。

《1990 年国际油污防备、反应和合作公约》（简称“OPRC”）于 1995 年生效，实施

OPRC 公约的一个很重要的方面是组织制订、落实《船上油污应急计划》。2000 年 3 月，IMO 通过《2000 年有毒有害物质污染事故防备、反应与合作议定书》(简称“OPRC-HNS 议定书”)，将 HNS 纳入全球防备与反应合作框架之中，并已于 2007 年 6 月 14 日起生效。要求载运有害有毒液体物质的船舶应持有一份经主管机关批准的《船舶海上有毒液体物质污染应急计划》。此计划可以与《船上油污应急计划》结合使用。在此情况下，该计划的标题应为“船上海洋污染应急计划”。

“有毒有害物质”系指除油类以外的，如果进入海洋环境便可能对人类健康造成危害、对生物资源和海洋生物造成损害、对宜人环境造成破坏或对海洋的其他合法使用造成干扰的任何物质。

第七节 防海盗应急

【要点】

船舶在遭遇海盗或武装攻击时，应做好战争应急准备，以保证船舶和人员的安全。

【必备知识】

伴随着航运业的诞生，船舶在海上遭到海盗袭击和武装劫船的事件时有发生，这已引起国际航运界和各国政府的高度关注。特别是最近几年在亚丁湾附近水域频频发生海盗袭击和武装劫持船舶、船员的事件，严重威胁着船员生命安全和国际航运秩序。

这些袭击事件显示，凡是途经海盗活动海域的船舶都有可能成为海盗袭击的对象，因此所有途经船舶都要提高警惕，做好应急准备。

对一些袭击事件的分析表明，以下的弱点常会被海盗利用：低速、低干舷、警戒级别低或明显的自我保护措施不足、船舶应急反应明显缓慢等。

海盗袭击未得逞的案例证明：速度 15 kn 或以上的船舶很少被成功劫持；海盗如果在 30~45 min 之内未能登船一般会放弃；如果船舶能够坚持等到军队的支援，海盗将会放弃袭击行动；航经海盗活动水域前事先制订了应急计划并进行了训练，而且成功有效地使用了反制措施。

因此，在高风险海域航行的船舶，应采取以下防海盗措施：

(1)要认真执行《船舶保安计划》，针对航次特点对船员进行培训，适时组织防海盗演练。船舶进入海盗活动海区前，应结合实际制定具体的防海盗措施，使每个船员都知道本航区或港口海盗活动的规律、防海盗的方法和注意事项，掌握防海盗措施和本人的职责，确保措施能够落实。

(2)航经危险水域的船舶必须提前进行保安报警及通信设备测试与检查，确保设备随时可用。

(3)船舶在危险水域航行时，除保持视觉和雷达观察外，还应增加防海盗值班人员，并加强观察、瞭望；以双人班携对讲机巡逻，配备必要的自卫器材，并时刻保持与驾驶台的联系，互通情况。保持高度戒备，进行全天候的防海盗值班，特别是强化夜间监视；与可疑船、艇保持距离，防止大船放出小艇快速接近。

(4) 轮机长根据主机的负荷（因大舵角转向避让海盗小艇的需要），随时调整主机的转速，确保主机在安全运转的前提下达到最大转速。

(5) 遭遇海盗袭击时，应保持全速前进，通过改向加速以阻止小船靠近。尽可能早地采用“Z”字形路线航行，把海盗让在上风、上浪舷。

(6) 海盗离船舶较远时，可利用船上的各种工具和手段（如开启消防泵，使用消防水枪、强光灯、警报、汽笛等）对海盗予以警告，传达信息——我们是有准备的。

(7) 若海盗已贴近舷侧，除积极采取避让或冲撞措施外，还可：

用高压水龙对准海盗喷射，以影响海盗登船的视线，增加登船难度。抛掷事先准备好的物品（不建议用空酒瓶，空酒瓶不易碎）。

如在舷侧绑有大油桶，可砍断绑扎的绳索，将油桶砸向海盗船。

如果海盗抛绳钩上船，一定要果断地将其砍断，不要害怕和犹豫。

如果海盗已经沿钩索向上攀爬，可向绳索、绳梯和登船梯洒下油漆或燃油，以阻止海盗登船。

(8) 在阻止海盗登船的过程中，船员应注意保护自身安全。在割断钩绳、砸下油桶、使用水枪时尽可能使用长柄工具，不要轻易将身体暴露出来。尽量不要过大伤害对方，防止其报复，应以驱赶为目的，一切行动听指挥。

(9) 立即向公司和国际反海盗中心报警，启动 SSAS 报警，驾驶员采用 VHF16 频道、卫星通信等有效手段报警求救，说明船上的情况，向空中施放降落伞火箭信号弹，如有可能，对强行登轮的海盗及其人员进行抓拍，以便向外报告备查和以后作为缉拿海盗的证据。

(10) 一旦确认海盗登船，应立即发出全船警报并报告海盗出现的位置，提醒在甲板上的船员选择合适的路线回到安全区。当海盗已控制驾驶台、机舱或抓住船员作为人质时，此阶段最为危险，国际社会劝告船员放弃对峙，以避免伤亡。船长和船员应保持镇静，采取一切方法发出遇险信号与周围支援力量取得联系，并寻机与海盗进行谈判以确保人质的安全。

发生海盗袭击事件后，船长应尽快向船东、沿岸国有关当局等报告详情，包括地点、时间、海盗船名和特征、海盗人数、离去时间、损失等，并按 IMO 标准格式向船旗国主管当局报告，也可由公司转报，并保持与船旗国当局联系。

【思考题】

1. 船舶发生碰撞事故，应如何应急？
2. 船舶发生搁浅/触礁事故，应如何应急？
3. 船舶发生火灾事故，应如何应急？
4. 船舶发生进水，应如何应急？
5. 船舶遭遇战争形势，应如何应急？
6. 《船上油污应急计划》一般包括哪些内容？
7. 船舶遭遇海盗时，应如何应急？

第四章 船上安全作业

第一节 遵守安全作业方法的重要性

【要点】

船上作业安全有赖于对安全作业方法的遵守。船上安全作业方法既是经验的总结，又是科学的分析，遵守安全作业方法可以有效地防止事故发生或减轻伤害。

【必备知识】

安全作业方法，是在系统考虑作业的各种因素的基础上，能使“人、机(物)、环境、管理”四大安全要素和谐相处的安全做法的总称，通常称之为安全操作程序、须知、规程、注意事项、规章、制度、办法、要求、规定、操作指南、经验方法、习惯做法等。安全作业方法中，主要有人员分工职责，对操作对象的认识和安全器材的要求，操作的先后顺序，关键动作的要求和所要达到的目的等。遵守安全作业方法，目的是顺应事物的客观规律，安全地完成作业任务。船上的安全规章制度是成文的安全作业方法，系统的安全规章体系是船舶安全营运的重要保证，使得船员在作业时有章可循。而不成文的安全作业方法，是指船员在长期的海上实践中总结出的行之有效的通常做法，也是安全作业方法的组成部分。对于关键性操作，应当制定成文的安全作业方法。

一、违章作业(操作)行为的后果

大多数人员伤亡、船货损失、海洋环境污染事故，是缺乏或不遵守安全管理和操作规章，违背船员的通常做法，即不遵守安全作业方法所致的。

例一，1987 年 3 月 6 日，英国籍滚装渡轮“自由企业先驱”号在离开比利时泽布吕赫港时，没有按规定及时关闭车辆舱水密钢门，在距离码头 1 000 m 处右转时，海水大量涌入舱内使其迅速翻沉，致 188 人死亡。

例二,某船主机遥控系统故障,却不安排轮机员值班;二副不会使用 ARPA 雷达,却在雾航中以 17 kn 的全速航行;从雷达上发现来船后,驾驶员连续多次小角度向右转向,以全速将对方已经停船的万吨轮撞沉。该事故系严重违背国际海上避碰规则、公司雾航规则和值班制度所致。

例三,我国多艘油船,因在机舱违章烧焊管系引燃管道内油气,上溯至空油舱发生爆炸,致使船舶沉没。

例四,多艘船舶的水手在起降双杆吊的吊杆时,不按操作规程要求将吊杆起降索钩固于起重滚筒,仅凭经验将起降索绕滚筒数圈后就起降吊杆,屡屡导致起重滚筒上的起重索打滑失控,吊杆从空中摔下,砸坏吊杆、船舶和货物,甚至发生人员伤亡,并使船舶因修理和检验而延误船期。

不遵守安全作业方法的恶果不胜枚举,诸如:因不系安全带而从高空摔下,或坠入大舱,或在舷外作业时坠入海中;不戴安全帽而被高空坠落物砸伤、砸死;系解缆时因站位不符合要求而被受力缆绳打伤或切断腿脚,或在拉断的缆绳回抽时候打伤、打死;舷梯和跳板不按规定敷设安全网,导致人员坠落水中伤亡;不按规章检查和调整系泊缆绳,导致船舶窜动撞坏码头、船岸设施和他船;装卸油时不按规章操作和值班,导致溢油和污染水域;机舱人员擅自注入、排出或移驳压载水,致使船舶横倾、吃水差异常、超载或稳性不良,危及船舶航行安全等。

二、1∶29∶300 或 1∶10∶30∶600

在对上述事故的调查中我们发现,许多事故责任人对违章行为的辩解是惊人的相似:如以前我(们)一直这样做,从没出过事故。事实是,他们把有惊无险和小事故不看为事故。他们不了解不同程度事故的发生概率。

美国著名的安全工程师海因里希曾对同一人发生的 330 起同种违章作业行为进行统计并发现,致人严重伤害、轻微伤害和有惊无险的事故件数之比为 1∶29∶300,这一统计被广泛地称为“海因里希法则”。该法则是对人为不安全行为和不安全状态无害的经验者的有力警告。该法则还说明事故与损害之间存在着偶然性,同类事故并非产生相同的损失,为防止重大损害,唯一的途径是防止事故的再次发生。为了实现该目标,首先必须消除孕育事故的温床——人的不安全行为,这是防止事故和人员伤亡的最直接和最高效的手段。

国际损失控制研究所(International Loss Control Institute)给出了 1∶10∶30∶600 的事故损害统计结论,如图 4-1 所示。该统计综合考虑了违章行为造成的人身伤害和财产损失。该统计同样表明,每起事故会造成何种程度的人身伤害和财产损失是较难预料的,它服从于统计概率。例如:在系离泊时,缆绳受力破断抽打到人员时,重则当场死亡,轻则虚惊一场,事前难以预料后果。要避免严重损害,必须消除任何形式的事故苗头。

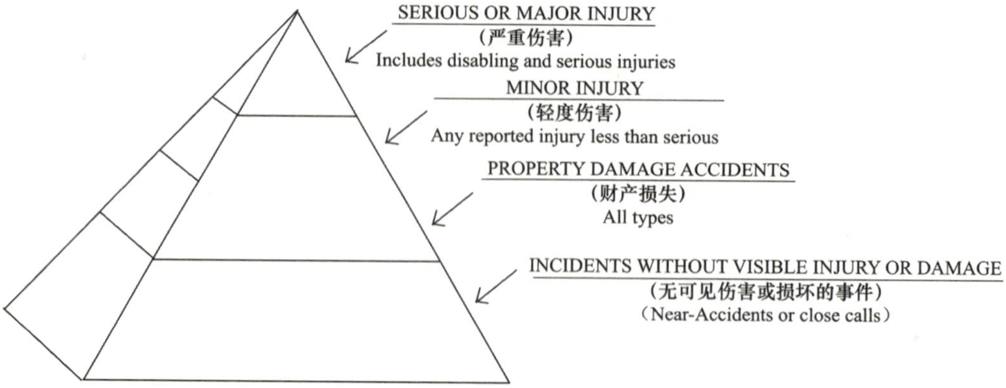

图 4-1　事故损害比例

三、ISM 规则对关键性操作的要求

遵守安全作业方法，主要是遵守安全作业（操作）规章。《国际安全管理规则》（ISM规则）规定："对涉及船舶安全和防止污染的关键性的船上操作，公司应当建立制定有关方案和须知的程序。与之有关的各项工作，应当明确规定并分配给适任人员。"关键性操作分为关键操作和特殊操作。

关键操作是指其错误会立刻导致危及人员、环境或船舶的事故或情况的操作。例如：在充满油气的场所明火作业，会引发爆炸事故，导致人员伤亡和船舶损坏。船舶关键操作通常包括：在限制水域和交通密集区域的航行；在接近陆地水域或交通密集水域会造成突然失去操纵能力的操作；在视线不良条件下的航行；在气象恶劣条件下的航行；危险货物和有毒有害物质的装卸和积载；海上加油和驳油；气体运输船、化学品船和油船的货物操作；关键性机器操作等。进行关键操作现场应有人监督，严格按作业规程操作，保存经双方签署的记录或检查表。

特殊操作是指其错误仅在已造成危险情况或事故已发生时才会明显看出的操作。例如：架设引航员软梯时，甲板端绳结未打好，或用来系绳结的船体构件严重锈蚀，直至有引航员登离船发生危险时，才发现是该操作的错误所致。船舶特殊操作通常包括：保证水密完整性；航行安全，包括改正海图和有关出版物；影响设备（如舵机）及其有关的备用机器可靠性的操作；维护操作；加油操作及港内驳油操作；保持稳性和防止超载和应力集中；集装箱、货物及其他物品的系固；船舶保安，暴力和海盗行为等。特殊操作的须知和程序应包括防患于未然的预防措施和检查。

四、遵守安全作业方法对船员个人和社会的意义

遵守安全作业方法，船员始终是受益者。其获益优先权排序为：作业（操作）者因避免了可能发生的事故，确保了自身免遭人身伤害；避免了船舶事故，从而保护了船上其他人员的安全；避免了可能引发的污染海洋事故，从而保护了自身和公司其他职员的就业和工资奖金收入。从宏观角度看，船员遵守安全作业方法，保护了作业船员的自身安全；保护了全船人员的安全；保护了公司利益；保护了人类赖以生存和发展的海洋环境。可谓一荣俱荣，反则一损俱损。可见，遵守安全作业方法，责任和意义都非常重大。而对于船员，

做到遵守安全作业方法并不难，只要具备社会责任感、一定的安全作业知识和技能，严格遵守操作规程，就能安全优质地圆满完成作业。

第二节
《中华人民共和国海船船员值班规则》概要

【要点】

为加强海船船员值班管理，防止船员疲劳操作，保障海上人命与财产安全，保护海洋环境，根据《中华人民共和国海上交通安全法》和《中华人民共和国海洋环境保护法》等有关法律、法规的规定，以及国际海事组织1995年修正的《1978年海员培训、发证和值班标准国际公约》和国际电信联盟《无线电规则》的要求，特制定《中华人民共和国海船船员值班规则》，该规则修订后于2020年7月2日经第21次部务会议通过，自2020年7月6日起施行。

【必备知识】

根据STCW规则A、B部分的甲板、轮机值班要求，结合我国航运企业一些好的规章制度，我国制定了《中华人民共和国海船船员值班规则》。在此介绍该规则中所有船员都应熟悉的基本规定。

一、一般要求

本规则适用于在100总吨及以上中国籍海船上服务的组成值班的船员，但下列船舶上的船员除外：军用船舶、渔业船舶、游艇、构造简单的木质船。

交通运输部海事局是实施本规则的主管机关。各级海事管理机构按照职责具体负责海船船员值班的监督管理工作。

航运公司应当确保指派到船上任职的值班船员熟悉船上相关设备、船舶特性、本人职责和值班要求，能有效履行安全、防污染和保安等职责。

船长及全体船员在值班时，应当遵守法律、行政法规、相关国际公约以及当地有关防治船舶造成海洋污染的要求，采取一切可能采取的预防措施，防止因操作不当或者发生事故等造成船舶对海洋环境的污染。

航运公司应当根据本规则以及有关国际公约的要求编制《驾驶台规则》《机舱值班规则》等船舶值班规则，将其张贴在船舶各部门的易见之处，要求全体船员遵守、执行，以保证船舶航行安全。

二、值班安排

航运公司和船长应当为船舶配备足够的适任船员，以保持安全值班。船长应当安排合格的船员值班，明确值班船员职责。值班的安排应当符合保证船舶、货物安全及保护海洋环境的要求，并保证值班船员得到充分休息，避免疲劳值班。在船长的统一指挥下，值班的驾驶员对船舶安全负责。轮机长应当经船长同意,合理安排人员值班,保证机舱运行安全。船长应当根据保安等级的要求,安排并保持适当和有效的保安值班。

三、甲板部航行值班

值班驾驶员保证船舶的安全航行,并按照经过修正的《1972 年国际海上避碰规则》和其他安全航行规定进行操纵和避让。

船长应当合理安排航行值班船员,以保持连续正规的瞭望。

瞭望人员和舵工的职责应当分开,舵工在操舵时不应当同时担当瞭望人员。在操舵位置四周的视野未被遮挡且没有夜视障碍,不妨碍保持正规瞭望的情况下,舵工可同时担当瞭望人员。

夜间航行时应当至少有一名值班水手协助驾驶员瞭望。

四、轮机部航行值班

值班轮机员是轮机长的代表,主要负责对与船舶安全有关的机械设备进行安全有效的操作和保养,并根据要求,负责轮机值班责任范围内的一切机械设备的检查、操作和测试,保证安全值班。

轮机值班的组成应当适合当时的环境和条件,以确保影响船舶安全操作的所有机械设备在自动操作方式、手动操作方式模式下均能安全运行。

确定轮机值班组成时,应当考虑下列因素:保持船舶的正常运行;船舶类型、机械设备的类型和状况;对与船舶安全运行关系重大的机械设备进行重点监控的值班需求;对于天气、冰区、污染水域、浅水水域、船损控制或者污染处置等各种情况的变化而采用的特殊操作方式;值班人员的资格和经验;人命、船舶、货物和港口的安全及环境保护的要求;有关国际公约、国家法规和当地规定。

值班轮机员应当维持既定的正常值班安排。机舱值班的普通船员应当协助值班轮机员使主机、辅机系统安全和有效运行。

轮机值班的所有成员都应当熟悉被指派的值班职责,并掌握本船下列情况:内部通信系统的适当使用;机舱逃生途径;熟悉机舱报警系统和辨别各种警报;机舱的消防设备和破损控制装置的数量、位置和种类,以及它们的使用方法和应当采取的各种安全预防措施。

轮机值班开始时,应当对所有机械设备的工作情况、工况参数加以验证、分析,以使其保持在正常范围内。

值班轮机员应当对运转失常、可能发生的故障或者需要特殊处理的机械设备,以及已经对设备采取的措施做详细记录。需要时,应当对拟采取的措施做出安排。

值班轮机员应当执行驾驶台的命令。对主推进动力装置进行换向和变速操作,应当做好记录。当人工操作时,值班轮机员应当确保主推进动力装置的操纵装置有人不间断地值守,并随时处于准备和操作状态。值班轮机员应当掌握正在维护保养的机械设备(包括机械、电气、电子、液压和空气系统)及其控制装置和与此相关的安全设备、所有舱室服务系统设备的维护保养情况,并注意物料和备品的使用记录。

值班轮机员应当确保,在自动设备失灵时履行维修职责的轮机部普通船员能够立即协助其对机器进行手动操作。

值班轮机员应当了解失去舵效或者因机械故障导致失速会危及船舶和海上人命的安全,当发生机舱失火或者在机舱中即将采取的行动会导致船速下降、瞬间失去舵效、船舶推进系统停止运转、电站发生故障或者类似威胁安全的情况时,应当立即通知驾驶台。如果可能,值班轮机员应当在采取行动之前通知,以便驾驶台有最充分的时间采取一切可能的措施来避免发生海上事故。

值班轮机员应当保证提供鸣放声号用的空气或蒸汽压力,并随时执行驾驶台变速、换向的命令,还应当备妥用于操纵的一切辅助机械。

五、港内值班(甲板、轮机)

值班轮机员接到船舶进入通航密集水域航行的通知时,应当确保涉及船舶操纵的机械设备能够随时置于手动操作模式、舵和其他设备的操作有足够备用动力、应急舵和其他辅助设备处于随时可用状态。

船舶在港内停泊时,船长应当安排适当而有效的值班。对于具有特种形式的推进系统或者辅助设备,以及装载有危害、危险、有毒、易燃物品或者其他特殊货物的船舶,还应当按照有关规定的特殊要求值班。

船长应当根据停泊情况、船舶类型和值班特点,配备足够具有熟练操作能力的值班船员,并安排好必要的设备。

船舶在港内停泊期间的值班安排应当满足下列要求:确保人命、船舶、货物、港口和环境的安全;确保与货物作业相关机械的安全操作;遵守有关国际公约、国家法规和当地规定;保持船舶工作正常。

停泊时,甲板值班人员应当至少包括一名值班驾驶员和一名值班水手。

轮机长应当与船长协商确定轮机值班安排。

在决定轮机值班人员组成时,应当考虑下列内容:至少有一名值班轮机员;对推进功率 750 kW 及以上的船舶,至少安排一名值班机工协助值班轮机员。

轮机员在值班期间,不应当承担妨碍其监控船上机械系统的其他任务。

船舶载运危险货物、污染危害性货物时,船长应当做出保持货物安全的值班安排。载运散装危险货物的船舶,安全值班应当由甲板部和轮机部各至少一名高级船员和普通船员组成。

六、驾驶、轮机联系制度

船长应当提前 24 h 将预计开航时间通知轮机长,如停港不足 24 h,应当在抵港后立即将预计离港时间通知轮机长;轮机长应当向船长报告主要机电设备情况,燃油、润滑油和炉水存量;如开航时间变更,应当及时更正。

开航前 1 h,值班驾驶员应当会同值班轮机员核对船钟、车钟,试舵等,并分别将情况记入航海日志、轮机日志及车钟记录簿内。

主机试车前,值班轮机员应当征得值班驾驶员同意。待主机备妥后,机舱应当通知驾驶台。

因调换发电机、并车等需要暂时停电时,值班轮机员应当事先通知驾驶台。

在应变情况下，值班轮机员应当立即执行驾驶台发出的信号，及时提供所要求的水、气、汽、电等。

抵港后，船长应当告知轮机长本船的预计动态，以便安排工作，动态如有变化应当及时更正；机舱若需检修影响动车的设备，轮机长应当事先将工作内容和所需时间报告船长，取得同意后方可进行。

因装卸作业造成船舶过度倾斜，影响机舱正常工作的，轮机长应当通知大副或者值班驾驶员采取有效措施予以纠正。

驾驶和轮机部门应当对船舶压载的调整，以及可能涉及海洋污染的各种操作，建立起有效的联系制度，包括书面通知和相应的记录。

添装燃油前，轮机长应当将本船的存油情况和计划添装的油舱以及各舱添装数量告知大副，以便其计算稳性、水尺和调整吃水差。

七、值班保障

航运公司及船长应当采取有效措施防止船员疲劳操作。除紧急或者超常工作情况外，负责值班的船员以及被指定承担安全、防污染和保安职责的船员休息时间应当满足以下要求：

(1)任何 24 h 内不少于 10 h；

(2)任何 7 天内不少于 77 h；

(3)任何 24 h 内的休息时间可以分为不超过 2 个时间段，其中 1 个时间段至少要有 6 小时，连续休息时间段之间的间隔不应当超过 14 h。

船长按照第(2)、(3)项中规定安排休息时间时可以有例外，但是任何 7 天内的休息时间不得少于 70 h。

对第(2)项规定的每周休息时间的例外，不应当超过连续两周。在船上连续两次例外时间的间隔不应当少于该例外持续时间的 2 倍。

对第(3)项规定的例外，可以分成不超过 3 个时间段，其中一个时间段至少要有 6 个小时，另外两个时间段不应当少于 1 个小时。连续休息时间间隔不得超过 14 个小时。在任何 7 天时间内不得超过两个 24 h 时间段例外。

紧急集合演习、消防和救生演习，以及国内法律、法规、国际公约规定的其他演习，应当以对休息时间的干扰最小且不导致船员疲劳的形式进行。船员处于待命情况下，因被派去工作而中断了正常休息时间的，应当给予补休。

因船舶、船上人员或者货物出现紧急安全需要，或者为了帮助海上遇险的其他船舶或者人员，船长可以暂停执行休息时间制度，直至情况恢复正常。情况恢复正常后，船长应当根据实际情况尽快安排船员获得充足的补休时间。

船舶应当将船上工作安排表张贴在易见之处。船舶应当对船员每天的休息时间进行记录，并制作由船长或者船长授权的人员和船员本人签注的休息时间记录表发放给船员本人。船上工作安排表和休息时间记录表应当参照《国际劳工组织(ILO)和国际海事组织(IMO)编制船员船上工作安排表和船员工作时间或休息时间记录格式指南》，并使用船上工作语言和英语制定。

船长在安排船员值班时，应当充分考虑女性船员的生理特点和国家的有关规定。

船员不得酗酒。值班人员在值班前 4 h 内禁止饮酒，且值班期间血液酒精浓度(BAC)不高于 0.05%或呼吸中酒精浓度不高于 0.25 mg/L。船员不得服用可能导致不能安全值班的药物。航运公司应当制定相应的措施防止船员酗酒和滥用药物。船员履行值班职责或者有关安全、防污染和保安值班职责的能力受到药物或酒精的影响时，不得安排其值班。

八、法律责任

船员有下列情形之一的，由海事管理机构处 1 000 元以上 10 000 元以下罚款；情节严重的，并给予暂扣船员服务簿、船员适任证书 6 个月以上 2 年以下直至吊销船员适任证书的处罚：

(1)未按照要求保持正规瞭望；

(2)未按照要求履行值班职责；

(3)未按照要求进行值班交接；

(4)不采用安全航速航行；

(5)不按照规定守听航行通信；

(6)不按照规定测试、检修船舶设备；

(7)发现或者发生险情、事故、保安事件或者影响航行安全的情况未及时报告；

(8)未按照要求填写或者记载有关船舶法定文书；

(9)在船上值班期间，体内酒精含量超过规定标准；

(10)在船上履行船员职务时，服用影响安全值班的违禁药物；

(11)不遵守本规则规定的其他情形。

第三节 职业健康及防止工伤事故的国际措施

【要点】

国际劳工组织致力于体面劳动，认为由于航运业的全球性特点，海员需要特殊保护，制定了大量的公约和建议书，并在其第 94 届会议上于 2006 年 2 月 26 日通过了《2006 年海事劳工公约》(Maritime Labour Convention，2006)。该公约由三个不同但相关的部分构成：条款(Articles)、规则(Regulations)和守则(Code)。

【必备知识】

一、国际劳工组织(ILO)第 147 号公约与港口国监督(PSC)

国际劳工组织(ILO)自 1919 年成立以来，在海员的就业，资格证书和身份证、工资、工作时间和配员、社会保障、在船上和港口的福利等方面制定了大量的公约。1997 年 4 月 1 日实施的新的巴黎备忘录规定，对到港船舶执行 ILO No. 147 的情况实施检查，而不考虑船旗国是否是该公约的缔约国;并明确可以滞留下述船舶:没有充足的食品和饮用水航行到下一港口;船上太脏;船舶在气温过低的海域营运时居住处所无供暖;在通道/居住处所存在过量的垃圾、设备或货物的阻碍或其他不安全的状况。其他 PSC 组织也已将 ILO No. 147 列为 PSC 的相关文件,以保护船员的职业健康和防止事故。

1. 1975 年商船运输(最低标准)公约(ILO No. 147)

ILO No. 147 分为公约正文和附件两大部分。正文要求缔约国应对所属船舶的下列情况立法并行使有效管辖:任职资格、工作时间和配员标准,以确保海上人命安全;适当的社会保障措施;船上工作条件和船上居住安排等。附件是执行该公约需涉及的 15 个 ILO 公约,内容包括:最低年龄、海员伤病的船东责任、医疗保险和津贴、体格检查、防止海员事故、起居舱室、食品与膳食、高级船员适任证书、船员协议条款、海员遣返、结社自由和组织权利保护、集体谈判等。

2. ILO 船舶劳动条件检查:程序导则

为了方便 PSC 检查官执行 ILO No. 147,ILO 于 1990 年出版了《船舶劳动条件检查:程序导则》。其所列出的 12 个 PSC 项目的船舶检查官导则内容包括:最低年龄、体格检查、协议(合同)条款、职业培训、高级船员适任证书、食品和给养、船员居所、工作时间和配员、防止职业事故、患病和受伤福利、船员遣返、结社自由,组织权利保护和集体谈判等。

3. 巴黎 PSC 组织对 ILO 要求检查内容的等级划分

(1) ILO No. 147 的 PSC 检查涉及:

①1973 年最低年龄公约(No. 138),或(经修订的) ILO No. 58,或 ILO No. 7;

②1946 年(海员)体格检查公约(No. 3);

③1970 年防止(海员)事故公约(第 4、7 条)(No. 134);

④(经修订的) 1949 年船员居住条件公约(No. 92);

⑤(经修订的) 1946 年(船员)食品和给养公约(第 5 条)(No. 68);

⑥1936 年高级船员适任证书公约(第 3、4 条)(No. 53)(注:PSC 仅涉及检查适任证书)。

(2) PSC 检查官

收到不符合 ILO No. 147 所及下述公约标准的报告、通知或投诉,应由当局通报船旗国政府,以采取进一步措施,并将报告副本交 ILO:

①1926 年海员协议条款公约(No. 22);

②1926 年海员遣返公约(No. 23);

③1936 年(船员患病和受伤)船东责任公约(No. 55);或 1936 年(海上)疾病保险公约(No. 56),或 1969 年医疗和疾病津贴公约(No. 133);

④1948 年结社自由和组织权利保护公约(No. 87);

⑤1949 年组织权利保护和集体谈判公约(No. 98)。

(3) 对 ILO《船舶劳动条件检查:程序导则》中的职业培训、高级船员适任证书、工作时间及配员等内容,PSC 仅按 IMO 的相应规定检查。

二、ILO 关于职业健康及防止工伤事故的部分规定

1. 1973 年最低年龄公约(ILO No. 138)

海员最低受雇年龄不得低于完成义务教育的年龄,在任何情况下都不得低于 15 岁。如果工作性质和环境易损害未成年人的身心健康和安全,则海员受雇工作的最低年龄不得低于 18 岁。

2. 1946 年(海员)体格检查公约(ILO No. 73)

海员须经医生体检并持有体检合格证书。该证书应特别证明:人员的听力、视力和颜色辨别力均符合要求;该人员未患有海上工作可能使病情恶化,或使其不适于海上工作,或将危及船上其他人员健康的任何疾病。体检证书自签发之日起,有效期不得超过 2 年;与颜色辨别力有关的体检证书,自签发之日起有效期不得超过 6 年;体检证书在航行途中满期的,应继续有效到航行结束。

3. 1970 年防止(海员)事故公约(第 4、7 条)(ILO No. 134)

会员国应通过立法等手段制定防止工伤事故的规定。这些规定应参照那些可能适用于海员工作的防止工伤事故和保护健康的一般规定,并应为防止与海上工作有特殊关联的事故提供措施。这些规定尤其应包括下列事项:一般和基本规定;船舶结构特征;机器;甲板上面和下面的特别安全措施;装卸设备;防火和灭火;锚、锚链和绳索;危险品和压载物;海员护身设备等。

应规定在船员中指定一个或几个合适人员或一个委员会,在船长指挥下负责事故预防工作。

4. (经修订的)1949 年船员居住条件公约(ILO No. 92)

船员居所(卧室、餐室)除在建造时应全面按照本公约外,至少应维持:

(1)船员居所不受恶劣天气和海洋气候的侵袭,隔冷隔热,隔过度噪声,隔其他场所散发出的臭气,水密和气密,下水道畅通。

(2)有足够的通风装置且控制良好,使空气处于良好状态;在热带海区航行应配备机械通风装置和电风扇。有安全的取暖系统。有合适的自然采光和足够的人工灯,每个床头有一台电灯。

(3)普通船员人均卧室面积不少于 1.85~2.78 m^2,卧室净高不少于 1.90 m,部门长、值班驾驶员、值班轮机员和无线电员每人住一间房间,卧室应有衣柜、书桌和座椅、窗帘、穿衣镜、盥洗品箱、书架和外衣挂钩,不同值班时间的人员不应居住同一房间。

(4)1 000 总吨以下的船舶,高级船员、普通船员的餐室应分开;1 000 总吨以上的船舶,船长和高级船员、甲板部普通船员、轮机部普通船员的餐室应各自独立;餐室设施应齐备。

(5)有适当的活动、娱乐场所和设施,清洁卫生设施,医务设施;3 000 总吨以上的船舶为甲板部和轮机部各配备一间设施齐备的办公室,等等。

5. (经修订的)1946 年(船员)食品和给养公约(第 5 条)(ILO No. 68)

应有效地遵守关于食品和给养的法律和条例,以确保船员的健康和福利。这些法律和条例应要求:

(1)根据船员数量和航次的期限及性质,提供在数量、营养价值、质量和种类等方面

合适的食品和淡水；

(2)以合适的方式布置和配备每一艘船上的膳食部，以便向船员提供合适的膳食服务。

6. 1926年海员协议条款公约(ILO No. 22)

海员协议条款，由船东(或其代理)与海员双方签订，在签署前，应给予海员及其顾问审查协议条款的便利。协议内容不得违反国家法律或本公约。国家应立法保护船东和海员的利益。

协议可为定期的或一个航次的。协议中应明确双方的权利与义务。协议必须载明如下各项：海员姓名、出生日期及出生地；订立协议的地点及日期；服务船舶名称；全体船员人数(如果法律规定)；从事航线(如可能)；担任职务；上船服务地点及日期(如可能)；工资数额；协议终止条件；海员在同一公司服务一年后每年的法定假期、工资；国家法律规定的其他项目。

遇下述情况，协议自然终止：双方同意；海员死亡；船舶灭失或完全不适于航行；国家法律或本公约规定的其他情况。

7. 1926年海员遣返公约(ILO No. 23)

海员在受雇期间或期满被送登岸者，享有被送回本国或受雇港口或船舶开航的港口的权利，国家法律应确定海员遣送费用由谁负担的条款。如果海员在一前往遣送目的地的船上获得适宜的工作，该船员应被视作已被适当遣返；海员如在其本国，或在其受雇港口，或在邻近港口，或在船舶开航的港口被送登岸的，应视为已被遣返。海员因以下原因而滞留的，不得令该海员负担遣返费用：

①在船上服务时遭受伤害；

②船舶失事；

③非因海员自身的故意行为或过失而得疾病；

④由于不应由海员负责的事由而被解雇等。

8. 船东责任(船员患病和受伤时)公约(ILO No. 55)

船东应对海员在协议服务期间所发生的疾病、受伤、死亡负责。但下列情况除外：并非在船上工作时发生的受伤；自身的故意、违章或不正当行为造成的患病或伤亡；签约时故意隐瞒的疾病或虚弱；受雇时拒绝体检等。

在病人或伤者被治愈前，船东应负责支付不少于16周的医疗和保养费用，该费用包括：提供合适和足够的药品和医疗仪器、膳宿等。若船旗国具有适于海员的强制保险或工伤补偿制度，则自海员享受该补偿起解除船东责任。海员在服务期死亡，船东应支付丧葬费。

船东有义务对伤病者支付遣返费，该费用包括运输费、食宿费和保养费。伤病者应被送到下述港口：受雇地港口；航次始离港口；船员国港口；伤病者与船长或船东商定并经主管当局认可的另一港口。

三、2006年海事劳工公约(MLC2006，ILO No. 186)

几十年来，尽管国际劳工组织制定了大量的公约和建议书，但公约的零散、陈旧、不易执行、批准率低等问题越来越突出。鉴于此，2001年国际劳工组织开始对这些文件进行整合。经过近5年的努力,整合并修订了自20世纪20年代以来的现有ILO六十多个公约及建议书,形成了一本综合海事劳工公约,并于2006年2月23日在日内瓦举行的第94届大会暨第十届海事大会上以314票赞成、0票弃权的票数通过了《2006年海事劳工公约》。该公约于2016年11月12日起对我国正式生效。

(一)公约结构

《2006年海事劳工公约》在结构上分为三个层次,即正文条款(Articles)、规则(Regulations)和技术守则(Code),其中技术守则分为A部分的强制性标准(Standards)和B部分的建议性导则(Guidelines)。规则和技术守则在内容上分为五个标题(Titles),标题一为"海员上船工作的最低要求",包括了最低年龄、体检证书、培训证书、培训和资格、招募与安置等方面的内容;标题二为"就业条件",包括海员就业协议、工资、工作或休息时间、休假的权利、遣返、船舶灭失或沉没时对海员的赔偿,配员水平,职业和技能发展和海员就业机会等;标题三为"船上居住、娱乐设施、食品和膳食",包括居住舱室和娱乐设施、食品和膳食等;标题四为"健康保护、医疗、福利及社会保障",包括船上和岸上医疗,船东的责任,保护健康和安全保护及防止事故,获得使用的岸上福利设施和社会保障等;标题五为"符合与执行",包括检查与发证、港口国控制、船上及岸上投诉程序及船员提供国应尽的义务等。

(二)海员上船工作的最低要求

1. 最低年龄

为了确保在船上工作的船员均为成年人,所以规定在船上受雇、受聘或工作的船员最低年龄为16岁,并且禁止18岁以下的海员在夜间工作。所谓"夜间"是指从不晚于午夜开始至不早于早晨5点钟的一段至少9个小时的时段。禁止雇用或聘用18岁以下的海员从事可能损害其健康或安全的工作。这些工作的类型由国家法律或条例确定,或由主管当局根据相关国际标准与有关船东和海员组织协商后确定。

2. 体检证书

为了确保所有海员的健康状况适合其履行海上职责,海员在上船工作之前要持有有效的体检证书,体检证书由有正规资格的医师签发,医师在履行体检程序时必须享有充分的职业独立性来进行其医学判断。每份体检证书均应特别载明:海员的听力、视力符合要求;所从事的工作会受到不良色觉视力影响的人员的色觉视力符合要求;未患有任何由于在海上工作而可能会加重,或使其变得不适合从事此种工作,或威胁船上其他人员健康的疾病。

体检证书的最长有效期为2年,若船员低于18岁,体检证书的最长有效期应为1年。色觉视力证书的最长有效期应为6年。如果在某航行途中证书到期,该证书应继续有效至该海员能够从合格医师那里取得体检证书的下一停靠港,条件是这段时间不超过3个月。

3. 培训和资格

为了确保海员具备履行船上职责的能力,海员必须完成个人安全培训。否则不允许其在船上工作。

4. 招募与安置

为了确保所有海员能够利用不向海员收费的高效、充分和可靠的系统寻找船上就业的机会，成员国应确保服务机构以保护和促进公约中所规定的海员就业权利的方式有序运作。私营海员招募和安置服务机构不允许过度扩散。禁止海员招募和安置服务机构利用各种方式、机制或清单来阻止或阻挠海员获得称职的工作；要求其为海员提供就业的费用或其他收费不得直接或间接、全部或部分地由该海员承担，海员取得国家法定体检证书、国家海员服务簿、护照或其他类似个人旅行证件的费用除外，但签证费由船东负担。

（三）就业条件

1. 海员就业协议

为了确保海员取得公平的就业协议，海员的就业条款和条件应在一项明确的法律上可执行的书面协议中加以规定或提及并应与技术守则中规定的标准一致。签署海员就业协议的海员在签字前要对协议进行审查和征询意见，还要为海员提供其他必要的便利确保其在充分理解了其权利和义务后自由达成协议；海员就业协议均应包括以下内容：海员的全名、出生日期或年龄及出生地；船东的名称和地址；订立海员就业协议的地点及日期；海员将担任的职务；海员的工资数额，或者提供用于计算工资的公式；带薪年假的天数，或者提供用于计算天数的公式；由船东供给海员的健康津贴和社会保障保护津贴；海员获得遣返的权利；集体谈判协议，以及国家法律所要求的其他细节。

协议的终止及其终止条件，包括：

（1）如果协议没有确定期限，各方有权终止协议的条件，以及所要求的预先通知期，船东的预先通知期不得短于海员的预先通知期；最短期限应在与有关船东和海员组织协商后确定，但不得短于 7 天。

（2）如果协议有确定期限，以确定的期满日期为准。

（3）如果协议是为一次航程而订，其航行至目的港，以及到达目的港后海员被解雇前所须经历的时间。

2. 工资

为了确保海员根据其就业协议定期获得全额工作报酬，各成员国应要求按不超过一个月的间隔并根据任何适用的集体协议向在悬挂其旗帜的船舶上工作的海员支付其应得的报酬。应给海员一个应得报酬和实付数额的月薪账目，包括工资、额外报酬，以及在其报酬采用的货币或兑换率不同于曾经达成一致的货币或兑换率时，所用的兑换率。为海员提供一种将其收入的全部或部分转给其家人或受赡养人或法定受益人的方式。“基本报酬或工资”一词系指正常工作时间的报酬，无论这一报酬如何构成；它不包括加班报酬、奖金、津贴、带薪休假或任何其他额外酬劳；“合并工资”一词系指包括基本工资和与工资有关的其他津贴在内的工资或薪资；合并工资可包括对所有加班工作给予的补偿和所有其他与工资相连的津贴，或者，它也可以包括部分合并工资内的某些津贴；对于其报酬包括了另计的加班工作补偿的海员，其在海上和港口的正常工作时间每天不应超过 8 h；对于由基本报酬或工资所涵盖的每周正常工作时间，如果集体协议未予确定，应由国家法律或条例确定，但每周不得超过 48 h；集体协议可以规定不同但不能较之更加不利的待遇；加班补偿率不应低于每小时基本报酬或工资的 1 倍或 1.25 倍，该补偿率应由国家法律或条例或由适用的集体协议予以规定。

工资应以法定方式支付；凡适宜时，可以通过银行转账、银行支票、邮政支票或汇款支付工资；在终止雇用时，所有应付报酬的支付均不得出现不应有的延误；如果船东无理拖延支付，或未能支付所有应付报酬，主管当局应对其给以适当惩罚或强制其采取其他适当的补救措施；工资应直接打到海员指定的银行账户，除非他们以书面形式提出另外的要求。

3. 工作或休息时间

各成员国承认，同其他工人一样，海员的正常工时标准应以每天 8 h，每周休息 1 天和公共节假日休息为依据。在确定国家标准时，各成员国应考虑海员疲劳带来的危险，特别是那些职责涉及到航行安全以及船舶的安全和保安操作的海员。工作或休息时间应做如下限制：

（1）最长工作时间：在任何 24 h 时段内不得超过 14 h；且在任何 7 天时间内不得超过 72 h。

（2）最短休息时间：在任何 24 h 时段内不得少于 10 h；且在任何 7 天时间内不得少于 77 h。

（3）休息时间最多可分为两段，其中一段至少要有 6 h，且相连的两段休息时间的间隔不得超过 14 h。

各成员国应要求在容易进入的地点张贴一份船上工作安排表，表格应按标准化的格式以船上的一种或多种工作语言和英文制定。

所有 18 岁以下的未成年海员工作时间不能超过每日 8 h、每周 40 h，只有在出于安全原因无法避免的情况下才加班工作；各餐都要留有充分的时间，并应保证在日间正餐有至少 1 个小时的休息时间；以及应允许每连续工作 2 h 后有 15 min 的休息时间。对于被分配在甲板部、轮机部和膳食部担任值班职责或按班组倒班制工作的未成年海员，这样做不可行。

4. 休假的权利

带薪休假的权利应以每服务一个月最低 2.5 日历天为基础加以计算。合理的缺勤不应被视作年假。带薪休假应为一段连续的期间。各国主管当局通过适当的机制可批准将年休假分成几个部分，或将一年应享的此种年休假与后来的一段休假累积在一起。

5. 遣返

海员有权利得到遣返而不支付费用。在以下情况下海员应享有得到遣返的权利：因患病或受伤或其他健康问题需要其遣返且身体状况适于旅行时：

（1）在船舶失事时。

（2）在由于破产、变卖船舶、改变船舶登记或任何其他类似原因船东不能继续履行其作为海员雇用者的法律或契约义务时。

（3）在船舶驶往国家法律或条例或船员就业协议所界定的战乱区域而船员不同意前往的情况下。

（4）根据仲裁裁定或集体协议而终止或中断雇用，或出于其他类似原因终止雇用。

（5）在遣返方面将由船东承担的费用应至少包括：到达遣返目的地的旅费；从海员离

船时起至抵达遣返目的地时止的食宿费；如果本国法律、条例或集体协议有规定，从海员离船时起至抵达遣返目的地时止的工资和津贴；将海员个人行李(30 kg)运至遣返目的地的运输费；必要时，提供医疗帮助使海员身体状况适合前往遣返目的地的旅行；等待遣返所用的时间和遣返旅行时间不应从海员积累的带薪年假中扣减。

6. 船舶灭失或沉没时对海员的赔偿

船东就因船舶灭失或沉没所造成的失业向船上每个海员支付赔偿。对因船舶灭失或沉没而造成的失业所给予的赔偿，在海员实属失业期间，应相等于就业协议中可支付工资的比率，但向任何一个海员支付的赔偿总额可仅限于两个月的工资。

7. 配员水平

各成员国应要求悬挂其旗帜的所有船舶在船上配有充足的海员，确保船舶的安全和高效操作。

(四)起居舱室、娱乐设施、食品和膳食

1. 起居舱室

起居舱室的一般要求包括：通风和供暖的要求；就照明的要求而言，根据客船可能允许的特殊布置，卧室和餐厅应有合适的自然采光，并应配备足够的人工灯光；如果船上有卧室，应适用关于卧室的要求；关于餐厅的要求；关于卫生设施的要求；就医务室的要求而言，航程时间超过 3 天、船上海员 15 人以上的船舶应设有独立的医务室，专供医疗使用；应提供位置合适并有适当家具的洗衣设施。

2. 食品和膳食服务

不得雇用或聘用 18 岁以下的海员担任船上厨师工作。

(五)健康保护、医疗、福利和社会保障

1. 船上和岸上医疗

为保护海员健康并确保其迅速得到船上和岸上医疗，保证向海员提供尽可能相当于岸上工人一样能够得到的健康保护和医疗，包括正确使用诊断和治疗所必需的药品、医疗设备和设施，以及利用医疗信息和医疗专业技能；不局限于患病或受伤海员的治疗，同时还应包括预防性措施，如促进健康和保健教育计划。标准的海员医疗报告表格，供船长和相关的岸上和船上医疗人员使用。填好后的该表格及其内容应予保密，只应用于海员的治疗。载员 100 人或以上，且通常从事 3 天以上国际航行的船舶应配备一名医生负责提供医疗服务。

2. 船东的责任

确保对海员的疾病、受伤或死亡导致的经济后果方面予以保护，对于在其船上工作的海员，船东应有责任对海员从开始履行职责之日起到其被视为妥善遣返之日期间所发生的或源自该期间的就业的疾病和受伤承担费用；船东应提供财务担保，保证对海员因工伤、疾病或危害而死亡或长期残疾的情况为其提供国家法律或海员就业协议或集体协议所确定的赔偿；船东应有责任支付医疗费用，包括治疗及提供必要的药品和治疗设备，以及在外的膳宿，直到康复；如果发生海员受雇期间在船上或岸上死亡的情况，船东应有责任支付其丧葬费用。

船东支付医疗和膳宿费用的责任限制在从海员受伤或患病之日起不少于 16 周的期

限内。如果疾病或受伤造成工作能力丧失,船东应有责任:

①只要患病或受伤海员还留在船上或者在海员根据本公约得到遣返以前,向其支付全额工资;

②从海员被遣返或到达上岸之时起直到身体康复,或直到有权根据有关成员国的法律获得保险金(如果早于康复的话),按照国内法律或条例或集体协议的规定向其支付全额或部分工资;

③船东向一名离船海员支付全部或部分工资的责任限制在从患病或受伤之日起不少于16周的期限内。

3. 国家法律或条例可在以下情况下排除船东的责任

①在船舶服务之外发生的其他受伤;

②受伤或患病是因患病、受伤或死亡海员的故意不当行为所致;

③在接受雇用时故意隐瞒疾病。

4. 保护健康和安全及防止事故

各成员国应确保悬挂其旗帜的船舶上的海员得到职业健康保护,并且在一个安全和卫生的环境下在船上生活、工作和培训。特别考虑以下方面对健康和安全的影响:

①应急和事故反应;

②毒品和酒精依赖的影响;

③防止和预防艾滋病毒/艾滋病。

5. 获得使用岸上福利设施

确保在船上工作的海员能使用岸上设施和服务,以确保其健康和福利。福利和娱乐设施应包括:

①必要的会议室和娱乐室;

②运动设施和户外活动设施,包括比赛设施;

③教育设施;

④凡适当时,举行宗教仪式和个人咨询的设施。

6. 社会保障

确保采取措施向海员提供社会保障的保护。社会保障保护需要考虑的分项包括:医疗、疾病津贴、失业津贴、老年津贴、工伤津贴、家庭津贴、生育津贴、病残津贴和遗属津贴。

【拓展知识】

国际海事界普遍认为,海事劳工公约的通过,在世界劳工史和海运史上具有划时代的意义,《2006年海事劳工公约》是在国际劳工组织的框架下,经政府、船东和海员三方取得共识后缔结的一部综合性海事劳工条约,对海员的劳动保护和社会保障做出了明确规定,被誉为海上劳动者的"权利法案"。该公约将会对海员的体面工作、生活和工作条件的改善、健康与安全保护、医疗福利等权益的保护提供法律保障,并与国际海事组织的《国际海上人命安全公约》,《国际防止船舶造成污染公约》,《海员培训、发证和值班标准国际公约》一起,构成了世界海事法规体系的四大支柱。

第四节 个人安全防护设备

【要点】

个人劳动防护用品是劳动者在生产过程中为免遭或减轻事故伤害和职业危害的个人随身穿(佩)戴的用品。主要包括安全帽、护目镜、工作鞋、防护服、手套、口罩、耳罩、安全带等。

【必备知识】

一、防护用品的作用

(1)安全帽:保护头部免受撞击。

(2)护目镜:保护眼睛,防止飞屑、灰尘或强光损伤眼睛。

(3)工作鞋:足部防护,防腐蚀、防渗透,在特定环境中还应有防滑或绝缘等功能。

(4)保护服:躯干保护,有防火保温、防静电等功能。

(5)手套:手部保护,有防割、防火及绝缘等不同功能。

(6)口罩、耳罩:呼吸防护和耳部保护,防止噪声及粉尘污染。

(7)安全带:坠落保护,上高及舷外作业时起到保护作用。

二、各防护用品使用方法和使用注意事项

(1)头部防护

安全帽是防止冲击物伤害头部的防护用品(见图4-2)。其由帽壳、帽衬、下颌带和后箍等组成。帽壳呈半球形,坚固、光滑并有一定弹性。打击物的冲击和穿刺动能主要由帽壳承受。帽壳和帽衬之间留有一定空间,可缓冲、分散瞬时冲击力,从而避免或减轻外物对头部的直接伤害。

图4-2 安全帽

正确佩戴安全帽的方法(见图4-3):

①应调节头箍大小,使之贴合头部;

②注意头盔前后的方向,不可反戴;

③要系紧帽带,确保工作时不会脱落。

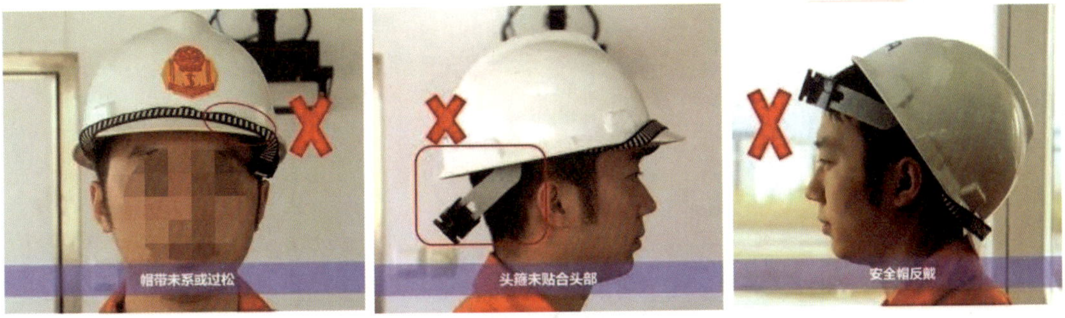

图 4-3　正确佩戴安全帽的方法

安全帽使用的注意事项：

①严禁接触油漆、汽油和溶剂等类似物质；

②不能把安全帽当坐垫用，以防变形、降低其防护作用；

③发现帽子有龟裂、下凹和磨损等情况，要立即更换；

④请使用中性去污剂或温水洗涤。

（2）眼睛防护

防护眼镜（见图 4-4）用以保护作业人员的眼睛，防止外来伤害。防护眼镜种类很多，有防尘眼镜、防冲击眼镜、防化学眼镜和防光辐射眼镜等多种。

图 4-4　防护眼镜

①防尘眼镜在尘埃较多的环境下使用，一般对镜片强度要求不高，用一般平光玻璃镜片即可制作。

②防冲击眼镜主要用于防御金属或砂石碎屑等对眼睛的机械损伤。眼镜片和眼镜架结构坚固，抗打击。框架周围装有遮边，其上应有通风孔。

③防化学眼镜主要用于防御有刺激性或腐蚀性的溶液对眼睛的化学损伤。可选用普通平光镜片，镜框应有遮盖，以防溶液溅入。

④防光辐射眼镜主要用于电焊、气焊的作业人员。

（3）听觉防护

耳罩（见图 4-5）常以塑料制成，呈杯碗状，内有泡沫或海绵垫层，覆盖于双耳，耳罩间连以富有弹性的头架适度紧夹于头部，可调节，无明显压痛。耳罩壳体的低频共振率越低，防声效果越好。

耳塞（见图 4-5）可插入外耳道内或置于外耳道口，常用材料为塑料和橡胶。应适合使用者外耳道的构型，隔声性能好，佩戴舒适，易佩戴和取出，又不易滑脱，易清洗、消毒、不变形。

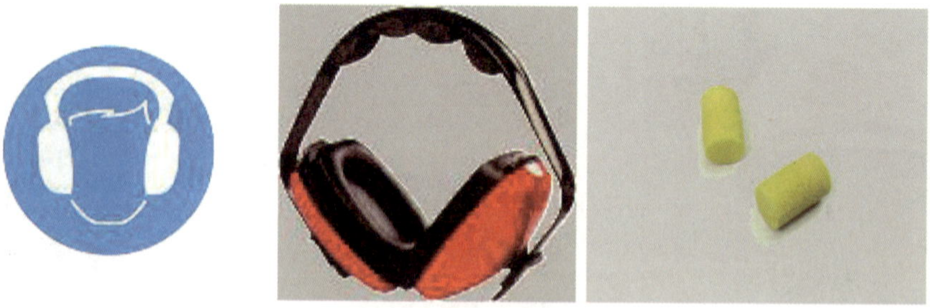

图 4-5　耳罩和耳塞

（4）呼吸器官防护

防尘口罩（见图 4-6）主要是以纱布、无纺布、超细纤维材料等为核心过滤材料的过滤式呼吸防护用品，用于滤除空气中的颗粒状有毒、有害物质，但对于有毒、有害气体和蒸汽无防护作用。其中，不含超细纤维材料的普通防尘口罩只有防护较大颗粒灰尘的作用，一般经清洗、消毒后可重复使用；含超细纤维材料的防尘口罩除可以防护较大颗粒灰尘外，还可以防护粒径更细微的各种有毒、有害气溶胶，防护能力和防护效果均优于普通防尘口罩，基于超细纤维材料本身的性质，该类口罩一般不可重复使用，多为一次性产品，或需定期更换滤棉。

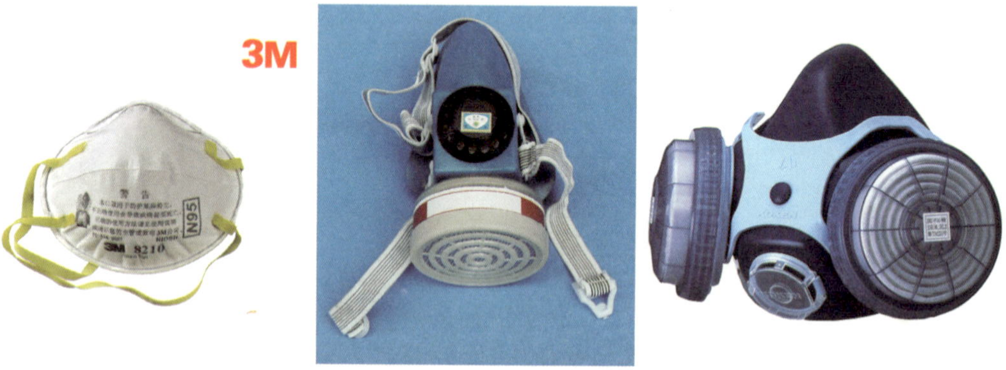

图 4-6　防尘口罩

防毒面具是以超细纤维材料和活性炭、活性炭纤维等呼吸附材料为核心过滤材料的过滤式呼吸防护用品。其包括滤毒罐、滤毒盒、过滤元件三部分，面具与过滤部件有的直接相连，有的通过导气管连接，从保护部位考虑，过滤式防毒面具除可以保护部位吸器官（口、鼻）外，同时还可以保护眼睛及面部皮肤免受有毒、有害物质的直接伤害，且通常密合效果更好，具有更高和更全面的防护能效（见图 4-7）。

图 4-7　防毒面具和呼吸器

(5)手部防护

①可能接触尖锐物体或粗糙表面时,选具有防切割性质的手套(见图4-8);

②可能接触化学品时,选用防化学腐蚀、化学渗透的手套;

③可能接触高温或低温表面时,选用隔热防护手套;

④可能接触带电体时,选用绝缘手套;

⑤可能接触油或湿滑表面时,选用防滑手套。

选用手套前,首先要对所从事的工作进行风险评估,评估该手套是否适合于该工作的使用,是否可以有效地预防有关危害,尽量消除可能伤害手部的有害因素。

①选择时,薄帆布、纱线、分指手套主要用于检修工作、开吊车、配电工作和带解缆等;

②翻毛皮革长手套主要用于焊接工种;

③橡胶或涂橡胶手套主要用于电气、铸造等工种;

④插钢丝时应戴皮手套。

⑤戴各种手套时,注意不要让手腕裸露出来,以防在作业时有害物溅入造成伤害。操作各类机床或在有被夹挤危险的地方作业时严禁戴手套。

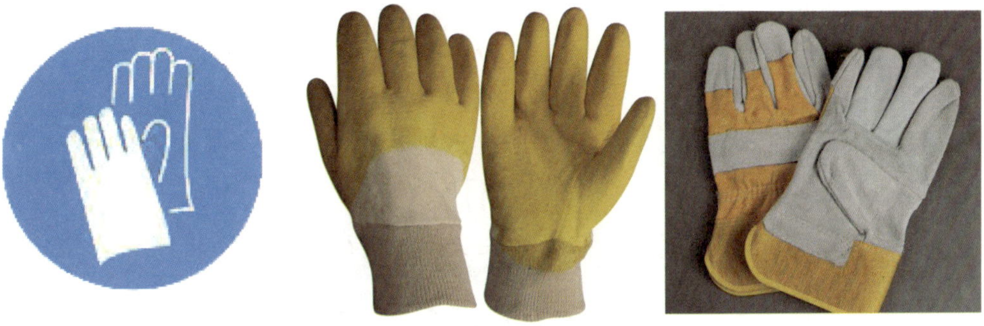

图4-8 手套

(6)身体防护

防护服(见图4-9)是为满足工作和人身安全需要而特制的服装。其具有保暖、防水、防化学液体等性能。在特殊环境使用时,防护服要有阻燃、防静电、防射线等功能。

图4-9 防护服

(7)足部防护

安全鞋(见图 4-10)用于保护足部免受伤害。其主要有防砸、绝缘、防静电、耐酸碱、耐油、防滑等性能。

图 4-10　安全鞋

(8)高空防护

安全带是高空作业预防坠落的防护用品。其一般采用丙纶带加工而成,由带子、绳子和金属配件组成。

在使用安全带之前必须对安全带进行全面的检查,检查内容包括扣环、带子及 D 字形环、制造商以及其他标签,必须符合 GB 6095—2021 标准。如果安全带破烂或磨损,则千万不能使用。

全身式安全带:包括缠住肩膀、胸口和双腿的带子,从高处坠下时,会把下挫的力度分散于全身,减少受伤程度。

必须按以下方法佩戴:“D”字形环在身后,位于双肩之间;肩膀带子上印有的 A 应该在“D”字形环下方;字母 A 上方印有的箭头应该指向“D”字形环(见图 4-11)。

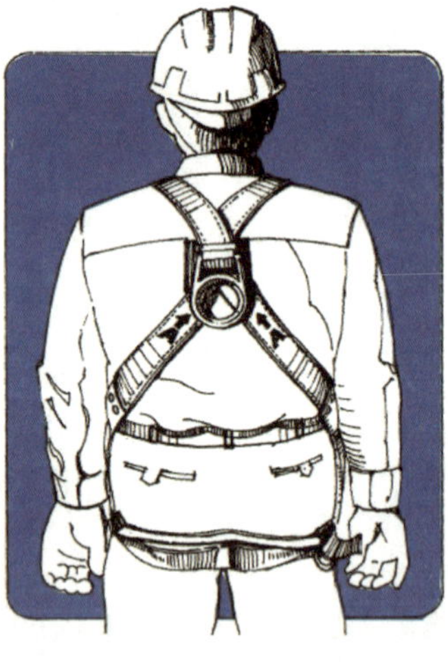

图 4-11　全身式安全带的佩戴

安全带的使用注意事项:

①思想上必须重视安全带的作用。无数事例证明,安全带就是“救命带”。可是少数作业人员认为系安全带麻烦,上下行走不方便,特别是临时少量的工作中,总有船员抱有侥幸心理,殊不知,事故的发生就在一瞬间。

②使用前要检查各部位是否完好无损。

③高挂低用。将安全带挂在高处,人在下面工作就叫高挂低用。它可以使有坠落发生时的实际冲击距离减小。与之相反的是低挂高用,因为当坠落发生时,实际冲击距离会加大,人和绳都要受到较大的冲击负荷,所以安全带必须高挂低用。

④安全带要拴挂在牢固的构件或物体上，要防止其摆动或碰撞，绳子不能打结使用，安全钩要挂在连接环上。

⑤安全绳严禁擅自接长使用。如果使用 2 m 及以上的长绳时必须要加缓冲器，各部位不得任意拆除。

⑥安全带不使用时要妥善保管，不可接触高温、明火、强酸、强碱或尖锐物体，不要存放在潮湿的处所保管。

⑦安全带的使用期一般不超过 5 年。频繁使用时应经常进行外观检查，发现异常必须立即更换。

第五节 进入封闭舱室的安全防范

【要点】

人员贸然进入封闭舱室，常会发生人员窒息或中毒死亡事故，因此受到国际国内的重视，我国于 2021 年发布文件《防止船舶封闭处所缺氧危险作业安全规程》(GB16993—2021)，对此做了相关规定。对于实施 ISM 规则的船舶，应将人员进入封闭舱室的安全防范作为特殊性操作对待。所有船舶的船员都应掌握下述的注意事项和安全措施。

【必备知识】

缺氧一般是指作业场所空气中的氧气浓度(按体积比计)低于 19.5%的状态。

船舶封闭处所是指具备下列条件之一的船舶处所：

(1)存在受限的出入口；

(2)通风不足；

(3)非设计为连续有人员作业的地方。

船舶封闭处所主要包括但不限于货舱、双层底、燃油舱(柜)、压载舱、货泵室、货物压缩机室、隔离空舱、锚链舱、空舱、箱形龙骨、保护层间处所、锅炉、发动机曲拐箱、发动机扫气箱、污水柜(舱)，以及不用于放置货物但可能与船舶封闭处所具有相同空气环境特征未通风的相邻处所。未经船长按规定确认批准，任何人不得进入。特别应禁止船员在无人照料或无人知道的情况下，单独进入封闭的货舱或其他封闭舱室。

一、基本要求

1. 空气质量

进入船舶封闭处所(以下简称“封闭处所”)作业时，空气质量应满足以下要求：

(1)氧气浓度始终大于或等于 19.5%(按体积比计)，且小于或等于 23.5%(按体积比计)；

(2)有毒有害气体浓度符合 GBZ 2.1 职业接触限值的相关规定；

(3)可燃气体浓度小于或等于可燃下限(LFL)的 1%。

2. 人员能力

作业负责人应对防止封闭处所缺氧危险作业具有充足的安全理论知识和实践经验，能够对封闭处所内当前或随后出现的危险可能性做出合理评估，批准作业人员进入作业许可，对作业全程进行管理。

作业负责人接受的安全教育培训应包括以下内容：与封闭处所缺氧危险作业有关的法律法规、国际公约和相关管理要求；封闭处所缺氧危险作业风险评估方法，预防一般缺氧危险作业和特殊缺氧危险作业的程序和安全措施；缺氧症的主要症状、职业禁忌症以及缺氧症的急救知识；气体检测仪器、防护用品、呼吸保护器具、通信设备及抢救设备的检查、使用和维护常识；封闭处所中氧气及有毒有害、可燃气体的浓度要求和测定方法；紧急撤离、事故救援等应急处置程序和技能；应急演习的程序和要求。

作业人员应充分了解可以进入封闭处所作业的安全程序，在获得进入作业许可并实施相应安全防护措施后，开展相应的作业。监护人员应对进入封闭处所的作业进行监控，与进入封闭处所的作业人员保持联系，在作业环境恶化或发生事故时启动应急救助程序。

作业人员和监护人员接受的安全教育培训应包括以下内容：封闭处所的危险性，预防一般缺氧危险作业和特殊缺氧危险作业的安全措施和程序；缺氧症的主要症状、缺氧症的急救知识；有毒、有害气体个体防护和急救知识；气体检测仪器、防护用品、呼吸保护器具、通信设备及抢救设备的检查和使用知识；紧急撤离、事故救援等应急处置程序。

3. 安全程序

应定期识别、评估封闭处所，形成封闭处所清单。

应制定封闭处所缺氧危险作业应急救助预案。

作业人员及其他有关人员进入封闭处所，应按照以下程序防止缺氧危险，保障作业安全：

(1)风险评估；

(2)安全交底；

(3)通风换气；

(4)空气检测；

(5)进入准备；

(6)进入作业许可；

(7)作业安全防护；

(8)作业中断或暂停；

(9)作业结束。

4. 安全防护设备与用品

作业单位应配备气体检测仪器，明确专管部门和专管人员。气体检测仪器应定期校准、维护，确保检测数据准确可靠。作业单位应配备自给式空气呼吸器等隔离式呼吸保护器具，明确专管部门和专管人员。每次使用前均应仔细检查空气呼吸器，发现异常应立即更换。作业人员应配备必要的安全防护用品。每次使用前均应仔细检查，发现异常应立即更换。当存在坠落危险时，作业人员应配备全身式安全带。

特殊缺氧危险作业时，作业人员配备的安全防护用品还应符合以下要求：

(1)可能存在有毒、有害气体时，配备相应的防护服等用品；

(2)可能存在可燃气体时,配备防静电用品和必要的相应防爆等级的便携电气设备。

在实施作业的封闭处所入口处应配备必要的救助和急救设备。

二、预防管理与安全防护措施

1. 风险评估

应依据船舶载运的货物、封闭处所的通风、封闭处所的涂层、相邻处所状况和其他相关因素,分析产生缺氧以及有毒、有害、可燃气体的可能性,判定缺氧危险作业类型及常见的易造成缺氧风险的非危险货物品种。未经风险评估的封闭处所,判定为可能存在缺氧危险,应禁止作业人员进入作业。

2. 安全交底

进入封闭处所开展缺氧危险作业前,应进行安全交底,内容包括:

(1)封闭处所的位置及内部结构情况;

(2)船舶载运的货物、封闭处所的通风等相关因素;

(3)可能出现的缺氧以及有毒、有害、可燃气体的情况;

(4)进入封闭处所的原因和作业内容;

(5)评估作业过程中可能发生的其他危险情况;

(6)应急救助的相关要求。

船方以外的作业人员进入封闭处所前,船方与作业人员也应对以上的内容进行相互安全交底,明确进入封闭处所作业存在的风险情况和安全作业程序。

3. 通风换气

应对人员拟进入的、可能形成不符合空气质量要求的封闭处所进行持续有效的通风换气,使作业环境空气质量符合规定,直至作业结束。

当打开封闭处所的出入口进行通风换气时,应在出入口处使用机械式障碍物(如绳子或铁链)拦挡,设置警示标识,安排监护人员进行监控,防止人员进入。监护人员应根据环境状况配备必要的安全防护用品。

不同的封闭处所应分别进行通风换气。船舶多层货舱应视为不同封闭处所。自然通风换气效果不佳或封闭时间较长的封闭处所应采用机械通风。对可能存在可燃气体的封闭处所使用机械通风时,应采用防爆通风机械。因故暂停通风或重新关闭的封闭处所,恢复作业前应重新进行通风换气。清舱作业前或熏舱作业后,应通风换气。不应使用纯氧通风换气。采用二氧化碳等气体灭火的封闭处所,应进行有效的通风换气。

4. 空气检测

空气检测类型及方法包括:

现场检测:应根据封闭处所的环境特性和载运货物的特点,采用匹配的、标定有效的设备进行检测。

实验室检测:应采用符合 GB/T 12301 规定的方法进行检测。

应根据封闭处所的结构、货物载运状况等实际情况合理布设检测点。检测点布设原则应符合 GB/T 12301—1999 的规定。

空气检测前,应停止对封闭处所的通风,待环境状态稳定后进行测定。

检测人员应尽可能在封闭处所外进行空气检测,当需要进入封闭处所检测或采样时,应采取符合 GB 8958—2006 规定的安全防护措施。

应在作业人员进入封闭处所前进行空气质量检测，并做好检查记录，确认检测结果符合空气质量的规定。

5. 进入准备

进入封闭处所作业前，作业人员应检查确认安全防护设备用品有效。应安排监护人员进行监控，并与作业人员明确通信方式和通信频率。应对需要进入作业的封闭处所进行有效隔离，切断或关闭所有相关的管路或阀门、电源或电力设备。对无须进入的封闭处所，其所有出入口应始终锁闭，对确实无法锁闭的出入口应设置警示标识和警戒线，防止作业人员进入。

6. 进入作业许可

作业人员进入封闭处所开展缺氧危险作业前，应取得由相应的作业负责人批准的进入作业许可。船方以外的作业人员进入封闭处所前，应先取得船方批准的"进入作业许可"。"进入作业许可"应明确有效时限，超过有效时限应重新取得"进入作业许可"。作业人员未取得"进入作业许可"，或取得"进入作业许可"但未采取相应安全措施，不应打开或者进入封闭处所。

7. 作业安全防护

作业人员进入封闭处所时应清点人数。正在作业的封闭处所，应在出入口处设置警示标识和警戒线，防止无关人员进入。作业过程中，监护人员始终不应离开出入口，应随时按规定的通信方式与作业人员取得联系。在超过约定的时间间隔联系不到作业人员时，应立即报告作业负责人。作业过程中对可能发生空气质量变化的，应连续检测空气质量。空气质量检测结果不符合要求或作业人员对封闭处所安全状况产生怀疑时，应立即停止作业并撤离。货舱内装卸货作业应严格遵守相应的程序规定。对需要定位分票拆垛作业，应采取阶梯式拆卸方法，并随时检测作业点的空气质量。

在封闭处所内进行管道和阀门作业时，如果工作过程发生以下情况，应提高空气检测频率：气温升高；使用氧燃料火炬；移动设施；在封闭处所内可能会产生蒸气或有毒、有害气体的工作；工作间歇；在工作进行期间船舶进行压载或平舱操作。

在封闭处所作业过程中，作业人员不应擅自离开工作面，如果作业工具及其他物品落入工作面以外区域不应私自进入封闭处所拾取。

8. 作业中断或暂停

作业人员进入封闭处所后以及在临时休息期间，应持续对封闭处所进行通风换气。临时休息或中断作业后再次进入封闭处所前，应重新对空气质量进行检测。如果通风系统发生故障，封闭处所内的所有作业人员应立即离开。

9. 作业结束

作业结束离开封闭处所时，应清点人数。确保作业人员全部撤离封闭处所后，应锁闭封闭处所，并通知作业负责人和相关人员。

三、应急救助与演习要求

1. 应急救助

当封闭处所的作业人员发生危险或异常情况时，应立即停止作业并迅速撤离。在应急救助人员对现场情况进行评估，确保在可以安全进入封闭处所实施救助之前，任何在场人员均不应进入该处所。仅允许训练有素和装备完善的应急救助人员在封闭处所内从事救助工作。应急救助人员应佩戴自给式空气呼吸器，不应佩戴过滤式防毒面具进入封闭处所实施救助。对已患缺氧症的作业人员应立即在空气新鲜处实施现场抢救，并尽快与医疗单位联系，以便进一步抢救和治疗。

2. 应急演习

进入封闭处所的作业人员和应急救助人员应按照有关规定定期参加应急演习，内容应包括：安全防护设施用品的检查和使用；通信设备的检查和使用；空气质量检测仪器的检查和使用；救助设备的检查和使用；应急救助程序和医疗急救演练。

第六节 船员工伤事故常见类型

【要点】

建立船员工伤风险辨识与评价制度，全面辨识船舶已存在或潜在的船员工伤风险，通过对风险进行分析和对风险做出分级评价，以采取有效且适当的措施管控船员工伤风险，预防船员工伤事故发生。

【必备知识】

一、船员工伤风险辨识与评价方法

船员工伤事故是指船上人员（包括船员、引航员、临时上船工作人员等）在船工作期间，突然发生的、造成人体组织受到损伤或人体的某些器官失去正常机能，甚至死亡的事故，不包括因碰撞、自沉等传统交通事故导致的船上人员伤亡事故，以及以非工作目的登船人员发生的伤亡事故。船上人员落水失踪、船员从事水下船舶维修保养等工作时发生的人身伤亡事故应纳入工伤事故。

风险辨识是指发现、确认和描述风险的过程。风险辨识包括对风险原因和潜在后果的辨识。将风险辨识的结果按照风险评估标准进行评估，以确定风险大小和（或）级别，以及是否可接受或可容许。单一风险或组合风险的大小，通常以后果和概率的组合来表达。

船员工伤风险辨识是指通过辨识工伤风险范围，划分涉及工伤风险的作业单元和子单元，并逐一分析事故致险因子，以形成风险清单的过程。划分作业单元是风险辨识工作的基础。通过对船员可能面临的工伤风险进行分区和分类，以确保风险辨识的全面性、系统性，确保辨识内容能够覆盖可能存在工伤风险的所有事项。划分作业单元的方式包括但不限于：（1）按船上的工作区域进行划分，如甲板区、机舱区、生活区等；（2）按船上人员所属部门进行划分，如甲板部和轮机部等。在每一作业单元下，可根据需要进一步划分作业子单元，以明确具体的工作项目。例如：在甲板部作业单元下，将系解缆绳作业、收放舷梯作业等作为作业子单元。在划分作业单元时，应充分考虑船舶的种类、大小、载运货物等特点，以使单元划分科学合理。

船员工伤风险种类主要包括以下方面：火灾、爆炸、高处坠落、淹溺、触电、中毒和窒息、灼烫、机械伤害、起重伤害、坍塌、物体打击、车辆伤害、其他伤害。在描述具体的风险种类时可采取“风险种类+损害后果”的形式进行，如作业船员被缆绳击打致伤、作业船员在密闭舱室窒息致亡等。

在划分作业单元(作业子单元)、分析致险因子、确定风险种类的基础上，制定风险清单。每一作业单元可分为若干子单元，每一子单元可对应多个致险因子与风险种类。根据作业单元或作业子单元的具体情况，致险因子与风险种类可以是一对一、一对多、多对一和多对多的关系。如表 4-1 所示。

表 4-1　风险单元划分

<table>
<tr><th>序号</th><th>作业单元</th><th>作业子单元</th><th>致险因子</th><th>风险种类</th></tr>
<tr><td>1</td><td rowspan="3">作业单元 1</td><td>作业子单元 1</td><td>致险因子 1
致险因子 2</td><td>风险种类 1
风险种类 2
风险种类 3
风险种类 4</td></tr>
<tr><td>2</td><td>作业子单元 2</td><td>…</td><td>…</td></tr>
<tr><td>3</td><td>作业子单元 3</td><td>…</td><td>…</td></tr>
<tr><td>…</td><td>…</td><td>…</td><td>…</td><td>…</td></tr>
</table>

风险分析与评价是通过对风险进行分类分级，并对各级别风险是否能够接受、是否需要采取进一步管控措施做出评价的过程。风险矩阵分析法(LC)和专家咨询法是船员工伤风险分析的主要方法。上述方法是将风险事件发生的概率和风险事件后果的严重程度相结合，采用二维表格方式进行半定性分析，综合参考历史上类似事件，由熟悉行业安全生产管理的人员组成专家组，采取定量定性相结合的方式，实施综合评估。工伤风险事件发生的概率可分为低、较低、一般、较高、高。在确定工伤风险事件发生的概率时应考虑到已采取的风险管控措施所产生的效果。工伤事件后果可分为轻微伤、轻伤、重伤和死亡。

在风险分析的基础上，确定船员工伤风险的大小，划分风险等级。风险等级可分为：低风险、较低风险、一般风险、较高风险、高风险。低风险、较低风险可评价为可接受的风险，一般及以上风险应评价为不可接受的风险，必须进一步采取有效措施将风险降低至低风险或较低风险才可进行相关作业。

二、船员工伤事故常见类型

1. 高处坠落

高处坠落事故可能发生在以下作业过程中：高处作业；上下梯道(舷梯、楼梯、直梯、软梯等)；船舷外作业；收、放救生艇作业；高压水冲洗作业，除锈作业；更换克令钢丝作业；克令钢丝高空撸油保养作业；电梯使用和维护保养安全操作；集装箱系固作业；重大件特种集装箱系固作业；机舱行车和船舶各种吊装设备的维护保养；开关舱作业；装卸货抓斗管护作业；克令吊作业；船舶自装自卸作业；甲板原木的绑扎、解绑及检查加固作业；升降甲板平台或斜坡道作业等。作业时安全无防护或防护不到位、作业人员高空作业没有正确使用个人安全防护用品、安全管理检查不到位、雨雪天后高空作业没有防滑措施等情形易造成人员伤亡事故。

2. 淹溺

淹溺事故可能发生在以下作业过程中：上下舷梯、软梯，如舷外作业、接送引航员、拆装舷梯、搬运物品等；人员意外落水的情况。作业时防护措施不到位、未按要求穿戴救生衣和安全带、违章操作等情形易造成人员伤亡事故。

3. 中毒和窒息

中毒和窒息事故可能发生在以下作业过程中：密闭处所作业；封闭处所油漆作业；伙食冰库检查、使用作业；主机扫气箱内部检查及各种测量作业；主机曲拐箱内部检查及各种测量作业；压力容器检修作业；机舱燃润油舱的清洁检查作业；危险品货物处置；集装箱船货舱作业；压载水舱内部检查作业；货油舱内部维修作业；备洗舱作业；货物熏舱；固定二氧化碳系统测试或释放等。作业时防护措施不到位、违章操作、失误操作等情形易造成人员伤亡事故。

4. 火灾、爆炸

火灾、爆炸事故可能发生在以下作业过程中：密闭处所作业；油漆作业；厨房操作；机舱封闭处所的清洁、检查、测量等作业；电焊、电割作业；气焊、气割作业；砂轮机作业；无齿锯作业；主机吊缸作业；副机吊缸作业；主机扫气箱内部检查及各种测量作业；主机曲拐箱内部检查及各种测量作业；机舱燃润油舱的清洁检查；锅炉手动点火或测试等。作业时防护措施不到位、安全检查不到位、违章操作、失误操作等情形易造成人员伤亡事故。

5. 触电

触电事故可能发生在以下作业过程中：机械除锈；手持电动、气动工具作业；高压水、气作业；厨房设备操作；电气作业；钳工作业；电梯使用和维护保养；锚绞缆机维护保养；泵浦维护保养；空压机维护保养；防污染设备维护保养；船舶岸电使用等。作业时用电设备防护装置不齐全、漏电保护器失灵、非电工人员违章接电、安全管理检查不到位等情形易造成人员伤亡事故。

6. 灼烫

灼烫事故可能发生在以下作业过程中：厨房设备操作；高温管系、设备等处所检查、维护保养；冲洗锅炉；热水器使用或维修；危化物品处置等。作业时防护措施不到位、违章操作等情形易造成人员伤亡事故。

7. 机械伤害

机械伤害事故可能发生在以下作业过程中：抛锚、起锚作业；系解缆作业；开关舱作业；甲板机械维护保养；锅炉燃烧器维护保养等。作业时机械设备防护装置不齐全、设备带病作业、作业人员操作不当、日常保养检查不到位等情形易造成人员伤亡事故。

8. 起重伤害

起重伤害事故可能发生在以下作业过程中：机舱起重作业；甲板起重作业；工作车作业等。作业时防护措施不到位、违章操作等情形易造成人员伤亡事故。

9. 坍塌

坍塌事故可能发生在以下作业过程中:重物搬运、放置与系固操作;货物堆码作业;件杂货装卸等。作业时防护措施不到位、违章操作、失误操作等情形易造成人员伤亡事故。

10. 物体打击

物体打击事故可能发生在以下作业过程中:高空作业;舷外作业;高压水、气作业(除锈、清洗);抛起锚作业;砂轮作业等。作业时防护措施不到位、违章操作等情形易造成人员伤亡事故。

11. 车辆伤害

车辆伤害事故可能发生在以下作业过程中:汽渡船汽车上下;滚装汽车装卸载;车辆系固;车辆解绑扎;汽车舱通风作业;汽车舱巡查等。作业时防护措施不到位、违章操作等情形易造成人员伤亡事故。

12. 其他伤害

船上作业还包括各种特殊环境和特殊作业,诸如:高温天气下作业,低温天气下作业,大风浪作业,夜间作业,手持式电动、气动工具作业,重物搬运、放置与系固操作,系、解缆(包括带、解拖船)作业,化学品的搬运存放与使用,超声波清洗作业等。作业过程中发生的伤害事故,除以上列举的伤害,还包括诸如摔伤、扭伤、扎伤、缆绳挤伤、中暑、冻伤、粉尘吸入、噪声伤害、武装海盗袭击、食物中毒、皮肤过敏、异物入眼、辐射等伤害。在作业过程中安全意识不强、自我防护措施不当、作业准备不充分等都会造成人员伤亡事故。

第七节 预防船员工伤事故

常见船员工伤事故预防措施介绍如下:

一、高空、舷外作业工伤事故预防措施

1. 在进行高空、舷外作业前,应对作业进行严密的组织,强调安全注意事项。

2. 作业准备阶段应制订详细的作业计划,指定专人负责组织、指挥。

3. 按照风险评估程序进行安全评估,识别作业风险。

4. 严格执行高空、舷外作业审批制度,由作业负责人向船长申请,船长审核、批准后方可实施。

5. 安排身体条件和技术水平相适宜的人员进行高空作业,实习生和患有心脏病、贫血、高血压、癫痫病、恐高症、疲劳过度及其他不适宜高空作业人员,不得从事高空作业。

6. 作业前,甲板部由大副或水手长,轮机部由大管轮或机工长对作业现场进行详细勘察,确认该项作业可以进行。作业时,水手长(机工长)应负责组织并亲临现场指挥,必要

时应由部门长亲自指挥。

7. 作业人员应穿戴合体的工作服、安全帽、防滑工作鞋等劳保用品，必须使用便于把握、攀登的纱线手套；舷外作业时需穿戴救生衣，准备好救生圈和救助艇作应急之用。

8. 仔细检查所使用的设备、器材和属具等，包括系索、滑车、座板、脚手板、安全带、吊索、安全绳及固定部位等，确认其完好，并在正式作业前进行试踩、试戴等试用检查。

9. 作业人员必须按照产品说明书正确使用防护用品，包括安全带、安全帽、工作服、防滑鞋、防护手套等。安全带应悬挂在作业者的正上方有足够强度的牢固装置上，安全带连接于速差式防坠器，且不宜过长。安全带、保险绳不得与坐板同系一处，两人的安全带、保险绳不得同系一处。

10. 指挥人员负责监护作业现场下方，一定范围内禁止人员逗留或从事其他工作，作业现场设置"当心坠落"和"当心落物"警示牌。

11. 作业应使用安全可靠的登高工具，严禁使用一般起重设备吊运或采用攀爬的方式登高。如作业的地方是船员通常不能触及的地方，应使用梯子、跳板或座板。使用活动的梯子上高作业时，必须有专人扶住梯子，防止梯子倾滑。禁止使用缺档的梯子。禁止两人共用一个梯子作业。

12. 作业工具不得放置在容易滑落的地方，暂时不用的工具应放在专用的容器内，并置于稳当可靠的地方，严禁将工具从高处扔下，应使用专用工具进行传递。

13. 舷外作业时，应事先通告有关部门关闭舷外出水阀，禁止使用与出水孔相连接的浴室、厕所等场所。在船首进行舷外作业时，锚必须制牢。在船尾进行舷外作业时，应通知机舱不得转动螺旋桨；甲板上安放"正在工作"警示牌。

14. 船舶在航行中禁止安排舷外作业；在有风浪的情况下，即使船舶处于停航状态，也不应该安排舷外或水面作业；若情况特殊，停航期间必须进行舷外、水面作业时，应将救助艇准备妥当，以便应急所需。

15. 尽量不要安排在夜间进行高空作业，夜间高空作业时应有足够的照明并防止触电；夜间不得进行舷外作业。

16. 除特殊情况外，应禁止在雷雨、大雾或阵风达 6 级或 6 级以上等恶劣天气下进行高空作业。

二、密闭空间作业工伤事故预防措施

1. 作业前应进行严格的风险评估，识别风险，制定应急预案，并对参与人员进行培训。

2. 严格执行作业审批制度，通常由部门长负责拟订作业计划，报船长批准后方可实施。未经批准严禁进入密闭空间。

3. 指定专人担任现场指挥，负责作业现场组织、指挥和协调，对作业全过程进行监督防控，同时应指定救援人员。

4. 进入前应进行彻底的、不间断的通风换气，由主管人员对封闭处所内的空气进行检测，封闭舱室内各处的氧气含量应不低于 19.5%，二氧化碳含量不高于 2%，有毒、有害气体的含量应为 0。

5. 对密闭舱室内外人员之间的通信设备进行测试，通信设备应为防爆型；进入密闭舱室前应约定简洁的紧急联络或撤离信号，以便在通信故障或中断的情况下采取必要的安全措施；准备好隔绝式呼吸器、安全带、救生索，规定好内外联络信号，救生索外端必须生根，出口处有专人守护，并经常与舱内人员保持联系；准备好医疗救护设施。

6. 进入人员应穿紧身工作服、工作鞋、戴安全帽和手套，携带必要的照明工具。进入有易燃、易爆气体的封闭处所时，穿戴和随身携带的工具必须要防火、防爆。

7. 在密闭处所口设置临时围栏，放置“未经许可，禁止进入”警示标志，安排专人值守；通知有关部门封妥有关设备和控制阀，并贴上“禁止启动”或“禁止打开”的安全标志牌。

8. 作业过程中，保持对作业场所的连续通风和检测，作业中断时间超过半小时的，进入前必须重新检测。

9. 在应急情况下，必须佩戴隔绝式呼吸器方可进入缺氧作业场所，如果作业环境发生恶化，应立即提示舱室内的人员中断作业并立即撤离。

10. 一旦发生窒息、中毒事故，必须对现场的风险进行评估，确定可以安全进入舱室实施救援之前，任何人员不得进入舱室施救；进入作业现场参与救援的人员，必须佩戴隔绝式呼吸器，并有专人配合，防止发生二次事故。

三、明火作业工伤事故预防措施

1. 明火作业必须执行严格的作业审批制度，船上进行明火作业前要申请并征得船长的同意，在机舱以外非安全区域明火作业前，应经公司批准，港内明火作业还需向海事管理机构报备。

2. 明火作业前要严格执行风险评估，严密组织，并制定防范措施、强调安全注意事项，对施工人员进行必要的培训。

3. 明火作业应按规定对作业环境进行检查，清除动火点甲板(或设备)四周及背面临舱以及至少 1 m 范围内的易燃、易爆物品。

4. 明火作业必须满足一定的技术条件：可燃气体浓度不大于爆炸下限的 1%，相对风速小于 13.8 m/s；明火作业前，应拆除作业现场内有影响的电缆或切断其电源并对其安全遮盖；可以拆除的管子等机件，应移至电焊间或安全地点焊补；在密闭空间明火作业前，应提供足够、连续的通风，使空气中含氧量达到 19.5%；燃油、润滑油舱(柜)，油船供油舱、泵舱、隔离舱、压载舱等进行明火作业前，必须取得相关部门签发的“船舶可燃气体清除证书”；测爆合格的舱室或处所，明火作业必须在 4 h 之内开工，否则应经重新测爆认可；焊工必须持有主管机关认可的合格证书。

5. 仔细检查作业工具，包括隔热服、防护眼镜是否完好；电焊机、电线是否漏电；氧气钢瓶、乙炔钢瓶没有气体泄漏现象。

6. 准备妥灭火器材和医疗救助器材。

7. 明确禁止明火作业的情况。

8. 明火作业完成后，应对作业现场进行清理，详细检查火星可能喷射到的地方，以防引发火灾。

四、系解缆作业工伤事故预防措施

1. 系解缆作业前，船长应召开工前会议，船长将船舶的靠离泊方案明确传达给相关操作人员，并结合实际情况对作业进行风险评估，提醒船员作业要点及注意事项。

2. 系解缆作业前，船员应仔细检查作业设备，包括测试绞缆机，检查缆绳、引缆、撇缆绳、撇缆头的状况，撇缆头应用绳子和碎布制作。确定船员之间的联络信号，包括对讲机、广播、手语手势等，每一位船员都应该知道绞缆绳、松缆绳以及应急停止状况下的手语、手势的涵义。

3. 作业人员必须穿戴个人防护设施，包括防滑鞋、工作服、安全帽、手套，舷边作业时要穿好救生衣。

4. 系解缆作业过程中，作业人员应合理站位，严禁跨越缆绳的正上方或站在缆绳拉伸方向、弯曲的内侧、缆绳圈内和导向轮意外脱落伤及范围内。

5. 撇缆应指定专人负责，认真检查梳理，撇缆时要注意周围环境，提醒人员注意。

6. 注意缆绳的反弹区，缆绳绞进时，操车要平稳。缆绳通过边滚筒绞进受力时，缠绕滚筒的圈数应不少于 4 圈，缠绕时禁止用车。

7. 解缆时，要据情况先将缆桩上的缆绳解掉，松出缆时速度要慢，缆车上的缆要控制好刹车，挽桩的缆要根据受力情况最少要留 1 圈以上。

8. 在给拖船带缆和解缆作业过程中，指挥人员要与拖船保持顺畅沟通，避免操作不协调导致伤人事故。解拖船时要将缆绳在缆桩上先绕 1 圈，然后拉住琵琶头缓缓放下。

9. 带缆、解缆时禁止用脚踩缆绳的方式来制止缆绳移动。

五、抛起锚作业工伤事故预防措施

1. 抛起锚作业前，船长需向大副传达作业方案，对风险做出充分的评估，严格执行抛、起锚作业前检查。

2. 抛起锚作业人员，穿戴工作服、安全帽、手套、工作鞋、防护眼镜。

3. 抛起锚作业前，检查确认锚机、离合器、止链器等设备的状况，确保工况良好，确认锚机和锚链周围无障碍物，作业现场无杂物。

4. 抛起锚作业时，指挥人员和操作人员站位要合理，避免锚链弹跳或飞溅物伤人。

5. 抛锚作业时，要控制锚链松出速度，避免速度过快刹不住导致人员受伤。

6. 雨雪天气，注意滑倒。

六、收放舷梯、引航梯作业工伤事故预防措施

1. 安放舷梯和接送引航员前，船长应充分考虑通航条件、水文气象、干舷高度、码头与甲板的垂直距离等，对存在的风险做出充分的评估，向船员强调安全事宜。

2. 舷梯收放因涉及舷外，应执行舷外、水面作业的有关规定，要求穿好救生衣，系好安全带和保险绳，戴好安全帽，按要求穿戴好劳防用品，工作鞋要做到防滑。

3. 收放舷梯前应对升降机械、钢丝绳、滑车转盘平台支架等进行检查，确认设备完好且钢丝、卷筒、吊梁无障碍后方可作业；放舷梯前，舷梯下平台时保险插销应锁定，以防踩

踏翻板。

4. 在舷外梯子上进行收起、安装栏杆、护绳作业时，应先检查平台支架是否已支好，并使用止荡索，舷梯上操作人员必须系好安全带。

5. 在码头安放舷梯时，跳板的长度、宽度要符合要求，并配有栏杆与码头固定，安全网的强度要牢靠，设置应符合要求。

6. 在启动控制开关进行舷梯施放和回绞时，作业人员应撤回到安全地带，严禁任何人员在舷梯上站立、走动。

7. 安装栏杆和安装引航梯磁铁吸盘时，应穿好救生衣、系好保险带，保险带应系于甲板的地令上，并注意栏杆可能会夹手；装妥引航梯，作业人员要进行登乘测试；使用组合梯时，两梯位置要正确连接、搭配、调整。

8. 手动收放引航梯时，要注意滑倒、跌落，防止夹伤。

9. 锚泊时上下舷梯、软梯，要随时调整好高度。软梯上部固定妥当，必须有扶手，并在梯口备好带安全绳的救生圈。禁止携物太多和一手携物、一手攀爬软梯。

10. 作业空间附近应有足够的光线或照明。

七、引航员登离船作业工伤事故预防措施

1. 根据天气海况、干舷高度等因素进行相应的风险评估，识别风险并制定预防措施，对作业人员进行必要的培训和指导。

2. 工作人员穿戴好工作服、防滑鞋、安全帽、手套、救生衣等个人防护设施。

3. 确保软梯的质量没有瑕疵，踏板不得变形、拼接、开裂、松动，踏板和止扭板的间距要相等，边绳、扶手绳、回收绳不得霉烂、断股、开裂，固定用的地令不得锈蚀，爬高不得超过 9 m，超过 9 m 的应使用组合梯。

4. 确保引航员登离装置的布置、使用和维护符合《SOLAS 公约》等相关规定，配备带有自亮灯的救生圈一只、舷墙梯一架、扶手柱两根、撇缆绳一根，夜间应提供足够的照明，照亮舷边的引航员登乘设备、附近甲板以及周围水面。

5. 安放软梯应在驾驶员的全程监督下按规定完成，驾驶员应检查并确保其处于良好的可用状态；组合梯的舷梯倾斜角不超过 45 °，下部踏板要固定并保持水平；软梯应保持清洁干净，不能有油污，冬季使用时尽量不要沾水，及时除冰。

6. 确保出入口范围内无障碍物，引航员通道清爽且标志清楚。

7. 驾驶员携带对讲机接送引航员，并与驾驶台保持通畅联系，能见度不良时应携带照明手电，至少安排 名水手现场协助，在使用登乘设备前进行测试，并负责操作登乘设备。

8. 船长操纵船舶，控制好船速，充分考虑大风浪下可能导致的船舶漂移。

9. 直升机接送引航员时，船舶应根据《直升机/船舶作业须知》、ICS《直升机/船舶操作指南》的要求做好直升机降落前的准备和降落操作的相关工作；必要时，在保证安全的前提下，按直升机驾驶员的要求，谨慎控制航向和航速，配合直升机完成降落作业。

八、收放救生艇作业

1. 放艇前，指挥人员应充分评估作业风险，制定风险防范措施；应提前给以必要的培

训,确保每名参加作业的人员熟悉本船的救生艇操作规程,熟悉自己的职责。

2. 人员应戴好安全帽、穿妥工作鞋、工作服、救生衣、防护手套,备妥作业工具。

3. 放艇前应进行详细的检查,执行安全管理体系中的操作检查表,包括但不限于艇降落装置各关键部件,确保固艇索、保险杠或钩已处于无妨碍位置,艇摇把已从艇钢丝滚轮上脱离,艇下方无异物。

4. 放艇时,作业人员站位要正确,不要站在艇的下方,所有现场人员不应站在艇钢丝绷断的反弹区,以免被钢丝打伤。登艇人员严禁踩踏桨篙、艇缘、坐板等容易滑倒、跌落的地方或以蹦跳方式上下。随艇下的人员要抓牢安全绳,操作人员按照操作规程谨慎操纵,放艇时应保持匀速,禁止忽快忽慢。

5. 自由抛落艇降落时,应确保艇内没有能自由移动的物品,登乘人员应系好安全带,身体贴近靠背,端正姿势,防止头部冲击受伤。

6. 安放登乘梯时注意防止滑倒、夹手,防止登乘梯迅速下滑造成坠海。

7. 收绞开敞式救生艇时,在艇上升过程中艇内人员应保持低蹲姿势,双手抓牢安全绳。当艇升至艇甲板时,艇内人员全部下艇,然后继续收艇直至收妥。对封闭式救生艇前后艇钩挂妥后应仔细检查艇钩及保险销,确认其处于正确位置后再实施绞收。在艇上升过程中,艇内人员应坐好并系妥安全带,保持双手把持牢固。将艇收至封闭救生艇限位开关位置后,艇内人员迅速下艇,然后继续完成收艇工作。

8. 手摇柄操作救生艇升降时,要双手握紧手柄,注意控制升降速度,防止手柄滑落或者失去控制而击伤。操作人员应特别注意避免手指被滚筒钢丝绞伤。

9. 救生艇脱钩时,手不能离链环太近,防止钩头脱落时打伤手,注意吊钩回荡时伤及头部。

10. 作业空间附近应有足够的光线或照明。

九、船舶开关舱、扫舱作业操作注意事项

1. 操作者要听从指挥,集中精力。

2. 按照相关规定穿着工作服,戴安全帽、工作手套。

3. 船舶开关舱时,舱口四周压紧器被拆下后,必须放置妥当,以免阻碍滚轮或舱盖通过,开关舱前必须仔细检查,轨道上不能有障碍物。

4. 开关舱前,必须检查盖板顶部压紧器,并使全部压紧器处于脱开位置,用铁销插牢,操作中使插销不能自动脱出。在操作过程中,如发现有插销脱出,操作人员不得上去调整,应将舱盖板平置于舱口后再上去调整,并用铁销插牢。

5. 操纵起货机人员精神要高度集中,操作应平稳,特别注意首端盖板的曳行速度要慢。

6. 其他人员在操作过程中,要协助指挥者,发现问题及时报告,尤其要注意盖板之间相连接的铁链应保持对称,防止舱盖板脱轨。

7. 无论是在开关舱还是在扫舱作业过程中,尤其是在使用吊杆协助作业时,所有人员都一定要注意自身安全,选择正确的站位。

十、主、辅机吊缸(检修)作业工伤事故预防措施

1. 吊缸前轮机长应组织工前会,合理安排工作,对吊缸工作进行风险评估,制定风险防范措施,严格执行工前检查表。

2. 为防止他人误操作,在吊缸工作前,应检查确认主启动阀等相关阀件处于关闭位置,使主机处于"完车"状态。为防止水流冲击引起主机转动,应合上盘车机,并悬挂"未经许可,禁止盘车"警示牌,或将盘车机电源关掉,盘车机应由指定的合适人员操控。

3. 机舱天车应由指定的合适人员操控,起吊部件时,人员应合理站位,尽量防止起吊部件的晃动。拆下的缸头、活塞等部件应妥善放置。起吊钩头暂时不用时,要放到合适高度,防止碰伤人员及设备。

4. 操作液压拉伸器时应佩戴防护眼镜,注意合理站位,避开高压管的接头和拉伸活塞的正前方,确认各连接管可靠连接后再开始泵压,当压力接近所需压力值时,一定要缓慢。

5. 使用的工具及拆下的部件要安全有序地合理放置,禁止投掷工具及部件,注意避免高处零部件的滑落造成人员砸伤。

6. 打开曲柄箱需在主机停车一段时间后(最少 15 min)才能进行,曲柄箱内应充分通风,减少易燃气体的含量。

7. 曲柄箱内作业应严格按照进入封闭场所作业的要求进行,填写进入封闭场所作业检查单,对曲柄箱内进行充分通风,对曲柄箱内空气进行测试,待空气质量合格后人员方可进入,箱内作业照明需使用合格的防爆灯。

8. 用钢丝刷进行清洁作业时,要佩戴防护眼镜和口罩。

9. 注意防止高温烫伤、中暑。

10. 整个工作过程,工作人员都须戴安全帽,穿工作鞋、工作服,戴手套等,登高作业须使用安全带,吊缸作业中要注意脚下的油渍,及时擦拭,避免滑倒。

十一、锅炉、压力容器检修作业工伤事故预防措施

1. 作业前,轮机长应组织工作人员开工前会,合理安排工作流程,制定风险防范措施,严格按照工前检查表进行检查。

2. 作业前,应对锅炉或者压力容器进行充分的冷却(压力容器内的温度不要超过 45 ℃)和通风,测氧、测爆合格后方可进入,作业期间应保持连续的通风,按密闭空间作业规定执行。

3. 作业时,应穿戴好必要的工作服和防护用品,如安全帽、长袖工作服、防护手套、工作鞋等,进行清洁作业时应佩戴防护眼镜和口罩。

4. 在拆卸人孔道门前,确认压力容器内没有剩余压力,内部物质已放掉,确保该压力容器(如锅炉)的有关水、汽阀门被有效关闭并悬挂"禁止打开"警示牌,以防止他人误操作。

5. 进入炉膛和烟道工作,温度应小于 60 ℃,且至少由 2 人以上进行,1 人监督。

6. 锅炉或压力容器内应保持足够的照明,照明设施应为防爆型。

7. 避免长时间在锅炉或压力容器内作业,作业人员应内外协同,相互照应。

十二、车床、钻床作业工伤事故预防措施

1. 车床、钻床作业，必须按照规章制度和操作规程作业，严禁违章和违规作业。动用车床必须经轮机长或主管人员同意。

2. 操作人员工作时，必须穿着紧身工作服，袖口扎紧，工作时必须戴防护眼镜，严禁戴手套，防止手套缠绕造成人身伤害；钻床作业严禁直接用手清除切屑，为避免钻头绞住头发，不要把头低向钻孔处。

3. 进行作业前检查，确保应急停止按钮功能正常。

4. 机床作业时，装夹刀具前，必须停车进行，刀杆伸出长度不准超出杆的高度；使用卡盘时，必须上紧保险装置，三爪卡盘的车床不允许夹持不规则的工件，工件固定后应随手取下卡盘扳手；禁止用动车的方法拆、装卡盘；工件未卡紧之前，只许用手来校正工件，严禁开车转动；加工偏心工件时，必须加平衡块；加工细长工件时，空心轴后端不得超出太长，并标出危险标志，车床尾部要装有防护栏；车床运转时，不允许将手指伸入刀具和工件之间，进行测量时必须先停车并将刀具移到安全位置；当需要用锉刀对工件进行磨光时，必须将刀具移到安全位置，禁止使用无把手锉刀或手持砂布紧靠工件磨削毛刺；清除车、刨、钻产生的金属屑时不可用嘴吹，或用手去拨，应用毛刷清扫；停车时，必须先将车刀退出工件；在使用自动走刀时，必须将刀架进到与床座一样齐，以防刀架、床座碰到卡盘造成事故；工件切断时，用力不要过猛，吃刀不能过深，要根据不同材料合理选择转速。

5. 钻床作业时，先检查钻头、钻头夹等完好后再妥善安装钻头；当用手进行或钻小孔时，不要猛压杠杆；机动进给时，要防止轴向力过大，钻头折断伤人；立钻在钻孔前要先紧固工作台，摇臂钻应先紧固摇臂，然后开钻，产生的切屑要及时清除；清除切屑时，应先停止钻头旋转并使其抬离工件后，再进行清除；切记严禁直接用手清除切屑，以防止伤手；停钻时，应从工件中退出刀具，更换刀具应在主轴停止转动后进行；拆卸钻具时，一手要抓牢再拆卸。

6. 机床在运转而工件松动时，禁止用手扶持或在其运转中紧固，应立即停车紧固工件。

十三、砂轮作业工伤事故预防措施

1. 砂轮作业人员必须经过专业的培训，具有胜任该工作的能力。

2. 使用前要检查砂轮防护装置是否合乎要求，托板位置是否得当，砂轮有无损伤，旋转是否平衡，禁止使用无防护罩、表面凸凹不平、有裂纹、旋转不平衡、安装不牢固、无托架或托架位置不对的砂轮。

3. 作业时必须佩戴防护眼镜、口罩、安全帽、工作服等防护用品。

4. 操作过程中应注意附近作业环境，作业区域内不允许有易燃易爆物品，严禁将砂轮机面对任何人员。

5. 不允许在砂轮机上磨削较大、较长的物体，防止震碎砂轮飞出伤人。

6. 不得单手持工件进行磨削，防止脱落在防护罩内卡破砂轮。

7. 在气温较低时，用砂轮磨工件应逐渐加大负荷，以防砂轮破碎。

8. 打磨过程中不可对砂轮机施加过大的压力，要均匀用力，以免损坏砂轮片。

9. 砂轮磨损严重时，应及时更换，保证安全。

10. 工件在磨削过程中，由于强烈磨擦使砂轮及工件的温度升高，在磨削后拿取工件的过程中一定注意不要烫手。未经处理的工件切口有毛刺，拿取时一定要注意。

十四、手持电(气)动工具作业工伤事故预防措施

1. 船员应熟悉设备的操作，严格按照操作规程操作，作业前应进行风险评估。

2. 作业前检查外壳、手柄、电源线、接地保护、电源插头、电源开关、机械保护装置和电气保护装置是否完好，工具转动部分是否松动或者阻滞，活动部分是否有裂痕。

3. 作业人员必须戴安全帽、穿工作服、工作鞋、戴手套、防护眼镜、口罩、耳塞。

4. 作业时，作业者之间保持适当距离，严禁机械运转前方有人或硬性障碍物；避免作业负荷过大、运转时间过长和在潮湿或有积水的地方作业；作业时要用力均匀，不可用力过大或是过猛。对气动工具，高压气因故停止供应后，应及时将气路控制阀关闭；在工具转动部分有可能脱出及甩出的方向禁止站人。

5. 为防止触电，连接软线要理顺，避免接触到尖锐物、高温及溶剂，插头处要进行防水处理；严禁用手触摸电动工具的转动部分，严禁在带电运转的情况下改变作业场所或作业区域，严禁电源线梳理无序或移动时强行拖曳；严禁直接用工具的连接线作牵引，提起或移动电动、气动工具；手持电动工具停用时必须断电拔插头，并不得随意丢放在过道和地面，防止误碰或刮伤。

十五、膳食服务作业工伤事故预防措施

1. 加强膳食操作人员的日常安全培训，提高船员的安全意识。

2. 厨房主管人员要认真检查厨房设备，确保设备处于安全可用状态，要正确张贴设备操作规程和安全标识。定期开展厨房机械设备的操作培训，严格按照操作规程操作。

3. 作业人员应正确穿戴工作服、工作鞋、工作帽、防灼烫手套等劳动防护用品。

4. 作业人员在打开电炉板或操作厨房其他设备时，禁止离开现场从事其他活动，因故必须离开时，应指派专人照看。保持吸油烟机烟道及防护罩洁净，防止火灾发生。

5. 检查冷库时，应穿戴与库温相适应的服装，尽量避免人员由高温环境直接进入冷库，更不要在出汗的情况下直接进入冷库，防止冻伤。

6. 要防止库房的门意外关闭而无法开启。冷库门锁、声光报警应定期检查试验，确保功能正常。人员进入冷库前，应悬挂“库内有人，禁止锁闭”的警示牌，必要时，留有专人在门外照应。

7. 防止中毒与窒息，确保制冷系统密封良好，定期检查是否有冷剂泄漏，如有泄漏要及时消除，必要时对冷库进行彻底通风。

【思考题】

1. 什么是安全作业方法？

2. 遵守安全作业方法对船员个人和社会有何意义。

3. 简述船员日常防火防爆守则规定的主要内容,对船舶安全有何意义?
4. 船舶明火作业的条件是什么? 应符合哪些基本作业要求?
5. 高空或舷外作业应注意哪些安全事项?
6. 系离泊作业时应遵守哪些安全作业要求?
7. 我国船员航行值班应遵循哪些原则?
8. 船舶在港内停泊期间的值班,应遵循哪些原则?
9. 简述国际劳工组织关于保护健康及防止工伤事故的内容。
10. 船上封闭舱室存在哪些安全隐患?
11. 进入封闭舱室前,应遵循哪些安全规定?
12. 简述国际劳工组织关于保护健康及防止工伤事故的内容。
13. 火灾、爆炸事故的主要原因有哪些? 如何预防?

第五章 防止船舶污染海洋环境

第一节 船舶对海洋环境的污染损害

【要点】

伴随着海洋运输业的发展，世界船队规模不断壮大。因而，从船舶排入海洋及大气中的各种有害物质的数量与日俱增，致使海洋环境日趋恶化，海洋的生态环境被破坏，尤其是一些沿岸及河口海域正遭受着严重的污染损害，危害人类健康（在此不仅是船舶污染损害，也包括沿岸工业污染）。为了人类健康，也为了给后代子孙创造一个良好的生存环境，使人类社会可持续发展，必须严格控制海洋污染。船舶污染物的控制是目前航运界主要考虑的问题之一。

海洋在人类社会发展史中占有十分重要的地位，海洋不仅资源极为丰富，海洋环境也是人类赖以生存和发展的物质基础。随着工业技术的发展以及人口的增长，海上运输量逐年大幅度增长，世界船舶总吨位和尺度也在不断增加。船舶在营运过程中，无法避免直接或间接地把一些物质或能量引入海洋环境，产生损害海洋生物资源、危害人类健康、妨碍渔业和海上其他合法活动、损害海水的使用质量和环境质量等的有害影响。

一、概述

“海洋环境污染损害”是指直接或间接地把物质或能量引入海洋环境，产生损害海洋生物资源、危害人体健康、妨碍渔业和海上其他合法活动、损害海水的使用质量和环境质量等的有害影响。尽管这些物质和能量是人类需要的和可以回收利用的，但如果排入海洋会产生上述后果，就属于广义的海洋污染物（狭义的海洋污染物由《国际海运危险货物规则》规定）。污染海洋的途径，主要有陆源和船舶的故意和意外排放，船舶和飞机的倾倒，大气沉降等。排放方式包括泵出、溢出、泄出、喷出和倒出等。

船舶对海洋环境污染的污染源有：石油及其制品、生活污水、有毒化学品、船上垃圾、有害排气、带有有害生物和病原体的压载水等。国际公约中指定的对海洋直接造成污染的物质可达近千种。船舶对海洋环境污染的特点：污染物种类繁多且成分复杂，污染持续时间长且危害大，污染范围广。对于营运船舶，污染途径主要有操作性排放污染和海难事故所致的污染。其污染程度以石油类污染为例，工业排放和城市排泄占 37%，船舶操作性排放占 33%，油船事故排放占 12%。

彻底消除船舶污染源是不现实的，但可以通过限制和控制污染物的产生和排放，将船舶对海洋环境的污染损害降到最低限度。国际社会非常重视对船舶污染源的控制，包括通过国际立法和多国条约控制船舶排放，通过国际公约控制向海洋倾倒废弃物；通过一系列公约控制船舶的防污染构造和操作性排放，协同对付油污事故，加强船舶的安全管理等。

二、操作性污染

船舶营运中造成操作性污染的途径主要有：

(1)船舶运输石油(原油、成品油)和船舶使用燃油可能造成的油污染；

(2)船舶运输散装液体化学品可能造成的散装有毒液体物质污染；

(3)船舶运输包装有害物质可能造成的包装有害物质污染；

(4)船舶生活污水造成的污染；

(5)船舶垃圾造成的污染；

(6)船舶废气造成的污染；

(7)船舶压载水和洗舱水造成的污染等。

为此，IMO 制定了针对性的国际公约——《73/78 国际防止船舶造成污染公约》，即 MARPOL 73/78 公约予以控制。依法排放船舶废弃物，为海洋的自净能力所允许。否则，就会造成船舶对海洋环境的操作性污染损害。

操作性油污染的具体形态有：

(1)机舱含油污水排放浓度超过 15ppm(百万分之十五)；

(2)排放油轮压载水、洗舱水时，油量瞬间排放率超过 30 L/mile，排油总量超过上航次载油量的 1/30 000；

(3)在绝对禁止排放的海域排放油类或含油污水；

(4)将油类、残油和油泥排放入海；

(5)管系泄漏事故；

(6)舱柜满溢事故；

(7)船壳泄漏事故；

(8)为了船舶安全的故意排油(如脱浅、镇浪)；

(9)为了救助海上人命的故意排油等。

对于(1)~(4)应严格遵守防范性法律规定，对于(5)~(7)应有应急反应计划并确实有效实施，对于(8)、(9)应事先报告当局。不论属于何种情况，船东均应承担法律责任特别是经济赔偿责任。

操作性散装有毒液体物质污染的具体形态与操作性油污染类似，只是污染物质和排放条件不同而已。

操作性包装有害物质污染的具体形态有：装卸时的包件散落，倾倒含有有害物质的扫舱垃圾，排放含有有害物质的洗舱水等。

操作性船舶生活污水污染，主要是排放人的粪便和尿液、医务室的脸盆和洗澡盆的排出物、活动物处所的排出物等造成的污染。

操作性船舶垃圾污染，主要是排放船舶垃圾造成的污染。如海洋生物常因误食塑料制品或被废弃渔网围困而死亡，船舶推进器被合成绳网缠绕，机舱进水口被垃圾封堵，海面被垃圾覆盖和腐败污染等。因此，每位船员都应严格按 MARPOL 73/78 公约要求的垃圾管理计划和垃圾排放公告牌的规定处理船舶垃圾。

三、海损事故所致污染

海损事故会导致人命伤亡、船舶和货物等财产的损失，而海事引起的海洋环境污染损害则危及人类的现在和将来，是难以用金钱估量的。处理污染损害也会使船东承受巨大的经济压力，直接影响着船员的就业和经济收入，例如，"埃克森·瓦尔迪兹"轮因海损事故引发油污事故，迄今费用已达 80 亿美元就是证明。

引起污染的海损事故主要有：火灾或爆炸、搁浅、碰撞、船壳破损、严重横倾等。其中，严重横倾通常是由进水或货物移动引起的。而诸如：推进器、操舵设备、供电系统、重要的船载导航设备等影响船舶适航性的机械和设备的损坏或故障，通常是引发海损事故进而引发污染事故的原因。海损事故所致的污染损害常常是举世震惊的，严重危害人类赖以生存和发展的海洋环境。

因此，一旦发生上述损害和故障，应立即考虑修复的可能性，以及发展成海损事故和污染事故的可能性，及时向当局报告和采取应急措施。

四、海洋环境的多样性

在海洋中，蕴藏着包括矿产、油气、水和生物等多种形式的资源，并且资源储量极其庞大，已成为人类未来生存和发展的资源库。

浩瀚的海洋哺育着种类繁多、形态各异、大小不同的海洋生物（见图 5-1）。根据它们的生态习性或生物学特性，我们可以将它们分为浮游生物、浮游植物、浮游动物、底栖生物、游泳动物、海洋鱼类、甲壳动物、软体动物、哺乳动物、深海动物等。它们分布在海洋中的不同地理区域或不同水层，组成了海洋生物的大千世界。整个海洋生物资源蕴藏量很大，据估计，海洋每年可生产约 1 350 亿吨有机碳。在不破坏海洋生态系统生态平衡的情况下，每年可为人类提供 30 亿吨水产品，足以养活 300 亿人口。但是，目前的海洋生物开发利用的范围只占整个海洋面积的 10%，仅向人类提供 2% 的食物，绝大多数海域尚未开发，即使在已经开发的海域里，也还有很多种类的海洋生物由于科学技术水平的因素，至今还无法被人类利用。

国际海底区域占到世界海洋总面积的 65%，广泛分布着各种资源。就海洋矿产资源方面来讲，最有可能进行商业开采的是大洋多金属结核。这种资源分布于世界各大洋的洋底，以太平洋分布最广，估计储量为 1.7 万亿吨。从 20 世纪 50 年代开始，一些发达国家政府及财团就率先"下海"，对大洋多金属结核资源展开勘察活动。这一活动在 20 世纪 60 年代末到 70 年代达到了高潮，采矿、冶炼技术的研究和试验工作已经取得了很大的进展。到了 20 世纪 80 年代，一些国家已经完成了勘探目标区的圈定，并大规模地开展试采和选矿试验研究。

图 5-1 海洋生物的多样性

海洋石油主要分布在大陆架、深海和超深海，美国 2006 年 9 月在墨西哥湾海底 8 000 多米处发现了一个储量约 150 亿桶的深海大油田，再一次引发了世界上的海洋石油探宝热潮。在全世界海域内，海洋石油主要分布在波斯湾及中东地区、墨西哥湾地区、西非的几内亚湾、巴西海岸、南北极大陆架等，在其他海区，比如地中海、孟加拉湾等也有分布。在我国海域，海洋石油主要分布在南海。而水深 300 m 以上、2 000 m 以上的中国海域深水区，有着极其丰厚又未大规模开采的油气资源区。

五、海洋对人类的影响

海洋占了地球表面积的 71%，孕育了地球上的各种生物，也为人们提供了丰富的生产、生活资源和空间资源，是全球生命支持系统的重要组成部分。在全球经济迅速发展和人口激增的情况下，海洋对人类实现可持续发展起到了重要的作用。

海洋向大气中提供着四分之三的氧气；海洋调节着全球气候，充裕的水汽和适当成分比例的空气通过大气经向环流向两极输送，通过世界风带遍全球；随着世界人均耕地的减少，海洋中丰富的鱼类、贝类和藻类等能向人类提供充足的食物；海洋有着巨大的环境净化能力；海洋为人类提供了优良的休息和旅游场所。海洋是重要的水上通道；海底矿藏是工业发展的后盾；海洋是化工原料和医药资源的重要供应地；海洋是人类用水的最大源泉；海洋还是良好的科学实验场所。

21 世纪是人类全面开发海洋的世纪。保护海洋环境是保护人类的现在和将来。但随着海洋资源的开发和使用，海洋也受到了严重的污染，其中石油污染表现得尤为突出。

【拓展知识】

著名的海损所致的污染事故摘要如下：

1. 我国最大的海洋污染事故

2004 年 12 月 7 日，巴拿马籍“现代促进”轮与德国“MSC 伊伦娜” 轮在珠江口担杆水道附近海域发生碰撞，“MSC 伊伦娜”轮因燃油舱破损，导致 450 t 重油漂向大海，严重污染了附近海域,海洋渔业资源严重受损。

2.“威望”号(Prestige)油船溢油 7.7 万吨

2003 年 11 月 20 日,载有 7.7 万吨燃料油的“威望”号油船在西班牙加利西亚自治区海域搁浅。油船最后船体破裂,断裂成两半。船上油料泄漏,形成一条巨大的污染带,对西班牙境内菲尼斯特雷角和马尔皮卡间 33.6 km 的海域造成严重污染。在污染最严重的海域,泄漏的原油有 38.1 cm 深,一眼望去海面上乌黑一片。原油的泄漏对当地的生态环境造成毁灭性打击,一些珍贵物种可能会从此灭绝。

3.“埃克森·瓦尔迪兹”号(Exxon Valdez)避让不当触礁溢油 1 100 万加仑

1989 年 3 月 24 日,利比里亚籍油船“埃克森·瓦尔迪兹”号在美国阿拉斯加威廉王子湾避让冰山不当触礁,溢油 1 100 万加仑,污染海岸 1 609 km,海域 7 770 km^2。事故造成直接、间接生态破坏,10 万~30 万只海鸟死亡,约 4 000 头海獭死亡,生态系统恢复需要 5~25 年。该事故导致美国《90 油污法》(OPA 90)的问世,促使 IMO 修正了 MARPOL 73/78 公约。迄今为止,该事故有关费用已达到 80 亿美元。

2009 年 3 月,世界自然基金会发表了一份研究报告。报告称研究后发现,20 年后,阿拉斯加州海岸仍旧覆盖着大量的石油,油水混合物甚至渗入了阿拉斯加州威廉王子海峡艾利洛岛。

4.“托利·坎荣”轮(Torrey Canyon)触礁溢油 10 万余吨

1967 年 3 月 18 日,载重量 118 285 吨的利比里亚籍油船“托利·坎荣”轮,载运 117 000 吨波斯湾原油驶往美国米尔福港。途经英吉利海峡的锡利群岛时,因大副值班严重偏航,船长顺势选择狭窄的锡利群岛东航道。由于瞭望、定位和操舵等的综合失误,导致船舶在七岩礁触礁,船身折成两截,10 万多吨原油流出。当时出动 42 艘船只,使用了 1 万吨清洁剂,后英国派军舰播撒 13 500 吨毒性很高的化学剂处理海面原油。因除油和围控失效,3 月 26 日英国派飞机轰炸烧掉舱内原油。浮油造成了法国北部海岸的严重污染,致大量海洋生物死亡,腥臭味弥漫数月,使英、法两国蒙受了巨大损失,举世震惊。由此而使得 IMO 召开特别理事会就安全技术和法律问题进行讨论,成立了专门的“法律委员会”,并成为 IMO 一个常设委员会。

第二节

国际防止船舶造成污染公约(MARPOL 73/78)的基本要求

【要点】

船舶污染物的控制是目前航运界主要考虑的问题之一。国际航运界为此制定了相关的国际公约,自公约生效以来,在保护海洋环境上有了积极成效。

【必备知识】

20 世纪 60 年代前,人们一直认为海洋能净化所有人为的污染,但 1967 年超级油船“托利 · 坎荣”轮(Torrey Canyon)的触礁油污事故,触动了整个国际航运界。IMO 制定了 MARPOL 73 公约(未生效),1978 年 2 月又制定了 MARPOL 78 议定书。1978 年 3 月,超级油船“阿莫柯 · 卡迪兹”号(Amoco Cadiz)的触礁,导致了法国海域和海岸的严重污染,使国际社会清醒地意识到了船舶污染对海洋环境损害的严重后果,促成了 MARPOL 73/78 公约的迅速生效。该公约由公约正文、两个议定书、六个附则及其修正案组成。这六个附则是:

(1)附则Ⅰ:防止油污规则,于 1983 年 10 月 2 日起生效;

(2)附则Ⅱ:控制散装有毒液体物质污染规则,于 1987 年 4 月 6 日起生效;

(3)附则Ⅲ:防止包装有害物质污染规则,于 1992 年 7 月 1 日起生效;

(4)附则Ⅳ:防止船舶生活污水污染规则,于 2003 年 9 月 27 日起生效;

(5)附则Ⅴ:防止船舶垃圾污染规则,于 1988 年 12 月 31 日起生效;

(6)附则Ⅵ:防止船舶造成大气污染规则,于 2005 年 5 月 19 日起生效。

自 MARPOL 73/78 生效以来,对保护海洋环境取得了积极成效。随着经济水平以及人类对生活质量、可持续发展认识的提高,对人类赖以生存和发展的海洋环境提出了更为严格的保护要求。

MARPOL 73/78 是防止船舶污染海洋环境的策略,是控制船舶的设备状态和人员操作的规定。即由船旗国负责(委托船级社)对有关技术设备根据公约进行检验,对符合要求的船舶发放证书;明确船舶污染物的排放标准;对特殊操作制定操作程序或手册;要求船舶对这些操作进行记录。港口国则通过检查船舶证书、操作程序和操作记录,判断该船舶是否符合本公约的要求。

目前,MARPOL 73/78 的要求已成为几乎遍布全球的港口国监督(PSC)组织的必查项目。若出现防污染证书和设备不符合要求,违章操作和违反排放标准,记录不符合要求等情况,很可能导致船舶被港口国滞留。

一、附则Ⅰ 防止油污规则

附则Ⅰ除另有规定外,适用于所有船舶。

1. 定义

(1)油类——系指包括原油、燃油、油泥、油渣和炼制品在内的任何形式的石油(本公约附则Ⅱ所规定的石油化学品除外)。

(2)含油混合物——系指含有任何油类的混合物。

(3)燃油——系指船舶所载有并用作其推进和辅助机器燃料的任何油类。

(4)油船——系指建造为或改造为在其装货处所主要装运散装油类的船舶,并包括兼装船以及全部或部分装运散装货油的化学品液货船。

(5)最近陆地——系指距按照国际法划定领土所属领海的基线。

(6)特殊区域——系指这样的一个海域,在该海域中,由于其海洋学的和生态学的情况以及其运输的特殊性质等方面公认的技术原因,需要采取特殊的强制办法以防止油类物质污染海洋。本附则的特殊区域有:地中海区域、波罗的海区域、黑海区域、红海区域、

“海湾”区域、亚丁湾区域、南极区域、西北欧水域和阿拉伯海的阿曼区域、南部南非水域。

(7)油量瞬间排放率——系指任一瞬间每小时排油量(L/h)除以同一瞬间船速节(n mile/h),其单位为“L/n mile”。

(8)清洁压载水——系指装入已清洗过的货油舱内的压载水,在船舶静止状态下排入清洁而平静的水中,不会在水面或邻近的岸线上产生明显的痕迹,或形成油泥或乳化物沉积于水面以下或邻近的岸线上。

(9)专用压载水——系指装入这样一个舱内的压载水,该舱与货油及燃油系统完全隔绝并固定用于装载压载水。

(10)百万分比(ppm)——系指按体积的百万分比计算的水的含油率。

2. 检验与证书

150 总吨及以上的油船和 400 总吨及以上的非油船,应进行初次检验、换新检验、中间检验、年度检验和附加检验,以保证船舶的结构、设备、系统、附件、布置和材料完全符合本规则的要求。对通过该检验的船舶,发给或签署“国际防止油污证书”(IOPP 证书)。IOPP 证书的有效期最长为 5 年。

3. 所有船舶机器处所的排油操作控制要求

除为保障船舶安全或救助海上人命缘故、船舶或其设备遭到损坏缘故、主管机关为降低污染损坏的特殊原因而批准,不得将油类或含油混合物排放入海。

(1)在特殊区域外的排油控制

400 总吨及以上的船舶不得将油类或含油混合物排放入海,除非符合下列所有条件:

①船舶正在航行途中;

②含油混合物已通过本附则规定的滤油设备处理;

③未经稀释的排出物的含油量不超过 15ppm;

④油船的含油混合物不是来自货油泵舱的舱底;

⑤油船的含油混合物不混有货油残余物。

(2)在特殊区域内的排油控制

400 总吨及以上的船舶不得将油类或含油混合物排放入海,除非符合下列所有条件:

①船舶正在航行途中;

②未经稀释的排出物的含油量不超过 15ppm;

③油船的含油混合物不是来自货油泵舱的舱底;

④油船的含油混合物不混有货油残余物;

⑤本附则要求的船上滤油设备,正在运转;

⑥当排出物含油量超过 15ppm 时,该过滤系统备有的报警装置报警,停止装置能确保自动停止排放。

禁止任何船舶在南极区域将油类或含油混合物排放入海。

(3)对于小于 400 总吨的船舶在除南极区域以外所有区域的排放要求

除非符合下列所有条件:

①船舶正在航行途中;

②船舶经主管机关设计认可的设备正在运转并保证未经稀释的排出物的含油浓度不超过 15ppm;

③油船的含油混合物不是来自货油泵舱的舱底；

④油船的含油混合物不混有货油残余物。

4. 油船货油区域的排油操作控制要求：

除为保障船舶安全或救助海上人命缘故、船舶或其设备遭到损坏缘故、主管机关为降低污染损坏的特殊原因而批准，油船货油区域内的油类或含油混合物禁止排放入海，除非符合下列所有条件：

(1)在特殊区域外的排油控制

①油船不在特殊区域之内；

②油船距最近的陆地 50 n mile 以上；

③油船正在航行途中；

④油量瞬间排放率不超过 30 L/n mile；

⑤排入海中的总油量不超过这项残油所属货油总量的 1/15 000，1979 年 12 月 31 日后交船的油船，不超过这项残油所属货油总量的 1/30 000；

⑥排油监控系统及污油水舱设施正在运转。

清洁压载水和专舱压载水可以直接排放入海。

(2)在特殊区域内的排油控制

①油船货油区域内的油类或含油混合物禁止在某一特殊区域排放入海；

②清洁压载水和专舱压载水可以直接排放入海。

(3)对于小于 150 总吨的油船的要求

应将残油保存在船上而后将全部的污染清洗液排放至接收设施，用于清洗和回收到集污舱的所有油和水应排至接收设施，除非有适当的布置对其排出物进行有效的监控，以保证其符合本条的规定。

5. 油类记录簿

150 总吨及以上的油船应备有油类记录簿第Ⅰ部分(机舱处所作业)和第Ⅱ部分(货油或压载作业)；400 总吨及以上的非油船，应备有油类记录簿第Ⅰ部分(机舱处所作业)。

油类记录簿有统一规定的格式，每当船舶进行下列任何一项作业时，均应详细记入油类记录簿。

机舱处作业(所有船舶)：

(1)燃油舱的压载或清洗；

(2)燃油舱的压载水或洗舱水的排放；

(3)残油(油泥)的处理；

(4)机器处所积存的舱底水向舷外的排放或处理；

(5)在港期间加装燃油；

(6)意外或其他特殊情况下的排放。

货油/压载作业(油船)：

(1)货油的装载；

(2)航行中货油的内部转驳；

(3)货油的卸载；

(4)货油舱和清洁压载舱的压载；

(5)货油舱的清洗(包括原油洗舱);

(6)压载水的排放,但从专用压载舱排放者除外;

(7)污油水舱的水的排放;

(8)污油水舱排放作业后,阀门或类似装置的关闭;

(9)污油水舱排放作业后,为清洁压载舱与货油和扫舱管路隔离所需阀门的关闭;

(10)残油的处理。

上述每项操作完后,由直接操作负责人记入《油类记录簿》并签字,每页使用完后应速交船长审阅、签字。记完最后一页应留船保存 3 年。机器处所的作业的《油类记录簿》由轮机部门保管;油船的货油操作《油类记录簿》由大副保管。《油类记录簿》应存放在随时可取来检查的地方,缔约国政府的主管当局,可在其港口或近海装卸站对规定的任何船舶检查《油类记录簿》。

二、附则Ⅱ 防止散装有毒液体物质污染规则

除另有明文规定外,本附则适用于所有准予运输散装有毒液体物质的船舶。

1. 定义

化学品液化船——系指建造为或改造为用于散装装运《国际散装化学品规则》第 17 章所列液体货品的船舶;

有毒液体物质货船——系指建造为或改造为用于装运散装有毒液体物质货物的船舶,包括用于装运全部或部分散装有毒液体物质货物的油船;

有毒液体物质——系指《国际散装化学品规则》第 17 或 18 条污染类一栏中所指明的,或根据第 6.3 条规定经临时评定列为 X、Y 或 Z 类的任何物质;

特殊区域——系指这样的一个海域,在该海域中,由于其海洋学的和生态学的情况以及其运输的特殊性质等方面公认的技术原因,需要采取特殊的强制办法以防止有毒液体物质污染海洋。本附则的特殊区域有:波罗的海区域、黑海区域和南极区域。

2. 检验与证书

散装运输有毒液体物质的船舶,应进行初次检验、换新检验、中间检验、年度检验和附加检验,以保证船舶的结构、设备、系统、附件、布置和材料完全符合本规则的要求。对通过该检验的船舶,发给或签署《国际防止散装运输有毒液体物质证书》(NLS 证书)。该证书由主管机关或其正式授权的任何个人或组织签发,不论属于哪种签发情况,主管机关对证书负有全部责任。NLS 证书的有效期最长为 5 年。

3. 有毒液体物质的排放控制

就本附则规定而言,有毒液体物质应分为以下 4 类:

X 类:这类有毒液体物质,如从洗舱或排压载的作业中排放入海,将被认为会对海洋资源或人类健康产生重大危害,因而应严禁向海洋环境排放该类物质。

Y 类:这类有毒液体物质,如从洗舱或排压载的作业中排放入海,将被认为会对海洋资源或人类健康产生危害,或对海上的休憩环境或其他合法利用造成损害,因而对排放入海的该类物质的质和量应采取限制措施。

Z 类:这类有毒液体物质,如从洗舱或排压载的作业中排放入海,将被认为会对海洋资源或人类健康产生较小的危害,因而对排放入海的该类物质应采取较为宽松的限制

措施。

其他物质：以 OS(其他物质)形式被列入《国际散装化学品规则》第 18 章污染类别栏目中的物质，并经评定认为不被列入本附则第 6.1 条所规定的 X、Y 或 Z 类物质之内，因为目前认为当这些物质从洗舱或排压载的作业中排放入海时，对海洋资源、人类健康、海上休憩环境或其他合法的利用并无危害。排放仅含有被列为“其他物质”的物质的舱底水或压载水或其他残余物或混合物，不应受本附则任何要求的约束。

对有毒液体物质或压载水、洗舱水或其他含有该类物质的混合物的残余物地排放控制应符合下列要求：

(1)排放规定

应禁止把 X、Y 或 Z 类物质的残余物或临时分类的类似残余物或压载水、洗舱水或含有此类物质的其他混合物排放入海，除非此类排放完全符合本附则中适用的操作要求。

在根据本条进行的任何预清洗或排放程序前，相关货舱应根据手册中所规定的程序最大限度地被排空。

禁止装载本附则第 6 条所述的未经分类、临时分类或评估的物质，或压载水、洗舱水或含有此类残余物的其他混合物，同时禁止将此类物质排放入海。

(2)排放标准

如果规定允许把 X、Y 或 Z 类物质的残余物或临时分类的此类物质或压载水、洗舱水或含有此类物质的其他混合物排放入海，则应符合：

①船舶在海上航行，如果是自航船，其速度至少在 7 kn，或如果是非自航船，其速度至少在 4 kn；

②在水线以下通过水下排放口进行排放时不应超过水下排放口的最高设计速率；

③排放时距离最近陆地不少于 12 n mile，水深不少于 25 m。

2007 年 1 月 1 日之前建造的船舶，对于把 Z 类物质或临时分类为此类物质的残余物或压载水、洗舱水或水线以下含有此类物质的其他混合物排放入海是非强制性的。

主管机关可对仅从事于船舶有权悬挂其国旗的船旗国主权或所辖水域内航行的船舶免除关于 Z 类物质排放时距离最近陆地不少于 12 n mile 的要求。

4. 货物记录簿

适用附则Ⅱ的船舶，应备有一本规定格式的货物记录簿。在完成了本附则规定的任何操作后，应立即将该操作记入货物记录簿。任何有毒液体物质或含有这种物质的混合物的意外排放，均应记入货物记录簿，并说明这种排放的情况和理由。每项记录均应由负责该项作业的高级船员签字，每一页还应由船长签字。《货物记录簿》在记完最后一页后应留船保存 3 年。缔约国政府的主管当局，可检查在港船舶的《货物记录簿》。

三、附则Ⅲ 防止包装有害物质污染规则

除另有明文规定外，本附则规定适用于所有装运包装形式有害物质的船舶。就本附则而言，“有害物质”系指那些在《国际海运危险货物规则》(IMDG 规则)中确定为海洋污染物的物质。

(1)根据其所包装的特殊物品，包装件应足够将对海洋环境的危害减至最低限度。

(2)盛装有害物质的包装件应永久地标以正确的技术名称(不应只使用商标名称)，

并应加上耐久的标志或标签，以指明该物质为海洋污染物。在可能的情况下，此种识别还应用其他方法予以补充，例如，采用相应的联合国编号。

（3）在所有有关海运有害物质的单证上涉及这些物质时，应该使用该物质的正确技术名称（不应仅使用商标名称），并对该物质进一步注明“海洋污染物”字样。

（4）每艘装运有害物质的船舶，均应具有一份特别清单或舱单，列明船上所装的有害物质及其位置。

（5）有害物质应正确地积载和加固，以便最大限度地减少对海洋环境的危害，且不损害船舶和船上人员的安全。

（6）由于正当的科学和技术原因，某些有害物质可能被禁止运输或对其在任一船舶中的装载量加以限制。

（7）禁止将以包装形式装运的有害物质抛弃入海，除非为确保船舶安全或救护海上人命所必需。

四、附则Ⅳ　防止船舶生活污水污染规则

1. 生活污水系指：

（1）厕所和小便池的排出物和其他废弃物；

（2）医务室（药房、病房等）的洗手池、洗澡盆和这些处所排水孔的排出物；

（3）装有活动物的处所的排出物；

（4）混有上述定义的排出物的其他废水。

2. 适用范围

本附则于 2003 年 9 月 27 日起生效，适用于 400 总吨及以上的船舶和小于 400 总吨但经核定许可载运 15 人以上的船舶。

3. 检验与证书

要求需符合本附则规定的所有船舶应进行初次检验、换新检验和附加检验，以保证船舶的结构、设备、系统、附件、布置和材料完全符合本规则的要求。对通过该检验的船舶，发给或签署《国际防止生活污水污染证书》（ISPP 证书）。ISPP 证书的有效期最长为 5 年。

4. 生活污水系统

每艘根据要求符合本附则规定的船舶应配备下列生活污水系统之一：生活污水处理装置、经主管机关认可的污水粉碎和消毒系统以及认为容积足够储存所有生活污水的集污舱。

5. 排放规定

（1）船舶在距最近陆地 3 n mile 以外，使用主管机关认可的设备，排放业经粉碎和消毒的生活污水，或在距最近陆地 12 n mile 以外排放未经粉碎或消毒的生活污水。但不论哪种情况，不得将集污舱中储存的生活污水即刻排光，而应在船舶以不低于 4 kn 的航速航行时，以适当的（中等）速率排放；排放速率应经主管机关按 IMO 制定的标准予以认可。

（2）生活污水处理装置正在运转，该装置已由主管机关验证符合 IMO 制定的各项操作及性能要求，并且该设备的试验结果已载入该船的《国际防止生活污水污染证书》，并且排出物在其周围的水中不应产生可见的漂浮固体，也不应使周围的水变色。

五、附则Ⅴ防止船舶垃圾污染规则

除另有明文规定者外，本附则适用于所有船舶。国际海事组织海上环境保护委员会第70届会议于2016年10月28日以第MEPC.277(70)号决议通过了《国际防止船舶造成污染公约》附则Ⅴ的2016年修正案，并于2018年3月1日起正式生效。

1. 定义

(1)垃圾——系指产生于船舶正常营运期间并需要持续或定期处理的各种食品废弃物、生活废弃物、操作废弃物、所有的塑料、货物残留物、焚烧炉灰、食用油、渔具和动物尸体，但本公约其他附则中所界定的或列出的物质除外。垃圾不包括因航行过程中的捕鱼活动和为把包括贝类在内的鱼产品安置在水产品养殖设施内以及把捕获的包括贝类在内的鱼产品从此类设施转到岸上加工的运输过程中产生的鲜鱼及其各部分。

(2)特殊区域——系指这样的一个海域，在该海域中，由于其海洋学和生态学的情况以及其运输的特殊性质等方面公认的技术原因，需要采取特殊的强制办法以防止垃圾污染海洋。本附则的特殊区域有：地中海区域、波罗的海区域、黑海区域、红海区域、海湾区域、北海区域、南极区域以及大加勒比海区域。

2. 排放要求

(1)禁止排放垃圾入海的一般规定

除本附则另有规定外，禁止排放任何垃圾入海。除本附则“例外”条款另有规定外，禁止排放任何塑料入海(包括但不限于合成绳、合成纤维渔网、塑料垃圾袋和塑料制品的焚烧炉灰)；禁止排放食用油入海。

(2)在特殊区域之外的垃圾排放

①仅当船舶处于在航状态且尽可能远离最近陆地时，方允许在特殊区域之外向海洋排放以下垃圾，但无论如何须：

在距最近陆地不少于3 n mile处排放业经粉碎机或研磨机处理后的食品废弃物。这种经粉碎或研磨后的食品废弃物须能通过筛眼不大于25 mm的粗筛。

未经上述第①项处理过的食品废弃物，在距最近陆地不少于12 n mile处排放。

对于无法以常用卸载方法回收的货物残留物，在距最近陆地不少于12 n mile的地方排放。这些货物残留物不得含有任何被列为有害海洋环境的物质。

对于动物尸体，其排放须尽可能远离最近陆地。

②货舱、甲板和外表面清洗水中含有的清洁剂或添加剂可以排放入海，但是，这些物质不得危害海洋环境。

③当垃圾中掺入其他禁止排放或有不同排放要求的物质，或是被此种物质污染时，须适用更为严格的要求。

(3)特殊区域内的垃圾排放

①仅当船舶处于在航状态并遵守以下规定时，方允许在特殊区域内向海洋排放以下垃圾：

排放食品废弃物入海须尽可能远离最近陆地，但距最近陆地或最近冰架须不少于12 n mile。该食品废弃物须业经粉碎或研磨处理且须能通过筛眼不大于25 mm的粗筛。食品废弃物须未受任何其他类型的垃圾污染。除非已经过无菌处理，否则禁止在南极区域排放包括禽类和禽类部位在内的外来鸟类产品。

对于无法以常用卸载方法回收的货物残留物，须在满足下列所有条件后方可排放：

a. 根据本附则附录 I 设置的标准，货舱洗舱水中包含的货物残留物中无任何被分类为对海洋环境有害的物质；

b. 除谷物以外，SOLAS 公约规则规定的固体散装货物须按本附则附录 I 的规定加以分类，并由托运人申明其托运的货物是否对海洋环境有害；

c 根据本组织制定的指南，舱室洗涤水中包含的清洁剂或添加剂中无任何被分类为对海洋环境有害的物质；

d. 出发港和下一目的港都在特殊区域内，且船舶在这些港口间航行时不会驶出特殊区域；

e. 这些港口没有足够的接收设施；

f. 当满足本款前五项的条件时，排放包含残留物的货舱洗舱水须尽可能远离最近陆地或最近冰架，且距最近陆地或最近冰架不少于 12 n mile。

②只有在对海洋环境无害的情况下，甲板和船舶外部表面清洗水中含有的清洁剂或添加剂才可以排放入海。

③各缔约国，如其港口内有来往于南极区域的船舶挂靠，有义务根据船舶使用需求，确保尽快为所有船舶提供可接收所有垃圾的充足的实用设施，不使船舶发生不当延误。各缔约国须确保悬挂其船旗的船舶在进入南极区域前，船上有足够容积储存船舶在该区域营运期间产生的所有垃圾，且已完成离开该区域后把这些垃圾排至某一接收设施的安排。

④当垃圾中掺入其他禁止排放或有不同排放要求的物质，或是被此种物质污染时，须适用更为严格的要求。

(4)例外

①前述要求不适用于：保障船舶和船上财产安全或挽救海上人命所需的船舶垃圾排放；由于船舶或其设备损坏而导致的垃圾意外灭失，且在损坏发生前后已采取了一切合理的预防措施来防止意外灭失或使其降至最低限度；渔具意外灭失，且已采取了一切合理的预防措施来防止这种灭失；为保护海洋环境或保护船舶或其船员安全而从船上抛弃渔具。

②在航的例外：如果船上留存的食品废弃物明显会立刻危害船上人员的健康，则前述关于在航的规定须不适用于这些食品废弃物的排放。

3. 垃圾公告牌、垃圾管理计划和垃圾记录簿

(1)总长 12 m 及以上的所有船舶，都应当张贴垃圾公告牌，向船员和旅客展示有关垃圾处理的要求。该公告牌应使用本船船员工作语言书写，对于航行于其他缔约国政府管辖权限范围内的港口或离岸式码头的船舶，该公告牌还应以英文、法文或西班牙文书写。

(2)100 总吨及以上的船舶，经核准载运 15 人或以上的船舶须配备垃圾管理计划，且船员均须执行。该管理计划须提供书面的有关垃圾减少、收集、存储、加工和处理，包括船上设施使用的程序。该计划还须指定一名或多名人员负责执行垃圾管理计划。该计划须使用船员的工作语音。

(3)400 总吨及以上的船舶和经核准载运 15 人或以上的船舶须配备垃圾记录簿。垃圾记录簿均须使用本附则附录中规定的格式。

(4)每一次排放入海或排入接收设施或一次完整的焚烧,均应由值班驾驶员立即记载在垃圾记录簿中并签署排放或焚烧的日期。垃圾记录簿每填写完一页应由船长签名。垃圾记录簿记录至少应有英文、法文、西班牙文。如果这些记载也使用船旗国的官方语言,在发生争执或有不同意见时,以船旗国的官方语言为准。

(5)每次焚烧或排放的记录应包括日期、时间、船位、被焚烧或排放的垃圾种类和估算量。《垃圾记录簿》应在最后一次记录时间后在船上保存至少2年。

(6)若发生本附则“例外”条款所指的任何排放或意外灭失,须在垃圾记录簿中予以记录,对于400总吨以下的船舶,须在船舶官方日志中予以记录。

六、垃圾种类

船舶垃圾分为A至K类,共11种。

A类为塑料。

B类为食品废弃物。

C类为生活废弃物。

D类为食用油。

E类为焚烧炉灰渣。

F类为操作废弃物。

G类为动物尸体。

H类为渔具。

I类为电子废弃物。

J类为货物残余物(对海洋环境无害物质)。

K类为货物残余物(对海洋环境有害物质)。

其中,A至I类垃圾适用于所有船舶,记录在垃圾记录簿第一部分中;J和K类垃圾适用于载运固体散装货物船舶,记录在垃圾记录簿第二部分中。

七、附则Ⅵ防止船舶造成大气污染规则

为了防止船舶造成大气污染,IMO于1997年9月召开防止空气污染国际会议,并通过了MARPOL 73/78公约新增附则“防止船舶造成大气污染规则”。用以控制船上的消耗臭氧物质、氮氧化物(NO_x)、硫氧化物(SO_x)、挥发性有机化合物(*VOCS*)等的释放,控制船上焚烧,控制燃油质量。

除附则Ⅵ另有规定者外,本附则的规定应适用所有船舶。

1. 定义

(1)排放——系指从船舶上向大气或海洋释放受本附则控制的任何物质。

(2)消耗臭氧物质——系指在应用或解释本附则时有效的1987年消耗臭氧层物质蒙特利尔议定书中定义的并在该议定书附件中所列的受控制物质。

(3)船上焚烧——系指把船舶正常作业时产生的废物或其他物质在船上进行焚烧。

(4)船上焚烧炉——系指以焚烧为主要目的而设计的船上设备。

(5)SO_x排放控制区——系指要求对船舶SO_x排放采取特殊强制措施以防止、减少和

控制 SO_x 造成大气污染以及随之对陆地和海洋区域造成不利影响的区域。硫氧化物排放控制区域有：波罗的海区域、北海海域（包括英吉利海峡）、北美海域（美国和加拿大沿海水域）及美国加勒比海区域。

2. 检验与证书

所有 400 总吨或以上的船舶和所有固定式和浮动式钻井平台及其他平台应进行初次检验、换新检验、中间检验、年度检验和附加检验，以保证船舶的结构、设备、系统、附件、布置和材料的完全符合本规则的要求。

进行初次检验或换新检验后，应签发《国际防止空气污染证书》（IAPP 证书）。证书有效期最长 5 年。

3. 船舶排放控制要求

（1）消耗臭氧物质

①应禁止消耗臭氧物质的任何故意排放。故意排放包括在系统或设备的维护、检修、修理或处置过程中发生的排放，但故意排放不包括与消耗臭氧物质的回收或再循环相关的微量释放。由消耗臭氧物质泄漏引起的排放，无论此泄漏是否属于故意，都由 1997 年议定书各缔约国进行。

②除 2020 年 1 月 1 日前允许含有氢化氯氟烃（HCFCS）的新装置以外，所有船上均应禁止使用含有消耗臭氧物质的新装置。

③消耗臭氧物质以及设备中含有的此类物质，当其从船上卸下时，应送到合适的接收设备中。

（2）氮氧化物（NO_x）

①"新"船用柴油机 NO_x 排放限值要求（见表 5-1）

表 5-1 "新"船用柴油机 NO_x 排放限值要求

	适用柴油机	NO_x 排放限值
第Ⅰ级	2000 年 1 月 1 日或以后至 2011 年 1 月 1 日以前建造的船上安装的船用柴油机	1. 当 n 小于 130 rpm 时，17.0 g/kWh； 2. 当 n 等于或大于 130 rpm 但小于 2 000 rpm 时，$45 \cdot n^{(-0.2)}$ g/kWh； 3. 当 n 等于或大于 2 000 rpm 时，9.8 g/kWh
第Ⅱ级	2011 年 1 月 1 日或以后建造的船上安装的船用柴油机	1. 当 n 小于 130 rpm 时，14.4 g/kWh； 2. 当 n 等于或大于 130 rpm 但小于 2 000 rpm 时，$44 \cdot n^{(-0.23)}$ g/kWh； 3. 当 n 等于或大于 2 000 rpm 时，7.7 g/kWh
第Ⅲ级	2016 年 1 月 1 日或以后建造的船上安装的船用柴油机	1. 当 n 小于 130 rpm 时，3.4 g/kWh； 2. 当 n 等于或大于 130 rpm 但小于 2 000 rpm 时，$9 \cdot n^{(-0.23)}$ g/kWh； 3. 当 n 等于或大于 2 000 rpm 时，2.0 g/kWh

表中：n—额定柴油机转速（每分曲轴转数）；rpm—转数；g/kWh—g/kWh

②“老”柴油机的追溯

1990 年 1 月 1 日或以后但在 2000 年 1 月 1 日以前建造的船舶上安装的、输出功率超过 5 000 kW 且每缸排量在 90 L 或以上的船用柴油机，应经过主管机关认可，其 NO_x 排放限值应满足标准与“新”船用柴油机第 I 级 NO_x 排放限值相同。

(3)硫氧化物(SO_x)

①船上使用的任何燃油的硫含量不应超过下述限值：

a. 在 2012 年 1 月 1 日及以后：3.50% m/m；

b. 在 2020 年 1 月 1 日及以后：0.50% m/m。

②排放控制区(ECA)内燃油硫含量限值

当船舶在排放控制区域航行时，船上使用的燃油的硫含量不应超过下述限值：

a. 在 2010 年 7 月 1 日及以后：1.00% m/m；

b. 在 2015 年 1 月 1 日及以后：0.10% m/m。

(4)挥发性有机化合物(VOC_S)

①按本条规定接受蒸汽释放控制的所有液货船，应配备由主管机关根据 IMO 制定的安全标准批准的蒸汽收集系统，并在装此种货物期间使用此种系统。

②当装货和容器系统的类型允许在船上安全存留非甲烷挥发性有机化合物或允许其安全返回岸上时，本条仅应适用于气体运输船。

③载运原油的液货船应持有经主管机关批准的《挥发性有机化合物(VOCs)管理计划》。

4. 船上焚烧

应禁止下列物质在船上焚烧：

①公约附则Ⅰ、Ⅱ、和Ⅲ的货物残留物和相关的被粘染的包装材料；

②多氯联苯(PCBs)；

③含有超过微量重金属的垃圾；

④含有卤素化合物的精炼石油产品；

⑤不是在船上产生的污泥和油渣；

⑥废气滤清系统的残余物；

⑦除获得型式认可的焚烧炉外，禁止其他焚烧炉焚烧聚氯乙烯(PVCs)。

5. 燃油质量

船舶应以加油记录单的方式对供应并作为船上燃烧用的燃油的细节加以记录，该记录单应至少包含本附则附录 V 中规定的资料。加油记录单应保存在船上容易取到的地方以供随时检查。它应在燃油供应上船之后保存 3 年。

加油记录单应按规定附有 1 份所供燃油的代表样品。该样品应由供应商代表和船长或负责加油操作的官员在完成加油操作后密封并签署，并应由船方控制直到燃油被基本消耗掉，其保存期自加油日期算起应不少于 12 个月。

第三节 船舶压载水管理公约

【要点】

船舶压载水和沉积物控制是目前航运界主要考虑的问题之一。国际航运界为此制定了相关国际公约。

【必备知识】

随着世界贸易和经济全球化的发展,世界各港口水域间的船舶来往越来越频繁,船舶压载水引起的海洋有害水生物和病原体入侵愈来愈引起人们的重视。据统计,每年约有120亿吨压载水通过远洋船舶在世界范围内转移,存在船舶压载水中随船舶航行于世界各地的水生物物种至少有7 000种。大量数据显示外来水生物的生物侵害已达到了十分危险的水平,对环境、人体健康、财产和资源造成了严重损伤或损害。

经过国际海事组织(IMO)成员长达14年的复杂谈判,在MEPC 49次会议上完成了船舶压载水管理公约草案。2004年2月关于船舶压载水管理的外交大会在伦敦IMO总部成功召开,大会最终通过了《国际船舶压载水和沉积物控制与管理公约》(简称《BWM Convention 2004》或《压载水管理公约》)。公约由正文、1个附则(船舶压载水和沉积物与管理规则)和2个附录组成。正文共22条,正文等一般大致沿用了IMO其他公约的思路,表述也基本类似。

公约的附则《船舶压载水和沉积物控制与管理规则》由A部分(总则)、B部分(船舶的管理和控制要求)、C部分(某些区域的特殊要求)、D部分(压载水管理标准)、E部分(压载水管理的检验和发证要求)等五部分内容构成。还有附录Ⅰ——国际压载水管理证书格式,附录Ⅱ——压载水记录簿格式。

《压载水管理公约》的有关内容:

1. 定义

(1)压载水系指为控制船舶纵倾、横倾、吃水、稳性或应力而在船上加装的水及其悬浮物。

(2)压载水管理系指单独或合并的机械、物理、化学和生物处理方法,以清除、无害处置、避免摄入或排放压载水和沉积物中的有害水生物和病原体。

(3)有害水生物和病原体系指如被引入海洋,包括河口,或引入淡水水道可能危害环境、人体健康、财产或资源、损害生物多样性或妨碍此种区域的其他合法利用的水生物或病原体。

(4)沉积物系指船内压载水的沉淀物质。

(5)船舶系指凡在水中运行的任何类型的船舶,包括潜水器、浮动器具、浮动平台、浮式存储装置(FSUS)以及浮式生产、存储和卸载装置(FPSOS)。

2. 压载水管理计划

每一船舶均应在船上携带并实施压载水管理计划。此种计划应由主管机关批准并考虑到本组织制定的指南。压载水管理计划是各船特定的并应至少包括：详述与本公约要求的压载水管理有关的该船舶和船员的安全程序；详述实施本公约中所载的压载水管理要求和补充性的压载水管理实践所应采取的行动；详述沉积物的海上处置程序和岸上处置程序；包括与将在其水域中进行海上排放的国家当局协调的船上海上排放压载水管理程序；指定在船上负责确保计划得到正确实施的高级船员；包含本公约规定的船舶报告要求。以船舶的工作语言写成。如果使用的语言不是英文、法文或西班牙文，则应包括其中之一的译文。

3. 压载水记录簿

每一船舶均应在船上备有至少载有附录Ⅱ规定信息的压载水记录簿。该记录簿可以是一种电子记录系统，或可以被合并到其他记录簿或系统中。压载水记录簿的记录事项应在完成最后一项记录后保留在船上至少 2 年；此后应在至少 3 年的期限内由公司控制。在排放压载水时，或在发生本公约未以其他方式予以免除的压载水的其他意外或异常排放时，应在压载水记录簿中做出记录，说明排放的情况和理由。压载水记录簿应在所有合理时间随时可供检查；对于被拖带的无人船舶，可放在拖船上保存。每一压载水作业均应及时在压载水记录簿中做出完整记录。每一记录均应由负责有关作业的高级船员签字，每一页填写完毕均应由船长签字。压载水记录簿中的记录事项应以该船的工作语言填写。如果该语言不是英文、法文或西班牙文，则该记录事项应载有其中一种语言的译文。当填写的记录事项也使用了船舶有权悬挂其国旗的国家的官方语言时，在发生争端或有不一致时，应以此种语言填写的记录事项为准。当事国正式授权的官员，当船舶在该当事国的港口或离岸码头时，可在本条适用的任何船上检查压载水记录簿，并可制作任何记录事项的副本和要求船长证明该副本是真实副本。经此种证明的任何副本均应在任何诉讼中被允许作为记录事项中所述事实的证据。压载水记录簿的检查和被证明的副本的制作应从速进行，不应造成船舶不适当的延误。

4. 船舶压载水管理

船舶压载水可以通过三种方式进行管理，分别是：将压载水排放至岸上接收设施；对压载水进行置换；经压载水管理系统处理。将压载水排放至岸上接收设施的要求不是强制性的，而压载水进行置换受气象、海况、地理条件等限制。因此，船上压载水管理的最终方法是安装压载水管理系统。

5. 压载水置换

进行压载水置换的船舶应：

(1) 只要可能，在距离最近陆地至少 200 n mile 和水深至少 200 m 以上的地点进行压载水置换。

(2) 在船舶不能根据以上要求进行压载水置换时，此种压载水置换应尽可能远离最近陆地进行，但在任何情况下，距离最近陆地至少 50 n mile 并至少具有 200 m 水深。

当这些要求都不能满足时，港口国可指定区域船舶进行压载水置换。

6. 高级和普通船员的职责

高级和普通船员应熟知其在供职船舶实施具体压载水管理方面的职责，并应熟知与其职责相应的船舶压载水管理计划。

7. 压载水管理标准

(1)压载水置换标准

船舶进行压载水置换,其压载水容积置换率应至少为95%。对于使用泵入—排出方法置换压载水的船舶,泵入—排出每一压载水舱容积的3倍应视为达到上述标准。泵入—排出低于压载舱容积的3倍,如船舶已达到了至少95%容积的置换,则也可被认定合格。

(2)压载水性能标准

按本条进行压载水管理的船舶的排放,应达到每立方米中最小尺寸大于或等于50 μm的可生存生物少于10个,每毫升中最小尺寸小于50 μm但大于或等于10 μm的可生存生物少于10个;并且,[指示]微生物的排放不应超过规定浓度。

作为一种人体健康标准,[指示]微生物应包括:

①有毒霍乱弧菌(O1和O139):少于每100 mL 1个菌落形成单位(cfu)或小于每一克(湿重)浮游动物样品1个cfu;

②大肠杆菌:少于每100 mL 250个cfu;

③肠道球菌:少于每100 mL 100个cfu。

8. 检验和发证

400总吨及以上的船舶,不包括浮动平台、浮式储存装置(FSU)和浮式生产、储存和(卸油)装置(FPSO),应接受初次检验、换新检验、中间检验、年度检验和附加检验,压载水管理计划及任何相关结构、设备、系统、配件、装置和材料工艺应完全符合本公约的要求。压载水管理证书应由主管机关或由其正式授权的任何人员或组织颁发或签注。在所有情况下,主管机关均对证书承担完全责任。证书应按主管机关规定的、不超过5年的期限颁发。

第四节

我国防止船舶污染海洋立法概要

【要点】

依法治国是党中央确立的基本治国方略,依法行政是国务院规定的国家行政机关和执法机构的基本原则。为了保护海洋环境,做到有法可依,我国不断建立和完善相关的法律法规。

【必备知识】

一、中华人民共和国海洋环境保护法

《中华人民共和国海洋环境保护法》在1982年由全国人民代表大会常务委员会颁

布，于1983年3月1日起生效，是我国第一部为保护海洋环境及资源、防止污染损害、保护生态平衡、保障人体健康、促进海洋事业发展的国家法律。《中华人民共和国海洋环境保护法》自实施以来，对促进我国海洋经济和海洋环境保护事业的发展起到了积极的作用。但是，随着改革开放的不断深入、沿海经济的快速发展、我国保护海洋环境的实际需要和加入的国际公约的要求，根据2017年11月4日主席令第81号，对《中华人民共和国海洋环境保护法》进行第三次修订，于2017年11月5日起施行。

修订后的《中华人民共和国海洋环境保护法》包括总则、海洋环境监督管理、海洋生态保护、防治陆源污染物对海洋环境的污染损害、防治海岸工程建设项目对海洋环境的污染损害、防治海洋工程建设项目对海洋环境的污染损害、防治倾倒废弃物对海洋环境的污染损害、防治船舶及有关作业活动对海洋环境的污染损害、法律责任、附则等共十章九十七条。

1. 适用范围与管理体制

本法适用于中华人民共和国内水、领海、毗连区、专属经济区、大陆架以及中华人民共和国管辖的其他海域。在中华人民共和国管辖海域内从事航行、勘探、开发、生产、旅游、科学研究及其他活动，或者在沿海陆域内从事影响海洋环境活动的任何单位和个人，都必须遵守本法。在中华人民共和国管辖海域以外，造成中华人民共和国管辖海域污染的，也适用本法。

一切单位和个人都有保护海洋环境的义务，并有权对污染损害海洋环境的单位和个人，以及海洋环境监督管理人员的违法失职行为进行监督和检举。

国务院环境保护行政主管部门负责对全国环境保护工作统一实施监督管理。国家海洋行政主管部门负责海洋环境的监督管理，组织海洋环境的调查、监测、监视、评价和科学研究，负责全国防治海洋工程建设项目和海洋倾倒废弃物对海洋污染损害的环境保护工作。国家海事行政主管部门负责所辖港区水域内非军事船舶和港区水域外非渔业、非军事船舶污染海洋环境的监督管理，并负责污染事故的调查处理；对在中华人民共和国管辖海域航行、停泊和作业的外国籍船轮造成的污染事故登轮检查处理。国家渔业行政主管部门负责渔港水域内非军事船舶和渔港水域外渔业船舶污染海洋环境的监督管理，负责保护渔业水域生态环境工作，并调查处理前款规定的污染事故以外的渔业污染事故。军队环境保护部门负责军事船舶污染海洋环境的监督管理及污染事故的调查处理。

沿海县级以上地方人民政府行使海洋环境监督管理权的部门的职责，由省、自治区、直辖市人民政府根据本法及国务院有关规定确定。

2. 防止船舶及有关作业活动对海洋环境损害的主要规定

在中华人民共和国管辖海域，任何船舶及相关作业，均不得违反规定向海洋排放污染物、废弃物和压载水、船舶垃圾及其他有害物质。从事船舶污染物、废弃物、船舶垃圾接收、船舶清舱、洗舱作业活动的，必须具备相应的接收处理能力。

船舶必须按照有关规定持有防止海洋环境污染的证书与文书，在进行涉及污染物排放及操作时，应当如实记录。

船舶必须配置相应的防污设备和器材。

国家完善并实施船舶油污损害民事赔偿责任制度；按照船舶油污损害赔偿责任由船东和货主共同承担风险的原则，建立船舶油污保险、油污损害赔偿基金制度。

载运具有污染危害性货物进出港口的船舶，其承运人、货物所有人或者代理人，必须事先向海事行政主管部门申报。经批准后，方可进出港口、过境停留或者装卸作业。港口、码头、装卸站和船舶修造厂必须按照有关规定备有足够的用于处理船舶污染物、废弃物的接收设施，并使该设施处于良好状态。装卸油类的港口、码头、装卸站和船舶必须编制溢油污染应急计划，并配备相应的溢油污染应急设备和器材。

船舶进行散装液体污染危害性货物的过驳作业，应当事先按照有关规定报经海事行政主管部门批准。

船舶发生海难事故，造成或者可能造成海洋环境重大污染损害的，国家海事行政主管部门有权强制采取避免或者减少污染损害的措施。

所有船舶均有监视海上污染的义务，在发现海上污染事故或者违反本法规定的行为时，必须立即向就近的依照本法规定行使海洋环境监督管理权的部门报告。

3. 法律责任

违反本法有关规定，有下列行为之一的，由依照本法规定行使海洋环境监督管理权的部门责令停止违法行为、限期改正或者责令采取限制生产、停产整治等措施，并处以罚款；拒不改正的，依法做出处罚决定的部门可以自责令改正之日的次日起，按照原罚款数额按日连续处罚；情节严重的，报经有批准权的人民政府批准，责令停业、关闭：

(1)向海域排放本法禁止排放的污染物或者其他物质的；

(2)不按照本法规定向海洋排放污染物，或者超过标准、总量控制指标排放污染物的；

(3)未取得海洋倾倒许可证，向海洋倾倒废弃物的；

(4)因发生事故或者其他突发性事件，造成海洋环境污染事故，不立即采取处理措施的。

有前款第(1)、(3)项行为之一的，处三万元以上二十万元以下的罚款；有前款第(2)、(4)项行为之一的，处两万元以上十万元以下的罚款。

违反本法有关规定，有下列行为之一的，由依照本法规定行使海洋环境监督管理权的部门予以警告，或者处以罚款：

(1)不按照规定申报，甚至拒报污染物排放有关事项，或者在申报时弄虚作假的；

(2)发生事故或者其他突发性事件不按照规定报告的；

(3)不按照规定记录倾倒情况，或者不按照规定提交倾倒报告的；

(4)拒报或者谎报船舶载运污染危害性货物申报事项的。

有前款第(1)、(3)项行为之一的，处两万元以下的罚款；有前款第(2)、(4)项行为之一的，处五万元以下的罚款。

二、防治船舶污染海洋环境管理条例

在1983年，我国就出台了《中华人民共和国防止船舶污染海域管理条例》，在防止船舶污染海域、保护海洋生态方面发挥了重要作用。为了进一步做好防治船舶及其有关作业活动污染海洋环境工作，加强生态环境保护，建设环境友好型社会，有必要根据修订后的《中华人民共和国海洋环境保护法》，以及我国加入的国际公约的要求，在总结防治船舶及其有关作业活动污染海洋环境的实践经验基础上，对原有的《中华人民共和国防止船舶污染海域管理条例》进行全面修改，制定新的《防治船舶污染海洋环境管理条例》。于 2009 年 9 月 2 日国务院第 79 次常务会议通过公布，自 2010 年 3 月 1 日起施行。2017 年 3 月 1 日进行第五次修订。

1. 目的、适用范围、防治污染应急机制和义务

为了防治船舶及其有关作业活动污染海洋环境，根据《中华人民共和国海洋环境保护法》制定本条例。防治船舶及其有关作业活动污染中华人民共和国管辖海域适用本条例。防治船舶及其有关作业活动污染海洋环境，实行预防为主、防治结合的原则。海事管理机构依照本条例规定具体负责防治船舶及其有关作业活动污染海洋环境的监督管理。

任何单位和个人发现船舶及其有关作业活动造成或者可能造成海洋环境污染的，应当立即就近向海事管理机构报告。

2. 防治船舶及其有关作业活动污染海洋环境的一般规定

船舶应当依照法律、行政法规、国务院交通运输主管部门的规定以及中华人民共和国缔结或者参加的国际条约的要求，取得并随船携带相应的防治船舶污染海洋环境的证书、文书。中国籍船舶的所有人、经营人或者管理人应当按照国务院交通运输主管部门的规定，建立健全安全营运和防治船舶污染管理体系。船舶所有人、经营人或者管理人应当制定防治船舶及其有关作业活动污染海洋环境的应急预案，并报海事管理机构批准。船舶、港口、码头、装卸站以及其他有关作业单位应当按照应急预案，定期组织演练，并做好相应记录。

3. 船舶污染物的排放和接收

船舶在中华人民共和国管辖海域向海洋排放的船舶垃圾、生活污水、含油污水、含有毒有害物质污水、废气等污染物以及压载水，应当符合法律、行政法规、中华人民共和国缔结或者参加的国际条约以及相关标准的要求。船舶应当将不符合规定的污染物排入港口接收设施或者由船舶污染物接收单位接收。船舶不得向依法划定的海洋自然保护区、海滨风景名胜区、重要渔业水域以及其他需要特别保护的海域排放船舶污染物。船舶处置污染物，应当在相应的记录簿内如实记录。

船舶应当将使用完毕的船舶垃圾记录簿在船舶上保留 2 年；将使用完毕的含油污水，含有毒有害物质污水记录簿在船舶上保留 3 年。

船舶污染物接收单位接收船舶污染物，应当向船舶出具污染物接收单证，经双方签字确认并留存至少 2 年。污染物接收单证应当注明作业双方名称，作业开始和结束的时间、地点，以及污染物种类、数量等内容。船舶应当将污染物接收单证保存在相应的记录簿中。

4. 船舶有关作业活动的污染防治

从事船舶清舱、洗舱、油料供受、装卸、过驳、修造、打捞、拆解，污染危害性货物装箱、充罐，污染清除作业以及利用船舶进行水上水下施工等作业活动的，应当遵守相关操作规程，并采取必要的安全和防治污染的措施。从事规定的作业活动的人员，应当具备相关安全和防治污染的专业知识和技能。

船舶不符合污染危害性货物适载要求的，不得载运污染危害性货物，码头、装卸站不得为其进行装载作业。载运污染危害性货物进出港口的船舶，其承运人、货物所有人或者代理人，应当向海事管理机构提出申请，经批准方可进出港口或者过境停留。载运污染危害性货物的船舶，应当在海事管理机构公布的具有相应安全装卸和污染物处理能力的码头、装卸站进行装卸作业。

船舶燃油供给单位应当如实填写燃油供受单证，并向船舶提供船舶燃油供受单证和燃油样品。船舶和船舶燃油供给单位应当将燃油供受单证保存 3 年，并将燃油样品妥善保存 1 年。

禁止船舶经过中华人民共和国内水、领海转移危险废物。经过中华人民共和国管辖的其他海域转移危险废物的，应当事先取得国务院环境保护主管部门的书面同意，并按照海事管理机构指定的航线航行，定时报告船舶所处的位置。

载运散装液体污染危害性货物的船舶和 1 万总吨以上的其他船舶，其经营人应当在作业前或者进出港口前与取得污染清除作业资质的单位签订污染清除作业协议，明确双方在发生船舶污染事故后污染清除的权利和义务。

5. 船舶污染事故应急处置

本条例所称船舶污染事故，是指船舶及其有关作业活动发生油类、油性混合物和其他有毒、有害物质泄漏造成的海洋环境污染事故。船舶污染事故分为以下四个等级：特别重大船舶污染事故，是指船舶溢油 1 000 吨以上，或者造成直接经济损失 2 亿元以上的船舶污染事故；重大船舶污染事故，是指船舶溢油 500 吨以上不足 1 000 吨，或者造成直接经济损失 1 亿元以上不足 2 亿元的船舶污染事故；较大船舶污染事故，是指船舶溢油 100 吨以上不足 500 吨，或者造成直接经济损失 5 000 万元以上不足 1 亿元的船舶污染事故；一般船舶污染事故，是指船舶溢油不足 100 吨，或者造成直接经济损失不足 5 000 万元的船舶污染事故。

船舶在中华人民共和国管辖海域发生污染事故，或者在中华人民共和国管辖海域外发生污染事故造成或者可能造成中华人民共和国管辖海域污染的，应当立即启动相应的应急预案，采取措施控制和消除污染，并就近向有关海事管理机构报告。船舶污染事故报告应当包括下列内容：船舶的名称、国籍、呼号或者编号；船舶所有人、经营人或者管理人的名称、地址；发生事故的时间、地点以及相关气象和水文情况；事故原因或者事故原因的初步判断；船舶上污染物的种类、数量、装载位置等概况；污染程度；已经采取或者准备采取的污染控制、清除措施和污染控制情况以及救助要求；国务院交通运输主管部门规定应当报告的其他事项。做出船舶污染事故报告后出现新情况的，船舶、有关单位应当及时补报。

6. 船舶污染事故损害赔偿

造成海洋环境污染损害的责任者，应当排除危害，并赔偿损失；完全由于第三者的故意或者过失，造成海洋环境污染损害的，由第三者排除危害，并承担赔偿责任。

完全属于下列情形之一，经过及时采取合理措施，仍然不能避免对海洋环境造成污染损害的，免予承担责任：战争；不可抗拒的自然灾害；负责灯塔或者其他助航设备的主管部门，在执行职责时的疏忽，或者其他过失行为。

船舶污染事故的赔偿限额依照《中华人民共和国海商法》关于海事赔偿责任限制的规定执行。但是，船舶载运的散装持久性油类物质造成中华人民共和国管辖海域污染的，赔偿限额依照中华人民共和国缔结或者参加的有关国际条约的规定执行。持久性油类物质，是指任何持久性烃类矿物油。

对船舶污染事故损害赔偿的争议，当事人可以请求海事管理机构调解，也可以向仲裁机构申请仲裁或者向人民法院提起民事诉讼。

7. 法律责任

船舶、有关作业单位违反本条例规定的，海事管理机构应当责令改正，并处以罚款；拒不改正的，海事管理机构可以责令其停止作业、强制卸载，禁止船舶进出港口、靠泊、过境停留，或者责令停航、改航、离境、驶向指定地点；对直接负责的主管人员和其他直接责任人员，由海事管理机构处以罚款，直接负责的主管人员和其他直接责任人员属于船员的，并处以吊销适任证书或者其他有关证件的处罚。

第五节 船员对防止海洋环境污染应承担的社会责任

【要点】

海洋是重要的水上通道，保护海洋环境是保护人类的现在和将来，所以保护海洋环境是每个船员应承担的社会责任。

【必备知识】

一、海洋对人类的影响

不论是内陆还是沿海，人类的生存和发展都离不开海洋：海洋向大气中提供着四分之三的氧气；海洋调节着全球气候，充裕的水汽和适当成分比例的空气通过大气经环流向两极输送，通过风带遍布全球；随着世界人均耕地的减少，海洋中丰富的鱼类、贝类和藻类能为人类提供充足的食物；海洋有着巨大的环境净化能力；海洋为人类提供了优良的休闲和旅游场地；海洋是重要的水上通道；海底矿藏是工业发展的后盾；海洋是化工原料和医药资源的重要供应地；海洋是地球水循环的源头；海洋还是良好的科学试验场所，等等。

21 世纪是人类全面开发海洋的世纪。保护海洋环境就是保护人类的现代和将来。

二、海洋环境污染的历史教训

海洋环境严重污染区域多出现在船舶密集区域和沿海工业发达的海区。由于人们对海洋自净力的估计过高，致使海洋一度被视作天然的垃圾处理场，工业污水和陆地废弃物全都向海洋排放，船舶更毫无节制地排放着含有各类有害物质的洗舱水和船舶垃圾，致使沿海海域和封闭海域被严重污染。波罗的海、地中海、日本的濑户内海和东京湾、墨西哥湾等一度成为污染最严重的海域。这些海域污染的共同特征是海水变色发臭，鱼类和鸟类大量死亡和灭绝，浮油和垃圾致使海滨浴场及旅游胜地废弃，沿海树林和植物病枯，海生物畸形和变味，海底土壤的腐臭使贝壳类全部死亡，甚至出现了“公害病”人群等。

日本在20世纪70年代前后，大量工业污水排入海域，使东京湾、濑户内海和伊势湾等被严重污染。沿岸海水透明度下降，呈褐色或黑色。一些水产资源濒于灭绝，而具有油臭的鱼、带有烂斑的海带大量出现，因食用被污染海产品而得病的人越来越多。濑户内海海底全是发臭的污泥，也成了海生物的坟墓。一些地区的居民由于长期食用受污染的海产品，大量的有毒物质和重金属积累于人体，使大批居民患上了痛苦难忍的“骨痛病”。严酷的事实引起了政府的重视，从调查到赔偿花费了10多年时间，最终促使日本政府下决心从严治理海洋环境污染。

波罗的海是封闭型海域，周边国家众多，工业发达，海上交通繁忙，但大量的污染物排放和倾废，一度使该海域几乎成为“死亡之海”。海生物体内的汞、DDT、多氯联苯含量严重超标。过量的营养盐使藻类疯狂繁殖，导致海水水体出现无氧区，大部分海底被含有硫化氢的海水覆盖，一部分海域已无海生物存在。残酷的事实终于使环波罗的海的国家达成了联合治理污染的共识。

三、保护人类赖以生存和发展的海洋环境是每个船员的社会责任

海洋环境是指人类赖以生存和发展的，包括海洋水体、海底和海水表层上方的大气空间，以及同海洋密切相关，并受到海洋影响的沿岸和河口区域在内的自然环境。基于下列因素，每个船员都有责任保护海洋环境。

（1）海洋表层被油膜或垃圾覆盖，会妨碍海水与阳光、温度、风等的相互作用，从而影响氧气的产生；大气的成分和温度，阻碍水汽的蒸发。并通过大气环流影响人体健康，降雨量减少而使土地沙漠化，温度失常而妨碍农作物生长；海面污染物所产生的有害气体也会随大气环流播撒全球，危害人体健康；海面污染物会妨碍海面养殖和其他作业；海面漂浮物会妨碍船舶的安全航行；海面垃圾及其腐臭味，使海上休息和旅游胜地失去价值。

（2）船舶对污染物的不当排放会污染水质。有害化学物质分散于水中而影响海水的工业利用价值。有害物质被鱼贝类、食用藻类吸收，轻则影响其食用价值，重则导致人因慢性中毒而危害健康和生命，例如，1988年上海市民食用污染海域的毛蚶而导致“甲肝”大流行。严重污染则使海生物大量死亡，海洋食物链中断，使人类丧失至关重要的海洋食物源。营养盐的大量排放，会使藻类过量繁殖，超量消耗水中氧分，最后导致大量海生物因缺氧死亡而产生“赤潮”，如图5-2所示。这些死亡生物在腐烂时进一步消耗氧分，使该水团成为缺氧空洞，“赤潮”流动到哪里，哪里的海生物就大批死亡，图5-3所示为赤潮对某海域生物的破坏。我国曾有过多次发生“赤潮”的教训。

图 5-2 我国近海中的赤潮

图 5-3 赤潮对某海域生物的破坏

(3)船舶污染物的沉淀,会使海底生物污染和死亡,使滩涂荒废、海岸污染,从而使人类的食物源和健康、生活和旅游环境、滩涂利用和海岸工程都受到不良影响。

保护海洋环境,既是国际公约、港口国立法和港口规定赋予船员的法律义务,更是船员作为一个社会人应有的职业道德和应承担的社会责任,违法者将被追究行政责任、民事责任乃至刑事责任。保护海洋环境,不仅有利于社会,有利于船员自身,更关系到子孙后代的生存和健康,因此是每个船员应尽的责任。那些为了贪图方便,或为公司减少费用支出而故意违章排放船舶污染物的行为,显然不符合社会利益和家庭利益,为社会公德和个人良知所谴责,为法律所不容。

【拓展知识】

日趋严格的港口国监控和船旗国管理,先进的遥感遥测技术的应用,频繁的检查和严厉的污染处罚,使得任何心存侥幸的排污行为都随时可能面临承担法律责任和巨额的经济赔偿的后果。1997 年 10 月 1 日起施行的《中华人民共和国刑法》第 338 条规定:对构成破坏环境资源保护罪的污染行为,处 3 年以下有期徒刑并处罚金;后果特别严重的,处 3 年以上 7 年以下有期徒刑并处罚金。美国《1990 年油污法》(OPA90)规定:(1)在享受责任限制情况下的油污赔偿限额为:3 000 总吨以上的液货船限额为 1 200 美元/总吨或总额 1 000 万美元取其大者,3 000 总吨以下的液货船限额为 1 200 美元/总吨或总额 200 万美元取其大者,其他船舶限额为 600 美元/总吨或总额 50 万美元取其大者;(2)属于油污事故责任方或其雇员,或责任方的合同关系人员有重大过失或故意不当行为的,不能享受责任限制。不能享受责任限制的油污事故,对于大公司意味着巨大的经济损失和船员收入的减少,对于中小型公司则意味着公司倒闭和船员失业。

不论是从法律的角度还是从道德的角度出发,每个船员都应自觉地保护海洋环境,具备保护海洋环境的意识、知识和技能,在日常工作和生活中应自觉做到:

(1)遵守国际、国家、地方、公司的有关防污染法律和规定,严格遵循禁止排放的规定和有限制排放的条件,确保船上的防污染设备和设施随时处于良好技术状态,严格遵守对船舶污染物的操作规程,接受港口当局的作业指挥和指导。

(2)鉴于除不可抗力外,船舶发生污染事故不论有无过失都要承担法律责任这一事实,船员应时刻保持防污染的警惕,严格防范可能发生的污染事故。

(3)本船一旦发生或可能发生污染情势,全体船员都应按应变部署(应变计划/程序)

全力应急，及时控制和消除（应急指挥有责任随时判断有无危及人身安全的情况，必要时组织人员撤离）。

（4）船员发现他船违章排污，或本船发生污染情势，或发现海面严重污染，应立即报告船长、值班负责人并通知机舱，船上负责人应立即向当局报告。

（5）对于船旗国或港口国当局的安全检查或污染事故调查，每位船员均应予积极配合，如实陈述污染经过和排放数量等事情，提供有关资料和证明。

（6）在多船协同对抗污染事故时，不论是援助他船，还是接受他船援助，本船船员都应该严格服从船长的指挥，认真履行所分配的职责，积极配合群体行动。

第六节 防止油污染器材的使用

【要点】

船舶发生污染海域事故，应当立即向当局（我国海事局）报告。在海水中使用吸油和除油材料，应当尽可能地实施围控。船舶若使用消油剂，必须事先向当局申请，经批准后方可使用。

【必备知识】

一、木屑、草袋的使用

木屑、草袋属于天然有机吸油材料，具有吸油的表面，能够成功吸着自重5~10倍的溢油，最适用于吸着风化原油和重油。木屑、草袋吸水性强，应存放于干燥通风处，注意防潮，严禁雨淋。

木屑、草袋用于吸着船上溢油时，可一边派人采取关阀、移驳等阻止继续溢油的措施，一边在溢油下游处铺设草袋和木屑围堵和吸油。油流大时应构筑围堰并在其上加压重物，防止冲决；向上游的溢油抛掷足量的草袋和木屑，用扫帚等反复搅拌木屑使之充分吸油；清除上游已吸油的木屑、草袋，再次播撒木屑并反复搅拌，直至甲板溢油全部吸收干净。以同样方法处理下游的围油处所（该方法同样适用于有毒液体物质的处理，但处理人员应采取防毒措施）。已吸着溢油的木屑、草袋应集中堆放和迅速处理（通常是在船上焚烧处理或卸岸处理），防止二次污染和积热自燃。

用木屑、草袋吸附水中溢油时，应注意做到：

（1）先用围油栏围控溢油，未备有围油栏的船舶可用漂浮的化纤缆绳代替，以控制溢油和吸油材料的漂散，方便吸油作业和回收吸油材料；

（2）用小艇向溢油面播撒木屑或抛投草袋；

（3）在吸油后应立即捞出木屑、草袋，因其吸水性强，长时间留在水中会因吸水后重量变大而沉入水下；

(4)已吸油的木屑不易回收,可用两艘小艇以拖网方式慢速拖曳,边拖边捞,也可自制回收装置或请专业船回收;

(5)最后一边收缩围控设施,一边用小艇捞起积聚在围控设施处的木屑;

(6)从水中捞起的吸油材料应尽快焚烧处理。

二、吸油毡的使用

吸油毡通常用聚丙烯等人造聚合物材料制作,也有用棉花纤维制成的。主要用于船舶、水面溢油应急处理;尤其适用于处理大面积原油的溢漏事故。一般都具有易吸油、不亲水、密度小、吸油前后浮于水面不变形的独特优点,且具有吸油倍数高、吸油速度快、无污染、焚烧不产生毒废气,易于储存、耐高温、可重复使用的优点。吸油毡的吸油量通常为自重的 10~20 倍;吸水量小于自重的 1.5 倍。在通常保管情况下吸油毡的性能变化很小;使用后容易回收;可以燃烧处理。

海上使用吸油毡,通常在围控状态下,用小艇向溢油处呈水平投放,在一面吸油后翻面充分吸油。最好使用足够数量的吸油毡,使其处于吸油未饱和状态而不断吸油。当余油稀薄时,应逐步缩小围控范围。使用吸油材料时,禁止使用消油剂,以免降低吸油能力。对吸足油的吸油毡应及时回收并及时焚烧,同时防止滴出的含油污水第二次污染水域。

三、使用围油栏

1. 围油栏基本结构和种类

围油栏是一种用于水域防止溢油扩散、缩小溢油面积、转移溢油和保护水域环境的防污染器材(见图 5-4)。围油栏的结构种类很多,但基本上都是由浮体、裙体和配重链组成的。例如充气式围油栏(见图 5-5)、固体浮体式围油栏(见图 5-6)。船用围油栏大多为固体浮体式、气体浮体式、充气式。轻型围油栏高 500~700 mm,中型围油栏高 700~800 mm,重型围油栏高 900~1 000 mm。

图 5-4 围油栏

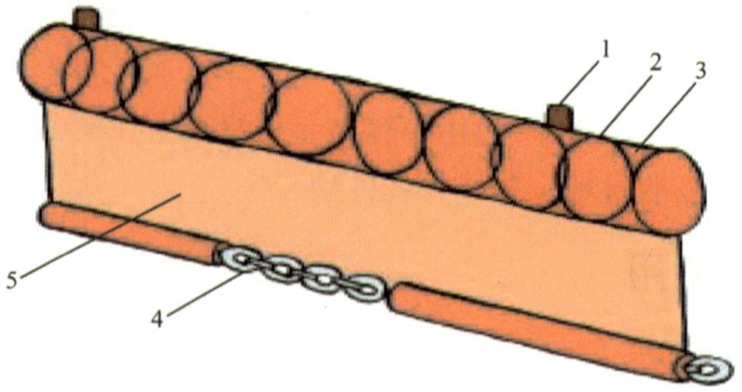

图 5-5　充气式围油栏

1-单向筏;2-弹簧支撑环;3-气室;4-配重链;5-裙体

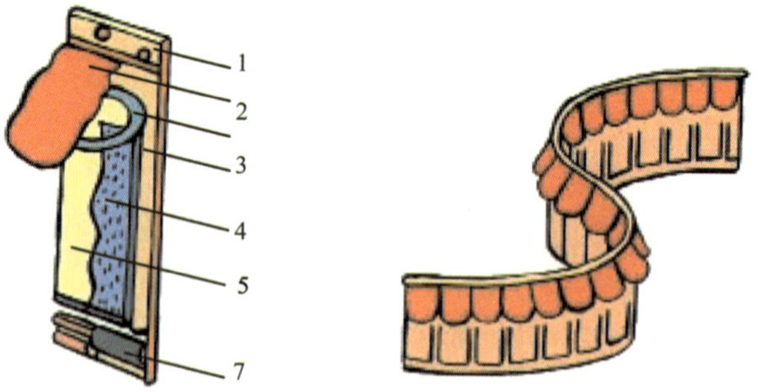

图 5-6　固体浮体式围油栏

1—复盖;2—稳定盖;3—塑料环;4—塑料管;5—固体浮体;6—包布;7—配重体

2. 围油栏使用方法

固体浮体式围油栏大多为 20 m 一节,充气式围油栏大多为 30 m 一节,使用时需把多节围油栏连接起来。连接方法有卸扣连接、螺钉连接等。

围油栏在甲板上连接好后,尽量用船舶装卸设备吊放入海,或用其他能避免围油栏与船体摩擦的方式投放。围油栏投入水中前必须整理裙体和绳系,避免扭曲和缠结,以保证围油栏下水流畅。投放时,应与小艇配合,避免堆积。

如果有足够数量的围油栏,溢油尚未大面积扩散,通常采取围控方式,即把溢油包围在船旁;如果围油栏数量不足以围控,可用两艘小艇拖带围油栏进行扫油,包围较多溢油后,分出一艘小艇清除围住的油污。若有三艘小艇,则可采用两艘小艇扫油、另一艘小艇在围油栏内除油的方案。

除油结束后,应谨慎地回收、拆解和清洗围油栏,晾干后按厂家要求存放。

四、消油剂

消油剂是溢油分散剂的俗名,是目前使用最多的溢油处理剂,一般由主剂和溶剂组成。消油剂是应用表面活性剂的乳化能力,以及溶剂能降低溢油黏度和表面张力的特性,从而使溢油乳化分散,形成小颗粒,最终被水分解和微生物降解,加快了水体的自净速度。现有消油剂多为毒性较低的酯型,分为普通型和浓缩型。船舶使用消油剂通常是在回收大部分溢油后处理表面残油,或是因风浪大无法回收溢油时使用。消油剂的使用多采用直接喷洒的方式,浓缩型按说明书稀释后喷洒。但无论如何,在沿海国管辖区域内使用消油剂前，必须事先向当局申请，说明其牌号、用量和使用地点，经批准后方可使用。

【思考题】

1. 船舶对海洋环境污染的特点是什么？
2. 船舶操作性污染和海损事故污染的主要途径有哪些？
3. 简述《国际防止船舶造成污染公约》的基本要求。
4. 简述《压载水管理公约》的主要内容。
5. 简述《防治船舶污染海洋环境管理条例》的主要内容。
6. 简述船员对防止海洋环境污染应承担的社会责任。
7. 常用的油污应急器材包括哪些？如何进行使用？

第六章
船上信息交流和语言技能

第一节
信息交流概述

【要点】

信息交流作为现代社会生活的重要组成部分与人们的日常生活和工作有着千丝万缕的联系，并成为社会生活和高效工作必不可少的手段。

【必备知识】

一、交流的内涵

所谓信息交流，是把信息以可以理解的方式从发送者传递给接收者，发送者与接收者在双向交流中是可以互换位置的。在组织成员中，通过信息交流的有效手段，明确组织任务，以实现共同的组织目标。美国的一位管理学家认为，信息交流是人们进行的思想或情况交流，以此取得彼此的了解、信任及良好的人际关系。事实上，人与人之间总是通过语言、文字、信号和电信等手段进行思想、情况和情感等方面的交流，从而在组织成员之间取得共同的理解和认识。因此，一个完整的信息必须具备三个基本条件：

(1)两个以上的交流主体，即发送者与接收者；

(2)交流载体，即信息的内容；

(3)交流手段，即以一定的方式，如语言、文字或其他方式进行交流。

二、信息交流的过程

信息交流的成功是交流过程中各要素共同作用的结果。信息交流过程一般由信息源、编码、发送、传送、接收、译码、反应、干扰和反馈等要素组成。

信息源是指发送者因某种需要而产生的某组信息的原始集合；发送者在发出信息前必须经过合适的编码使之成为某种让接收者可以感受和理解的信号或符号，如语言、文字、电话、电码等内容；这些经编码后的信号以一定的方式传送出去，如课堂讲授、无线电通信、电话、船舶口令、船长的夜航命令簿等。信息送达接收者后，该接收者要对信息进行译码，即理解、识别、翻译等，然后根据接收者的知识、经验、文化背景和系统的相互作用，形成接收者的反应。反应的质量直接影响到接收者对信息的正确理解和行动，发送者发送信息不清或传送有问题都会被接收者误解。接收者往往会通过相似的信息交流过程给予信源反馈。另外，信息传递过程中还会受到干扰；干扰的强度直接影响传递的质量，甚至阻塞传递。

信息交流中所有的要素都处于连续不断的运动过程中。人们在接收信息和译码的同时，又正在编码和发送，信息流是双向沟通。信息交流过程中对信息的理解和接收程度，受到专业水平、知识水平、工作经验及社会文化背景等诸多因素的影响，对同一个信息会有不同的看法，从而造成信息传递上的失真和编码、译码、释义上的歧义。船上的信息交流最典型的是各人所用的母语不一样，尤其是中国船员在英语能力上相对较弱，很容易产生信息传递上的失真，甚至错误。

三、信息交流的作用

及时而正确的信息交流是管理者决策和计划的基础，是操作者进行组织和控制管理过程的依据，是人们建立和改善人际关系必不可少的条件。信息沟通对于协调组织内部、外部以及各部门、个人有效地完成组织目标有着重要的意义。有效的信息交流可以使组织内部分工合作协调一致，保证组织体系统一指挥、统一行动，实现高效率的管理。

现代海上船舶运输中，船员的国际化已十分普遍，一条船上的船员可以由多个国籍的船员组成。由于每个人的英语水平不一样，文化背景、知识层次和工作经验也不一样，正确地运用英语进行交流显得尤为重要。

四、信息交流的渠道

1. 信息交流渠道的一般模式

信息交流可以通过多种渠道得以实现。就一般意义而言，信息交流的渠道可以分为链式、轮式、圆周式和全渠道式等多种（见图 6-1）。

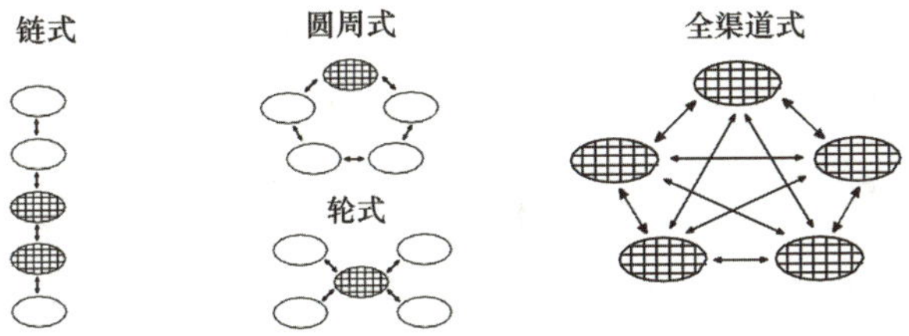

图 6-1　信息交流的网络结构

链式：以信息源为始发点，通过不同的接收者逐级向下传递，第一接收者是第二接收者的信息源，第二接收者又成为第三接收者的信息源。例如，船长向大副下达命令，大副又把工作落实到二副。

轮式：以信息源为中心，向四周同时传递信息。例如，教师在课堂上讲课，把信息同时传递给每位学员。

圆周式：信息源以一定的程序和规则逐一传递给接收者，前后者可以沟通，但不能跨越沟通。

全渠道式：没有确定的唯一信息源，信息可以自由地传递，形成全方位的沟通。

2. 不同信息交流渠道的比较(见表6-1)

表6-1　不同信息交流渠道的比较

交流渠道	轮式	链式	圆周式
解决问题的速度	快	次快	慢
正确性	高	高	低
领导者的地位	非常显著	相当显著	不发生
士气	非常低	低	高
团体的组织化	迅速稳定	缓慢稳定	不易组织

五、信息交流的方式

1. 口头沟通

口头沟通主要指面对面的交谈、讲课、讨论、通电话等以讲话形式进行的交流，其特点是：

(1)费时少，能够迅速交换意见；

(2)随时提问与解答，提高交流效率；

(3)便于准备；

(4)口头表述随意性大，会因为考虑不同而无法全面阐明问题，或因疏忽而造成不必要的误解；

(5)受表达者身体素质、表达能力的限制，口头交流的质量会受到影响。

2. 文字、图像式交流

文字、图像式交流一般比较正式和严肃，其特点是：

(1)表达较准确而且正式；

(2)因有文字、图像记录，具有可追索性；

(3)便于反复阅读和理解；

(4)信息沟通往往是单向的。

3. 非语言方式

除口头、书面表达形式以外，现实生活中的非语言交流也是客观存在的，如表情、手势、语气、眼神等。

第二节 语言技能对信息交流的影响

【要点】

信息交流上的沟通障碍会阻止信息的传递或歪曲信息内容，这种障碍是由于发送者、接收者或其他要素的不适当造成的，其中语言技能的水准直接影响信息源的编码、传递、译码和反应。语言技能的低下直接破坏信息交流链的连续性和有效性。

【必备知识】

在信息交流过程中，尤其是在多国籍船员群体中，运用各自的母语交流起来会比较困难，所以最好能用英语作为交流工具。如果船员英语语言表达能力弱，例如，用词不准确、丢字少词、语义表达不严密、词汇量贫乏、中心意思表达不清楚等，这些都会构成对航行安全的威胁。

因语言技能低导致的错误信息既可能来自发送者，也可能来自接收者。因为交流往往是双向的，语言障碍既影响发送者发出正确的信息，又影响接收者正确地理解信息。

因此，努力学好英语是国际船员必需的基本条件之一。中国船员必须尽快提高英语能力以适应国际船员劳务市场东移的国际态势。

第三节 常用航海用语和 IMO 海事标准通信用语

【要点】

英语是船舶航海和海上货物运输最重要的公共交流语言。

【必备知识】

为了船舶航行安全和高效操作，每个从事船舶航海的船员都必须掌握和正确使用基本的航海用语。经修订后的 1978 年 STCW 公约要求 500 总吨及以上船舶负责航行值班的人员知晓、理解和具备使用标准海事通信用语的语言能力，应尽可能地将通信用语优先于其他近义的词汇加以使用。

国际海事组织根据 STCW 公约和修订后的 1979 年 SOLAS 公约关于口语通信方面的要求，并为了使船舶航行和操纵更加安全，使海上、港口附近航道、港内及船上通信联系时所使用的语言标准化，编制了标准海事通信用语。这一途径使这些英语通信用语成为广大船员接受的安全语言。在对正确意义和翻译有疑问的诸多情况下，所有航海国家的人员可通过标准用语进行信息语言交流，提高海上现代条件下通信的准确性。为此，标准海事通信用语立足于英语的基础知识，以最大限度地减少语法、词汇和习语的多样性；并规范其结构，以减少语言通信中有关方面的误解，从而达到标准海事通信用语的使用目的。

【思考题】

1. 简述信息交流的内涵。
2. 语言技能对信息交流有什么影响?
3. 提高船员的语言技能有什么重要意义?

第七章
船员人际关系

第一节 船员人际关系概述

【要点】

世界是多元的,生活在多元世界里的人具有一定的社会关系,并且往往又通过人际关系表现出来。由于环境、对象、利益关系的不同,人际关系也有其不同的表现形式。人际关系和谐与否不仅决定社会和谐的稳定状态,而且体现社会和谐的价值观念和文明程度。必须正确处理人际关系,树立人际和谐理念,倡导人际和谐文化,培养人际和谐道德素养,促进和谐社会建设。

由于海上生活和工作环境的特殊性,船员的人际关系有着显著的职业特征和特殊的交往原则。正确处理好船员的人际关系,既有利于船舶操作安全和提高船舶营运效率,也有利于提高船员的工作积极性和创造性。

【必备知识】

一、人际关系的内涵

劳动的社会性特征,一方面表现为劳动总是人们共同的、联合的活动;另一方面表现为劳动者相互间的活动总是互相依存、互为补充的。从劳动的主体地位来看,人与人之间的关系较人与劳动对象和劳动资料之间的关系,对劳动过程的影响更具有重要意义,即人在劳动过程中起着主动和主导作用。人际关系就是在人们进行物质交换和精神交往过程中发生、发展和建立起来的人与人之间的关系。

人际关系在劳动过程中的体现具有复杂性。在现实生活中,人们所从事的劳动和工作越来越复杂,社会化的程度也越来越高。一个劳动群体是由各类人员排列组合起来且近似按几何级数增长。各行各业的生产和劳动既有严密的科学分工,又有严格的整体配合。这些都大大突破了人们原有的交往范围,人际交往更加成为劳动和工作的必要条件,人际关系也随之变得复杂多样。人际关系的复杂性不仅表现在各种关系的数量上，而且也表现在人际关系的不同类型和结构上。

从事国际运输船舶上的船员工作、生活在一个有限的浮动空间上，人员数量虽然不多，但人员结构呈多样化。不仅存在一般意义上的决策者、执行者和操作者之间的人际关系，而且因船员供应的世界性东移，多国籍船员共在一条船舶已很普遍。这种多国籍船员的混合，会因文化交往的冲突、知识和技术业务水平的参差不齐、饮食习惯的不一、宗教信仰及民族利益的冲突和政治观点的不同等因素使得人际关系变得更为复杂。

显而易见，实际生活中既会有积极、友好的交往和人际关系，也会有消极、被动的人际关系。这两种情况在一定的社会条件下总是交织出现的。正是这些相互对立又相互联系的人际关系，才构成了复杂的社会生活。

二、良好人际关系对船员的重要意义

人际交往也是人们精神生活的需要。在现代社会里，随着物质生活水平的提高，人们越来越重视精神生活。马克思说："一个人的发展取决于和他直接或间接进行交往的其他一切人的发展……"无论是政治家、政府官员、公司经理、船长、商人，还是一般船员或亲人，只要想得到个人的成功与幸福，就一定要处理好人际关系。良好的人际关系对海员来说有着特别的重要意义。这主要表现在：

(1)良好的人际关系有利于船员形成群体感知，即形成同舟共济、克服困难的共识，以确保水上运输工作安全高效地完成。在每一个群体中，人们也许只是自觉或不自觉地意识到他们所遵循的共同规范，但是，这种潜意识的群体力将会促进人们的自觉意识，使之产生对群体的向心力。人们相处的关系如果是积极而友好的，每个船员的潜力所赋予的合力会得到充分的发挥。常言道："人心齐，泰山移"，尤其是当船舶遇到应急事件，这种合力是船员团结协作、克服困难、夺取胜利最重要的条件之一。

(2)良好的人际关系有利于减少船员工作上的内耗。船员之间通过沟通信息、调节情绪、互相弥补、互相激励，提高工作效率。船员在工作上不仅需要严格的制度、明确的分工，还需要有和谐的人际关系。人与人之间的猜忌、冷漠、排斥、冲突不仅使人分散精力、浪费时间，而且还会造成毫无价值的心理消耗。孔子曰："礼之用，和为贵。"如果船上人际关系比较协调，那么，有了意见就能及时沟通，出了矛盾就能及时解决。

(3)良好的人际关系有利于船员完成复杂的工作任务和形成一个完美的人格。互补型组合的人际关系有利于船员之间取长补短、相互配合。譬如，一个性格内向的人结交一个性格外向的朋友，可以在日常工作中遇到困难时得到帮助，而性格内向的人又可对性格外向的人产生某种抑制作用。因此，人际交往中性格的相异未必不相交。在日常生活中，每个人的生活经历、知识、能力、性格各自有别、各有长短，要完成一项复杂的工作，必须联合起来。海上航行的船舶犹如一个小社会，船员群体是由不同的年龄、不同的性格、不同的经历、不同的文化水平、不同的兴趣爱好的人组成的。良好的相互配合，互为补充，会构成一个对立统一、多彩而又和谐的整体。没有互补的群体是脆弱的，面对高度发展的航海技术和变化万千的海上环境，很难确保船员完成技术复杂的海上运输工作。

美国社会心理学家罗伯特·温奇经过长期的研究后发现：人在某种条件下存在着互补吸引，即人们往往选择具有某些需要和特征的人以补充自己的不足。人际交往的互补组合性可分为知识互补和性格互补。知识互补主要是指不同学科、不同知识的互相补充，这是当前科学技术飞速发展、高度分化的必然要求。一艘现代化的船，犹如一座大型现代化工厂，要管理好它，需要多种学科、多种知识的人才相互配合，密切协作。如一艘远洋货轮的甲板部和轮机部，就需要由航海、轮机、船电、国际航运等多学科领域的专业人才组成。至于性格上的互补更是人们心理成熟所不可缺少的。因此，调节船员的人际关系，依靠群众的力量，使各种专业人员之间产生知识互补，有利于船舶的安全航行，提高海上运输的经济效益。

(4)良好的人际关系有利于船舶内部形成一个融洽、和睦、友好的工作气氛和环境。船舶操作绝对不是个体行为所能承担的，而是一个完整的合作活动的组织系统。西方一位管理学家有一种观点认为，“个人”观念为西方人带来了很多困惑，因为西方人总是推崇个人的绝对作用和特殊地位。现代西方企业家更注重团队精神和群体环境的建立。在美国、挪威和德国等西方发达国家，所有高级船员在担任船上实职之前，都必须在综合功能的船舶操纵模拟器上进行团队工作(Team Work)的培训。培训的主要内容是让受训人员在变化和冲突的过程中，尤其是人际冲突的环境中安全有效地完成预定任务。因此，要时时注意处理好船上的人际关系，加强与同事、上下级的沟通，重视感情投资。一个人在苦恼的时候，一句暖人心的话语，一个亲切的动作，都能激起对方感情上的满足，产生强烈的信任感。海员在海上长时间航行，客观条件会引起人们心理上的烦躁情绪，在孤独、焦虑的情况下，特别需要加强人与人的感情交流和信息互换，特别需要关心、理解，特别需要融洽和谐的工作环境。事实已经证明，人际关系越是和睦，人们之间的感情差距就越小，相互之间的信任度就越高，群体内的凝聚力就越强。

(5)良好的人际关系有利于海员的身心健康，促进个性的健康发展，人不能离群索居，离开交往，就会导致身心发展的残缺不全。人的交往需要经常充实新的内容，使心理需要不断向更高层次发展。受工作内容的简单乏味、海况恶劣、晕船难受等客观条件的影响，船员会闷闷不乐、烦躁不安，有的甚至遇事发火、酗酒解闷。这种心境的恶性循环，不仅影响生产和安全航行，而且个体的身心健康也会受到损害。因此，海员应当了解人际交往的特点和掌握人际交往的技巧，正确对待海上生活的特殊性，加强自我修养，创造和谐的人际环境和保持良好的心境。

第二节 船员人际关系特点

【要点】

船员人际关系既有社会主义人际关系的一般特点和规律，同时，由于船员职业的特殊性，船员的人际关系又有其自己的特点和规律。

【必备知识】

一、船员人际交往的相对封闭性

船员工作和生活在船舶上，几十个人朝夕相处在十分有限的空间内。尤其是远洋船员，长年漂泊在茫茫大海之上，远离大陆，远离祖国和亲人。特别是航行在北美、南美和东西非的船舶，船期少则两个月，多则四五个月。在船上，船员的相互交往主要限于同船的几十个同事之间，与社会交往形成相对隔离，这种封闭性是海员经常能够体验到的。

小群体交往的封闭性，对船员的心理会产生极大的影响。如果航次时间短、航行条件尚好，对船员的心理影响还小些；如果航次时间长、航行条件艰苦、海况恶劣，船员的心理就易失去平衡。船上的群体心理气氛也会因客观条件的差异、人员素质和身体状况的不同而发生很大的变化。在海上工作过的人都会有这种体会：一个长航线的航行，几十天单调的生活，对船员来说，即便是蔚蓝的大海、壮观的日出，也不会为之陶醉。相反，人会变得沉默寡言、烦躁不安。一旦船舶靠岸，船员会兴高采烈地在码头边散步，并十分盼望与人交往。这种兴奋情绪持续一段时间后，才慢慢平静下来。这种心理上的变化，对于船员人际关系的建立会产生很大的影响，也将影响船员平时的谈吐、表情和交往个性。

二、船员人际交往的开放性

船员人际关系具有船舶内部小群体交往的封闭性，同时又具有面向世界的开放性。人们常把远洋船形容为“浮动的国土”。船舶是一个运动载体，它航行于国内外各个港口，到达不同民族、不同社会制度的国家。船员会通过海上运输这一工作媒介与各式各样的人产生交往。所以船员人际关系小群体的封闭性特征是相对于船舶内部而言的，在广泛的意义上说，船员人际关系还具有显著的开放性。

船员在国内航行所表现的开放性是接触自己的同胞，但中国幅员辽阔，民族众多，18 000千米的海岸线，分布着众多的港口。如果船员把对各个港口城市的风土人情的了解积累成的经验运用到工作和生活中去，对改善人际交往和提高工作效率会有很大的帮助。而对于航行于世界各国的船员，与人交往的开放性就显得更为突出。不同的社会制度和民族特点，不同的道德观念和风土人情，都会使船员的人际交往变得更为复杂。例如，船员在对外交往中，不能简单地用自己的习惯来对待他国的人员，应该在充分尊重他国风俗的基础上，进行经济贸易和友好往来。

三、船员人际交往的频繁流动性

由于海上运输的特殊性，船员不可能像陆地上的工厂、机关那样长期固定在一个工作场所。一般来说，大多数船员可能公休一次就换一条船，长的航线可能有一年左右的同船时间；短的航线，航行几次后也会因公休或工作需要而调往他船。这一工作性质决定了船员的人际关系具有频繁的流动性。

由于这一特点，船员的人际关系可能会出现这样两种情况：一是调动频繁，大家十分珍惜友谊，团结一致，同舟共济，努力工作，产生“相见亦难别亦难”的诚挚相处的心理凝聚磁场。二是由于大家相处的时间短，彼此之间不熟悉，思想、性格、兴趣又不了解，所以往往会产生相互戒备的心理。两种交往心理对船舶的安全航行、优质生产都会产生很大的影响。这就要求船员有较强的能力，善于与各种个性的人交往，而不致由于环境变化，人际交往不适应而影响工作。

第三节 船员群体及其心理特征

【要点】

船员因在船上长期工作生活形成了一个特殊的群体。例如，船舶昼夜航行，必须采取船员四小时轮班工作制，以保证值班时船员保持高度的精神集中和工作的连续性。又如，船上的噪声、振动、摇晃、温差和湿度等因素都会影响船员的工作能力、身体健康和心理变化。

【必备知识】

一、船上工作和生活的特殊环境对船员心理的影响

1. 长期离岸工作和生活的情绪变化

在船舶远洋航行少则几天、多则数月的日子里，船员每天面对的是一望无际的大海，活动在一个十分有限的空间里，反复面对着几张同样的面孔；通信手段的限制和通信成本的昂贵，使得船员所得到的信息十分有限。随着海上生活的连续性，人的心理会发生一系列的变化，情绪烦躁不稳定、易激动。有必要适当地调节心理，增强自身的心理承受能力。

2. 工作环境的特殊影响

船上工作环境的特殊性是多方面的。第一，昼夜不停的噪声使得船员得不到充足的休息，也会使人感到乏力、头昏、烦躁不安、听力降低和精神疲劳，因而降低其反应能力和工作效率。第二，船舶振动和摇晃将不同程度地使船员感到头晕、劳累。对于晕船敏感者将会出现眩晕、恶心、呕吐等症状，造成注意力不集中、动作协调性变差和准确性降低。第三，海上生活变化无常，虽有风平浪静，也有恶劣海况，既有茫茫大海、辽阔天空，也有狭窄水道、浅滩暗礁。船员必须在短时间内应对复杂多变的情况，心理时常处于紧张状态。稍有不慎，就可能发生危及船舶和生命财产的损失。

综上所述，特殊的船上工作和生活环境确实会对船员的身心健康带来一定的影响，但并不是不能克服和适应的。实践证明，合理和科学的身心调节是最有效的方法。

二、绝对权威和服从意识的心理准备

在一艘船舶的船员群体中，职责及权力十分明确。船长是船上的绝对领导，每个船员的工作都有明确的分工，这种特点既要求船员在某些方面对自己的上级要绝对服从，又在

一定范围内使船员获得了自主权。

为了保证船舶高效而安全地营运，法律和船公司赋予船长和各级领导者明确的决策权和命令权。通常，船长或部门负责人在相应的职责范围内所发布的命令不容下级质疑，否则后果可能会不堪设想；下级必须树立服从意识，对上级发布的命令，即使有不同的看法，也必须首先执行，事后再与领导交换意见，以确保船舶工作的协调一致。

绝对权威和强烈等级观念的负面效应是易产生上级对下级的不信任和下级对上级的对抗心理，这种上下级关系的非正常发展会阻碍船员良好人际交往的建立和持久性，使得船员之间会缺少理解和关怀。因此，单靠绝对权威的态度不可能使下级工作人员全面而协调地配合，也会大大降低船舶的工作效率。

三、船员非正式群体的作用

船上群体与其他社会群体一样，既有正式组织群体，也有非正式群体。船员远离家庭与各种各样的人交往，工作单调枯燥，信息闭塞，生活节奏死板与外界变化不测同时并存，非正式群体的存在和介入直接满足了船员的某些需要。这既是对其他无法在船上得到满足的需要起到了一定的补偿或替代作用，又是一种合理的心理调节。

非正式群体是船员人际关系中不可忽视的重要方面，对船舶的安全操作和生产运输起着重要的正反两方面的作用。一方面，就整体而言，非正式群体在正确的引导下，有利于船员通过该群体中的交流和活动消除海上生活特殊性的负面影响，有利于船舶安全高效地完成生产任务。对于个体而言，一个非正式群体的成员可以从工作中获得友谊和知识，得到安慰和鼓励，激发进取精神；另一方面，非正式群体在不正确的思想指导下很容易形成具有负面作用的小团体，成员相聚只为娱乐或消磨业余时间；甚至出现“帮派”，轻者内耗不断，重者严重影响船舶安全操作和运输生产任务完成，有的直接导致海上事故。因此，应该正确引导非正式群体，杜绝不健康的小团体的发展。

第四节 危害安全的不良心理素质

【要点】

航海职业的风险性和艰苦性对船员的心理素质提出了很高的要求。各类海上事故的人为因素约占总体事故数量 80%，其中绝大多数人为因素都与船员的心理因素有关。

【必备知识】

一、不良心理素质

相关部门对日本在 1985 年地方海事审判厅的 770 例海事案件进行分析后得出结论：除了设备和机械故障导致事故以外，大多数发生海事的原因都与船员的心理素质有一定的关系,尤其是与人的紧张心理、自我控制能力、应变能力、自觉抵御外界干扰能力和情绪波动等有紧密的联系。

长期海上工作和生活的经验表明,一个身体健康、责任心强、技术高明、心理素质良好的船员,在他们的航海生涯中,很少甚至不会发生海事。不良的心理素质会严重危害船舶航行安全。不良心理素质的主要表现为:

(1)意志品质上的差异表现在船员心理上的自觉性、果断性、自制性和坚持性。意志坚强是这四性的集中体现。一个意志薄弱的人面在对各种压力时不能正视面临的困难和矛盾,代之以紧张、无措、惊恐、逃避的情绪。

(2)自我适应和调节能力弱,内心常被恐惧心理占据。这类船员不愿在一个多变和复杂的环境中工作;胆子小,平时心理紧张,面临危急情况会优柔寡断,手足无措。

(3)自我控制能力不强,在遇到困难、挫折和危急情况中表现出失去冷静、缺乏理智、迁怒于他人、急躁不安、盲目冲动和惊慌失措,甚至表现出恐惧、绝望和逃避等心理特征。

(4)悲观心理。有的驾驶员因受到挫折而感到自卑,思维判断能力不能正常发挥,对紧急局面消极等待,贻误时机。

(5)骄傲自满和麻痹大意的心理共存。自以为自己技术好而目空一切,总是认为海上太平无事,毫无应急准备,出了意外,才惊慌失措。

(6)虚荣心强,爱面子。对知识一知半解,对技能缺乏训练,但又不虚心向别人学习,经常在糊里糊涂中发生海事。

(7)侥幸心理。这种心理往往会导致违章航行。

二、自我调节,保持身心健康

1. 树立良好的职业观

良好的心态才能铸就良好的职业和人生。作为一名船员,既然确定从事这个行业,就需做好充分的思想准备面对船员的职业特性,以及面对寂寞、远离家人、枯燥的工作、晕船等问题。要在上船之前做好足够的心理准备,并安排好上船期间家人的生活,做到身体上和心理上的“轻装上船”。

2. 要有明确的人生规划

作为一名船员,对职业、对家庭、对个人要有清晰的规划,不能盲目度过人生的每一天。对工作,要尊重;对家庭,要爱护;要将自己的人生过得“有滋有味”。有了良好的人生规划,工作才有成就感,生活才有目标,才能得到相应的满足感。

3. 预防焦虑症

正确认识焦虑情绪的产生原因,预防焦虑症。“人无远虑,必有近忧”,如果焦虑的心态不能得到及时的疏导和排遣就有可能产生焦虑症。正所谓“世上本无事,庸人自扰之。”克服焦虑症需要从以下几方面去努力:第一,要了解焦虑症的心理特点,明白自己焦虑情绪的来源。第二,要有坚强的毅力克服焦虑的产生,并不断地给自己做心理暗示:事情不会发生,好运常伴着我。即使所担心的事故发生了,也要明白过度的焦虑于事无补。第三,集中精力做好自己的本职工作。第四,积极参加船上的集体活动,多与同事交流,使焦虑的情绪得到缓解。

4. 把握交往技巧，搞好人际关系

人际关系是人与人之间通过交往与相互作用而形成的直接心理关系。搞好人际关系是每一个人的共同愿望。这固然和个人的性格、气质、能力有很大关系，但同时也需要懂得搞好人际关系的原则。首先，要与人为善，这是中华民族的传统美德。其次，要待人诚恳。以诚待人而产生的愉悦心情和踏实感同样有益于身心健康。最后，主动与同事交流，增进相互之间的了解。语言的交流、沟通也是感情的交流和心灵的沟通，人类的社会性和共存性形成了人类的互引力和亲和力。人与人之间只有交流才能消除交往的障碍，才能产生好感，结为朋友。

5. 建立自己的兴趣爱好

让自己的工作和生活充满乐趣和希望。多做自己感兴趣的事，如参加体育锻炼、读书、听音乐、学美术、下棋、看电影等活动，可以让自己得到精神上的放松，产生积极乐观的情绪，情操得到陶冶，拥有良好的气质和精神；还可以丰富自己的社交活动，扩大自己的社交范围，使负面情绪得到转移和淡化，形成乐观积极的性格。

第五节

团队和团队工作

【要点】

“团结就是力量”，这是大家都非常熟悉的一句话，如果我们从管理的角度，把它改成“团队就是力量”也是非常恰当的。在一个组织之中，如果没有团队合作精神，个人的计划再仔细，可能也难以实现预定的目标。无论是一个家庭，还是一个公司或是一个社会，乃至一艘船舶，一个人的本事再大、能力再强，要做成一件事，没有其他人的帮助和支持是很难成功的。

【必备知识】

一、团队的基本要素

团队是由两个或两个以上的人组成的，通过人们彼此之间的相互影响、相互作用，在行为上有共同规范的一种介于组织与个人之间的组织形态。通俗地说，它是由一起工作以完成共同任务的个体组成的一个群体。其重要特点是，团队内成员间在心理上有一定联系，彼此之间发生相互影响。那些萍水相逢、偶然汇合在一起的人，虽然在时间、空间上有些共同的特点，但他们之间在心理上不会相互影响和相互作用，因而称不上团队。团队形成的基本要素如下：

1. 成员们有着共同的目标

为完成共同目标，成员之间彼此合作，这是构成和维持团队的基本条件。事实上，也正是这个共同的目标，才确定了团队的性质。团队的目标赋予了团队一种高于团队成员个人总和的认同感,这种认同感为如何解决个人利益和团队利益的碰撞提供了有意义的标准,使得一些威胁性的冲突有可能顺利地转变为建设性的冲突;也正因为有团队目标的存在,团队中的每个人才都知道自己的坐标在哪儿,团队的坐标在哪儿,否则黑白颠倒,轻重不分,团队将面临灭顶之灾,也会失去其存在的价值。再者,正因为团队目标的存在,才使得团队成员能在遇到紧急情况、面临失败风险等情况下全身心地投入,统一思想,形成合力。除了团队,没有一个人能够做到这一点。

2. 各成员之间相互依赖

从行为心理上来说,成员之间在行为心理上相互作用、相互影响,相互之间形成了一种默契和关心。不论何时何地,成员之间都会相互给予支持,且彼此协作,共同努力来完成的各项工作。

3. 各成员具有团队意识

团队成员具有归属感,情感上有一种认同感,意识到"我们是这一团队中的人""我是这一群体中的一员"。每个人都有发自内心地感到有团队中他人的陪伴是件乐事。彼此心理放松,工作愉快,所以说,团队意识和归属感在团队工作中有深刻意义。

4. 成员具有责任心

所有真正的团队,其队员都要共同分担他们在共同目标中的责任。正常情况下,没有一个团队中的成员是不承担责任的,如果大家都不承担责任,实现共同的目标无疑是空中楼阁。请试想一下"领导让我负责"和"我们自己负责"之间有着微妙却重要的区别。"我们自己负责"这么一句简单的话,却道出了一个核心问题,那就是我们自己对团队的承诺,以及团队对我们的信任,事实上当我们为了一个共同的目标走到一起的时候,也就不可避免地承担起了对团队的责任。

二、良好团队的特征

一个处于良性运转的高绩效团队必须具备以下一些显著特征,而正是由于有了这些特征,一个群体组织才能称之为良好团队或高绩效团队。

1. 明确的目标

团队对于要达到的目标有清楚的了解,并坚信这一目标包含着重大的意义和价值。而且,这种目标的重要性还激励着团队成员把个人目标升华到团队目标中去。在有效的团队中,成员愿意为团队目标做出承诺,清楚地知道团队希望他们做些什么工作,以及他们之间怎样共同工作和完成任务。

2. 相关的技能

团队是由一群有特定能力的成员组成的。他们具备实现理想目标所必需的技术和能力,而且相互之间有能够良好合作的个性品质,从而能够出色完成任务。后者尤为重要,但却常常被人们忽视。有精湛技术能力的人并不一定就有处理团队内关系的高超技巧,也不一定就能对团队目标的实现做出贡献,但良好团队的成员往往兼而有之。

3. 良好的沟通

良好的沟通是团队一个必不可少的特点。团队成员通过畅通的渠道交换信息,包括各种言语和非言语信息。此外,管理层与团队成员之间良好的信息反馈也是正常沟通的重要特征,有助于管理者掌握团队成员行动,消除误解。就像一对已经共同生活多年、感情深厚的夫妇那样,团队中的成员能迅速地相互理解,具有一致的想法和情感。

4. 一致的承诺

团队成员表现出高度的忠诚和承诺,为了能使团队获得成功,他们愿意去做任何事情。我们把这种忠诚和奉献称为一致的承诺。对成功团队的研究发现,团队成员对他们的群体有认同感,他们把自己属于该群体的身份看作是自我的一个重要方面,因此,一致的承诺特征表现为对团队目标的奉献精神,愿意为实现这个目标而调动和发挥自己的最大潜能。

5. 有效的领导

有效的领导能够让团队跟随自己共同度过最艰难的时期,因为他能为团队指明前途所在。他们向成员阐明变革的可能性,鼓舞团队成员的自信心,帮助他们更充分地挖掘自己的潜力。优秀的领导者不一定非得做出指示或控制,高效团队领导者往往担任的是教练和后盾的角色,他们为团队提供指导和支持,但并不试图去控制它。当很多管理者已开始发现这种新型的权力共享方式的好处,或通过领导培训逐渐意识到它的益处时,仍然有些思想僵化、习惯于专制方式的管理者无法接受这种新概念,这些人应该尽快转变自己的老观念,否则就将被淘汰。

6. 相互的信任

成员间相互信任是团队的显著特征,这就是说,每个成员要对其他成员的行为和能力都深信不疑。我们在日常的人际交往中都能体会到信任种情感是相当脆弱的,需要花大量的时间去培养又很容易被破坏。而且,只有信任他人才能换来他人的信任,不信任只能导致相互的不信任。因此,要维持团队内的相互信任,还需要引起管理层足够的重视。组织和管理层的行为对形成相互信任的团队氛围很有影响。如果组织崇尚开放、诚实、协作的办事原则,同时鼓励团队成员的参与,则比较容易形成相互信任的环境。

三、团队的冲突

在团队组建之初,团队成员比较关注工作的目标和工作程序。在人际关系的发展方面,成员之间相互了解和相互交往,彼此呈现出一种初识的兴趣和新鲜感;在行为方面,他们不会轻易投入,大多保持礼貌和矜持。

团队经过组建以后,隐藏的问题逐渐暴露,团队内部冲突可能会加剧。虽然团队成员已接受了团队的存在,但对团队加给他们的约束可能会予以抵制。他们可能会对谁可以控制这个团队还存在争执或互不服气的现象。在这一阶段,热情往往让位于挫折和愤怒。冲突的类型包括成员与成员之间、成员与环境之间、新旧观念与行为之间。这时候团队成员就要化解各种矛盾冲突,进行良好的沟通和协调。

经过一段时间的冲突,团队会逐渐走向规范。在这个阶段中,团队内部成员之间开始形成亲密的关系,团队表现出一定的凝聚力。这时团队成员会产生强烈的团队身份感和友谊关系,彼此之间保持积极的态度,表现出相互之间的理解、关心和友爱,并再次把注意力转移到工作任务和目标上来,大家关心的问题是彼此的合作和团队的发展。他们对新的技术、制度也逐步熟悉和适应,并在新旧制度之间寻求某种均衡。团队和环境之间的关系也逐渐地理顺。这时候，团队面临的主要危险是团队的成员因为害怕遇到更多的冲突而不愿提出自己好的建议。此时的工作重点就是提高团队成员的责任心、地位并鼓励他们多提建议。

至此，人们已经学会了如何建设性地提出不同的意见，才能经受住一定程度的风险，并且能用他们的全部能量去面对各种挑战。大家高度互信、彼此尊重，也呈现出愿意接收团队外部新方法、新输入和自我创新的学习状态。整个团队已熟练掌握如何处理内部冲突的技巧，也学会了团队决策和团队会议的各类方法，并能通过团队会议来集中大家的智慧做出高效决策，并通过大家的共同努力去追求团队的成功。

四、船上团队工作

船上团队工作应做到以下各点：

(1)我们可以把船上人员看作是一个有共同目的的团队。船上人员的共同目的就是通过安全操纵和控制船舶，把货物或旅客从一个港口安全地运抵另一个港口，所有船员都是为了这一共同目的而努力工作的，才能形成了一个特定的团队。

(2)船舶团队工作人员应能临时与第三方进行良好合作。比如说，船舶进出港口时需要引航员的引领，船舶靠离泊时需要拖船、带缆工的配合，船舶装卸货时需要装卸工的操作等。所有这些都表明船舶的安全操纵与控制都需要与包括引航员、拖船、带缆工、装卸工等在内的第三方的良好协作。

(3)船舶团队工作人员要防止任何人孤立地工作。由于船上工作环境的特殊性，团队各成员之间的工作联系是非常紧密的，即各成员之间的工作既相互依赖又相互影响。因此，船上任何人孤立地工作都是行不通的，要完成共同的目标，必须相互协作、相互支持。

(4)每一个成员都需要充分利用自己的才能和技巧来完成既定的共同目标。例如，船舶在进出港口的航行中，船舶驾驶台团队成员中的船长、引航员、驾驶员和舵工都必须根据分工的安排，充分利用自己的才能和技巧来确保船舶航行的安全。

(5)船长在确定工作目标时应与团队共同讨论和制订详细的计划。作为船舶团队工作第一负责人的船长，有义务和权利根据公司的目标与要求来确定自己船舶的工作目标。但在确定这些工作目标的具体内容时，应安排相关的船舶团队成员加以充分的讨论，并制订出详细的实施计划，以确保工作目标的顺利实现。

(6)船舶团队工作人员能够提出自己的观点、发表意见与评论。为了真正做好船舶的各项工作，每个船舶团队工作人员都应体现出自己组员的归属感，在工作中，特别是对船舶的安全工作和在关键的时刻，能主动地提出自己的观点，并发表有益于船舶团队工作的意见与评论。

五、团队协作的方法

所谓团队协作的方法是指团队的每个成员都知晓行为的预期过程，并做出自己的最大贡献，以便最大限度地减少任何错误所导致的影响和把事故发生的可能性降低到绝对小的程度。

船上良好的团队协作方法的要求如下：

(1)团队领导力求坚定,但又不失灵活和友好。这是与专制系统对照而言的,专制系统里所有的事情都由一人决定。如果专制的领导犯了错误,就很少或没有检查或反馈。同样地,如果缺乏坚定的领导,各行其是的“自由主义”模式也一样糟糕。

(2)船舶团队每位成员各司其职,而船长则需要随时监督航行安全和防止海洋污染等行为的正确性。船长负总责但不能专制。船长热情、友好的沟通有助于激励团队。

(3)决策的时候要基于事实,而不能基于个人偏见和主观臆断。

(4)团队每一名成员的贡献都有其价值,因为所有的行动都是团队的共同决策而不仅仅是上级的决定。

(5)船舶这一特定类型团队应能正确地应对各种紧急情况和环境的任何突然变化。

(6)团队能顺利地接纳新的成员,如引航员,同样,引航员也要表现出相当的灵活性、应变性,尽快使自己成为团队的成员之一。

(7)团队每位成员都应留心所发生的任何情,况以便及早发现失误并避免失误链的形成。

(8)成员间要有良好的沟通,不要害怕询问。

(9)团队工作应遵照规定的标准制定操作程序和制订航次计划等。

(10)团队成员间要相互提供支持,共同按照船长的决策和授权办事。

(11)特别注意船舶的易变环境,所有团队人员必须记住：

①保持不间断的警戒；

②加强情景意识；

③对特定情况的预先考虑；

④安排好优先顺序；

⑤保持良好的沟通和通信；

⑥保持良好的健康状况；

⑦适时提出建议和询问；

⑧日常的交叉检查。

(12)所有团队人员要时刻警惕：

①对设备、仪器和自动化的过分依赖；

②不愿请求援助；

③不愿指出上级的错误；

④对小问题纠缠不清而忽视了优先考虑的大问题。

一个人的能力是有限的,当一项工作或任务远远超出个人能力范围时,进行团队协作就势在必行。团队不仅能够完善和扩大个人的能力,还能够帮助成员加强相互理解和沟通,把团队任务内化为自己的任务,真正做团队工作的主人,这样的团队会战胜一切困难,赢得最终的胜利。而作为这样的团队成员也会在团队协作这个过程中迅速地成长起来。

【思考题】

1. 影响人际关系的因素包括哪几个方面?
2. 正确处理好船员人际关系的实质和重要性是什么?
3. 怎样才能搞好船员的人际关系?
4. 船员人际关系具有哪些特点?
5. 船员群体都有哪些心理特征?
6. 危害安全的不良心理素质主要表现有哪些?
7. 高绩效团队必须具备哪些特征?
8. 简述船上良好的团队协作方法的要求。

第八章
防止和控制疲劳

船员的疲劳属于职业疲劳，是船员在船上工作负荷和生活环境的综合作用下，人的机体功能和工作能力下降到某种程度时，反映出来的生理和心理现象。疲劳是动物机体自我保护的本能，对避免因过度疲劳而损伤，具有积极的一面。但对作业安全而言，过度疲劳常常导致事故，具有消极的一面。防止疲劳和及时消除疲劳，避免在过度疲劳情况下作业，是确保船上持续性安全的必要条件之一。

国际海事组织海上安全委员会（MSC）在其 1999 年 5 月 19 日至 28 日举行的第 71 次会议上审议了有关人员疲劳的问题以及国际海事组织对此应努力的方向。会议认为应制定切实可行的指南，向所有相关各方提供有关疲劳的适当信息。因此，MSC 在 2001 年 5 月 30 日至 6 月 8 日举行的第 74 次会议上以附则的形式通过了《疲劳减轻和管理导则》（MSC/Circ. 1014）。

疲劳之所以危险还因为无论一个人的技术、知识和培训水平如何，都会受到疲劳的影响。它不是人的缺点，而是人的自然状态。疲劳所产生的负面影响对人类生命安全产生了灾难性的危险，损害了海洋环境和人类财产。航运业是一个技术性和专业性都非常强的行业，使得这些负面影响又呈指数级的上升，因此，要求船员保持持续的警觉性和高度的注意力。

第一节
疲劳的成因

【要点】

疲劳是由于体力、脑力或情绪的消耗，造成的体力或脑力下降，使得人的力量、速度、反应时间、协调性、决策性或平衡性都受到削弱的现象。疲劳是一种处于睡眠和警觉状态之间的觉醒状态,是动物机体自我保护的本能,以避免因过度疲劳而损伤,具有积极的一面。它被公认为是造成多种交通事故的原因之一。

【必备知识】

一、工作负荷

工作负荷是指脑力劳动和体力劳动时传入系统的负荷,是引起疲劳的主要原因。疲劳会对一个人的机能产生不利的影响,它可以降低船员个人和群体的行为的有效性和工作效益,并可能导致错误的发生,从而引起对船舶安全的损害。

二、睡眠不足

人体所获得的睡眠质量应能够使其精神饱满并保持警觉性,连续几天的睡眠不充足会使其警觉性降低,精神状态不佳,从而引发急性疲劳,不过通常经过一晚良好的睡眠就能够将其消除。如果这种睡眠不足,经过长时间的积累,就会发展成为慢性疲劳,慢性疲劳通常经过一晚的良好睡眠是不可能消除的。而疲劳对人体的各方面应变机能、操作技巧会造成诸多不良影响,易使船员无意识地产生不安全的行为,从而引发事故。

三、精神压力

为了消除或缓解船员的疲劳,首要问题就是要缓解船员们的精神压力。船员的精神压力主要来源于:

(1)工作的不安全性或工资、奖金的延发、扣发造成的士气低落;

(2)船员间的相互歧视等引起的人际关系紧张;

(3)与社会、家庭分离,信息贫乏;

(4)被迫长期与一群不同语言、国籍、宗教信仰和文化背景的人生活在一起。

四、生活和工作环境

长时间暴露在噪声大、振动大、高温、污染严重的环境中,以及船舶的移动等,都干扰了船员的工作和休息,极易使船员疲劳。人群固定、单一,空间狭小,业余生活单调,使船员工作之余也不能得到很好的放松和调整,因此应该尽量改善船员的生活和工作环境。

五、公休时间

船员连续在船工作时间过长,容易造成疲劳积累。为了缓解疲劳,船员工作一段时间后,应及时安排一段时间上岸公休。

总之,影响疲劳的原因很多,以上所述是最主要的因素,其他如抽烟、酗酒、身体状态不佳、营养不良等,也是造成船员疲劳的不可忽视的因素。

第二节

船员的疲劳对作业的影响

【要点】

疲劳会降低作业的效率和质量，更为重要的是，船员在疲劳状态下工作会无意识地产生不安全行为而引发事故，危及人身安全和船舶安全。疲劳会降低船员对危险的感知和判断能力，妨碍消除危险的能力的发挥，使危险无法得到及时有效的消除或限制。

【必备知识】

对于包括海运业在内的需要一天连续 24 h 运行的运输方式和行业来说，疲劳被认为是一个关系到船员职业健康和安全的重要问题，它的存在使得在船上工作场所发生事故和伤害的可能性有了极大的提高。

在最近的研究中发现，疲劳对人体机能的负面影响可以与酒精的作用相比。研究发现，连续 18 个小时不睡觉对人体机能造成的影响相当于人体血液中酒精浓度达到 0.05% 时的影响。当连续没有睡觉的时间达到 24 个小时，此时疲劳的影响与人体血液中酒精浓度达到 0.10% 时的影响相同。更需要注意的是，此次研究的对象是一些得到了很好休息的学生，他们在整个研究期间没有被要求从事任何繁重的体力劳动。对于其他的人群，可能会受到相似的影响。

因为人们难以正确判断自己的疲劳程度，所以发生疲劳后是危险的。疲劳会对一个人的机能产生不利的影响，它可以降低船员个人和群体的行为的有效性和工作效益，并可能会导致错误的发生。除非采取措施减少疲劳，否则在注意力持续集中一段时间之后，疲劳感会长时间的存在，从而引起对船舶安全的损害。以下是疲劳对人体机能产生的影响因素：

(1) 不能集中注意力。不能组织有效的活动，注意一些琐碎的小事而忽略了重大的问题，警惕性降低。

(2) 记忆力降低。遗忘掉某一项任务或任务的一个部分，工作程序错漏，工作不认真等。身体疲劳的人在注意力和记忆力方面更容易犯错误。例如，身体疲劳的人经常会忽略连贯性工作程序中的一些步骤。

(3) 决策能力降低。错误的判断和理解，没有注意应该做的事情具有冒险倾向。身体长时间疲劳的人为了节省精力，常常会选择一些具有高风险的工作策略。

(4) 对正常、非正常或紧急情况的反应迟钝。疲劳能够影响一个人对刺激的反应、感知、领会或理解的能力，一旦出现这些刺激，疲劳的人需要更长的时间对它们做出反应。疲劳还会影响到解决问题的能力，而这种能力是处理新出现或新奇任务的组成部分。

(5) 活动失去控制。不能保持清醒，提起重物时用不上力，语言发生障碍。

(6) 行为改变。沉默寡语，沮丧易发怒，具有反社会的行为。

(7) 态度改变。估计不出危险，观察不到警告信号，具有较高的冒险倾向。

这些影响中的每一项都会对船上的任何职位产生威胁,特别是对于那些具有重要安全责任的职位。如果一名船员因疲劳问题而没有完成被分配的工作任务,该船员无形中就造成了伤亡或事故的危险。任何危险管理策略都必须将重点放在通过消除疲劳产生的原因,以减少此类危险的潜在发生上。船上各种管理系统和工作程序都应受到严格的检查,以找出其中能够造成船员疲劳的设计上的缺陷。

IMO 通过对 1995 年过去 6 个月所发生的事故进行评估显示,在 16%的重大船舶事故及 33%的伤亡事故中,有船员疲劳的因素在里面。显然,解决疲劳问题会对船员的安全产生积极的影响,它会通过减少对财产和环境的破坏及损害潜在地削减船舶所有人、经营人或管理者的营运成本。

第三节 防止和消除船员疲劳的措施

【要点】

船员在船上工作,疲劳是不可避免的,应采取适当的预防措施,防止疲劳,及时消除疲劳,避免在过度疲劳的情况下作业。

【必备知识】

一、疲劳的预防与消除

人类出现疲劳的现象主要是因为没有得到充足的休息,无法从长时间的不睡觉或沉重压力的影响下恢复。除了受不睡觉的时间长短影响以外,疲劳程度还受到其他因素的影响。所从事工作的类型、工作和生活的环境、工作的时间等都能影响到疲劳的程度。减少疲劳影响的最好方式之一是储存充足的恢复性睡眠。然而,由于诸如工作安排、生理节奏以及外在环境等因素的存在,获得充足的恢复性睡眠可能会存在一定的困难。

1996 年一份提交给 MSC 第 67 次会议的报告中也指出:疲劳主要与睡眠的连续性持续时间和质量有直接关系,没有足够睡眠时间的人很容易产生疲劳。日本海事研究学会 1993 年的一份报告指出:50%搁浅和 38%的碰撞事故是由于疲劳和缺少睡眠引起的。1994 年一个法国研究小组的一份报告也表明:41. 6%的交通事故源于睡眠原因。而 IMO 专家们认为对付疲劳的最有效的方法是保证船员获得高质量和足够的睡眠。毫无疑问对船员尤其是值班人员而言,有效的睡眠是保证航行安全的前提。

睡眠是解决疲劳的最有效的策略。一个有效的睡眠必须同时具有以下 3 个条件:

(1)合适的持续时间。每个人所需睡眠时间不尽相同,通常认为平均 7～8 h 是合适的;

(2)高质量的睡眠。每个人保持自己的睡眠处于深睡的过程中;

(3)较好的连续性。睡眠不应被打断。实践证明,一个持续 7 h 的睡眠其效果远胜于 7 个持续 1 h 的打盹。

但是,还要注意到失眠和嗜睡都会使人各方面的机能下降,如决策能力、反应时间、判断力、手眼协调能力及其他技能。

人们需要深度睡眠。睡眠的质量并不都是一样的,也并不都能收到完全恢复体力的效果。一个人开始睡眠的时间必须与其生物钟保持同步,以确保睡眠的质量。如果睡眠的时间与生物钟不同步,将很难获得保质保量的睡眠。

能影响疲劳和体能的另一个重要因素是休息。除了睡眠以外,可采用中断工作或改变工作的形式来休息。对于维持人体机能来说,休息或小憩是必须的。影响休息的因素是在休息前进行的工作持续的时间和工作强度、休息的时间、新工作的变化和性质。

研究表明,“短暂的小睡”作为短时间的缓解措施可以帮助人们在较长时间的清醒中保持身体机能。小睡最有效的时间是 20 min。但是小睡也有某些缺点,一个潜在的危险是小睡如果长于 30 min,将会导致睡眠惯性,而情景意识将会受到影响,醒来之后的 20 min 内将会头昏眼花和迷失方向。

可以看到 IMO 已经开始关注人的因素,尤其是人为失误。作为人为失误的主要原因之一,疲劳因素也得到了特别的重视。在 STCW 95 公约的规则Ⅷ/1 中要求各主管机关为了防止疲劳应制定和实施值班人员的休息时间,并且要求值班制度的安排能使所有值班人员的效率不致因疲劳而削弱并且班次的组织能使航次开始的第一个班及其后各班次的人员均已充分休息。相应地,在 STCW 95 公约的 A-Ⅷ/1 节中强制要求所有分派作为负责值班的高级船员或组成值班部分的普通船员应在 24 h 内具有至少 10 h 的休息时间,休息时间可以分为至多不超过 2 个时间段,其中一个时间段至少要有 6 h。同时公约还规定 500 总吨位及以上的航行值班人员应接受培训,以识别导致疲劳的因素,并在操船中做决定时予以考虑。

船上工作,适度的疲劳是必然的,可以通过适当的休息、营养和娱乐使疲劳消除。在船舶配员日趋精简的形势下,有时需要船员长时间从事高强度的工作,例如,在大风浪中清扫货舱散矿备装粮食,难免导致船员的过度疲劳。要防止疲劳引发事故,需要公司、船长和部门长、船员的共同努力。公司在满足船舶最低安全配员的情况下,很少考虑增加配员,但有责任提供充足的饮食和营养,适当考虑船员的工作强度,否则可能受到港口国的质询和滞留。船长和部门长,应当公布航次任务,正确估计本航次的工作和工作量,合理安排作业、休息和膳食,准确地把握作业量、作业时间和人力,不使作业人员过度疲劳。在不得已需要额外作业的情况下,应尽可能采取必要的安全措施,避免过度疲劳情况下可能引发的事故。

船员应当养成良好的生活习惯,尽可能保持充裕的体力和精力,以满足日常作业和可能要求的额外工作需要。为了保证船舶安全和顺利完成航次任务,船员应当做好随时作业的准备。在过度疲劳的情况下作业,更应严格遵循安全操作规程,采取安全的做法。船员应当明了,足够营养的膳食、必要的休息和适度的娱乐,是消除疲劳,保持充沛精力的有效途径。良好的人际关系和心境,能避免不良心理因素导致的身心功能紊乱和由此诱发的容易疲劳和不安全行为。

鉴于控制生理因素比控制心理因素有效和简单得多,我国的《海船船员值班规则》完全采纳了 IMO 在 STCW 公约中做出的关于休息时间的规定,而国际劳工组织(ILO)也做出了类似的规定并对船员的其他福利做出了规定,这些规定由 PSC 予以保证(巴黎备忘录等 PSC 组织还要检查到港船舶执行 ILO 第 147 号公约的情况)。公司和船长应执行国际公约及相关法律关于船员工作时间的规定。

二、人体生理节律、失效浴盆曲线对疲劳和作业安全的影响

负责值班安排和作业的船员,以及每个从事值班和作业的船员,应当了解人体生理节律和失效浴盆曲线对疲劳和事故的影响。

人体在 23—次日 5 时左右会处于松弛和休眠状态,6—9 时左右机体活力上升,10—11 时左右机体活力最强,12 时体力总动员,13—14 时左右机体反应迟钝,15—22 时左右机体处于又一个兴奋波。同样的工作强度,易使处于人体生理节律低谷的人员疲劳而产生人为失误。这印证了海事为何最高峰值在 23—次日 4 时,次高峰值在 12—16 时(该时段包括了前后交接班的失效浴盆曲线影响)。其预防措施主要在于充分的休息,适时进入工作角色,留有余地的操作方案和行动。

图 8-1 是经大量统计所得的产品或系统的故障(失效)规律,即失效浴盆曲线。早期失效期是系统的适应期,失效率随时间的推移而下降;偶然失效期的特点是失效率低而稳定;耗损失效期的故障随时间的推移迅速上升。每个值班和作业过程都同样存在人为失误的浴盆曲线,早期失误是因为对情况不熟悉和对环境不适应,尚未全身心进入工作角色所致;后期失误是身心疲倦、思想分散所致。许多事故发生于值班/作业刚开始时和临结束时就是明证。

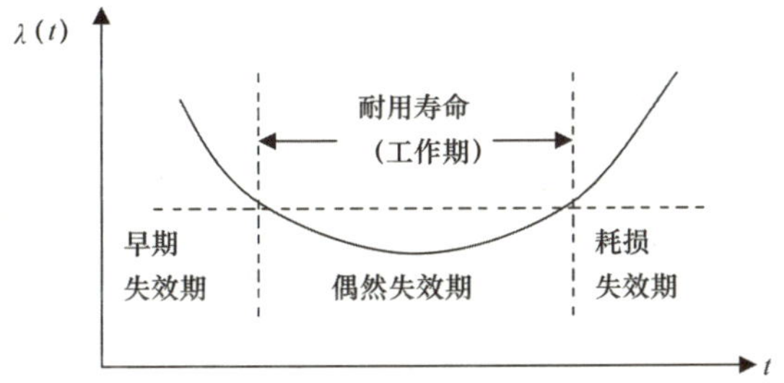

图 8-1 失效浴盆曲线

由此可见,应尽可能避免安排在人体生理节律的低谷时段作业,如果必须在该时段作业,则作业人员应具备充沛的精力和采取尽可能安全的做法。在作业的后期,疲劳的人员极易产生诱发事故的不安全行为,应避免将高难度、高强度和高危险度的工作放在作业后期。

【思考题】

1. 试举例说明船员疲劳对作业安全的影响。
2. 为防止和消除船员疲劳,应采取哪些措施?
3. 试述船员必须休息的重要性。

第九章
船员综合素质和职业素养

第一节
船员的基本权利和义务

【要点】

船员是国家社会群体中的一部分，同样具有我国公民应享有的权利和义务。船员是一种特殊的职业，不仅是独立的个体，而且是所服务的特定船舶全体中的一员，其行为不但关乎自身的安全与健康，也与船舶群体中其他人员的安全和健康密切相关。为了保障船舶人命和财产的安全，船员应当明确自己的个人责任和社会责任。

【必备知识】

一、公民的基本权利和义务

海员是国家社会群体中的一部分，同样也有明确的社会责任。中华人民共和国宪法规定：凡是具有中华人民共和国国籍的人，都是中华人民共和国公民。公民不仅具有选举权、被选举权等政治权利；具有言论、出版、集会、结社、游行、示威、宗教信仰和人身等自由；具有对国家工作人员的批评、建议、申诉、控告和检举权以及得到国家赔偿权；具有劳动、休息、生活保障等社会经济权；具有文化教育权利与自由，以及妇女的合法权益受到保护的权利。而且，每位公民还有基本的社会义务，即：

维护国家的统一和全国各民族的团结；

遵守国家宪法和法律，保守国家秘密，爱护公共财产，遵守劳动纪律和公共秩序，尊重社会公德；

维护祖国的安全、荣誉和利益，不得有危害祖国的安全、荣誉和利益的行为；

保卫祖国，抵抗侵略，依法服兵役和参加民兵组织；

依法纳税；

参加劳动和接受教育；

公民不履行义务要承担一定的法律后果。

二、交通战备的含义及海员在我国交通战备中的作用

交通具有经济和国防双重属性，既是国家经济和社会发展的动脉，又是战争能量转换的枢纽。交通历来与战争密不可分，是后勤保障的中心环节，是连接前方后方的纽带，是部队行动的生命线。交通战备是指为保障战时和特殊情况下的交通畅通，在思想、组织、物资和技术等方面所进行的各种动员准备和动员实施工作。

我国作为一个海陆复合型的国家，不仅拥有 960 万 km^2 的陆地面积，还拥有 300 万 km^2 可管辖的海洋国土面积。以海洋为依托，海运承担了我国 90%以上的外贸货物运输量，更由于海运本身具有运量大、成本低的优势，使其成为我国综合交通运输体系的重要组成部分。

根据《中华人民共和国国防法》，保卫祖国、抵抗侵略是中华人民共和国每一个公民的神圣职责。中华人民共和国公民应当依法履行国防义务。当中华人民共和国的主权、统一、领土完整和安全遭受到威胁时，国家依照宪法和法律规定，进行全国总动员或者局部动员。船员就是被动员力量的重要组成部分。战争时期，战舰缺失，商船被征用，海员被征兵历来是古今中外各国的常规做法。海员和海军的远洋工作、生活有很多相似性，资深海员能很快适应军舰上的工作和生活，并且能成为各航行岗位的专业技术能手。我国巨大的商船队伍和海员队伍，在和平时期为国家带来了利润和财富，战争时期就是保家卫国的战舰和第二海军。

三、有关劳动者权利和义务的法规规定

船员作为社会劳动者群体中的一部分，受《中华人民共和国劳动法》(简称《劳动法》)的保护。《劳动法》规定劳动者享有平等就业和选择职业的权利、取得劳动报酬的权利、休息休假的权利、获得劳动安全和卫生保护的权利、接受职业技能培训的权利、享受社会保险和福利的权利、提请劳动争议处理的权利，以及法律规定的其他劳动权利。

《劳动法》规定劳动者应当完成劳动任务，提高职业技能，执行劳动安全卫生规程，并遵守劳动纪律和职业道德。用人单位应当依法建立和完善规章制度，要保障劳动者享有的劳动权利和履行劳动义务。国家采取各种措施，以发展职业教育，促进劳动就业，制定劳动标准，调节社会收入，协调劳动关系，完善社会保险，逐步提高劳动者的生活水平。

《中华人民共和国劳动合同法》(简称《劳动合同法》)规定，用人单位自用工之日起即与劳动者建立劳动关系。建立劳动关系，应当订立书面劳动合同。劳动合同由用人单位与劳动者协商一致，并经用人单位与劳动者在劳动合同文本中签字或者盖章生效。订立劳动合同，应当遵循合法、公平、平等自愿、协商一致、诚实信用的原则。依法订立的劳动合同具有约束力，用人单位与劳动者应当履行劳动合同约定的义务。

《劳动合同法》对合同的类型和期限、试用期、工作内容和地点、工作时间和休息时间、劳动报酬、社会保险、劳动保护、劳动条件和职业危害保护、劳动合同的履行和变更、劳动合同的解除、劳动合同的终止、经济补偿、补充条款和特别约定、违反合同的责任等都有明确的规定。

依据《劳动争议调解仲裁法》，解决劳动争议，应当根据事实，遵循合法、公正、及时、

着重调解的原则，依法保护当事人的合法权益。发生劳动争议，劳动者（船员）可以与用人单位协商，也可以请工会或者第三方共同与用人单位协商，达成和解协议。发生劳动争议，当事人不愿协商、协商不成或者达成和解协议后不履行的，可以向调解组织申请调解；不愿调解、调解不成或者达成调解协议后不履行的，可以向劳动争议仲裁委员会申请仲裁；劳动者对仲裁裁决不服的，可以自收到仲裁裁决书之日起 15 日内向人民法院提起诉讼。期满不起诉的，裁决书发生法律效力。

劳动争议申请仲裁的时效期间为 1 年。仲裁时效期间从当事人知道或者应当知道其权利被侵害之日起计算。发生劳动争议，当事人对自己提出的主张，有责任提供证据。与争议事项有关的证据属于用人单位掌握管理的，用人单位应当提供；用人单位不提供的，应当承担不利后果。

四、《中华人民共和国海上交通安全法》中有关的船员权益规定

1. 总则中的相关规定

本法首次将船员权益保障写入国家法律，增加了维护船员合法权益的内容，为维护船员劳动安全和职业健康提供了法律保障，有利于全社会共同构建和谐航运劳动关系。

第六条国家依法保障船员的劳动安全和职业健康，维护船员的合法权益。

2. 新增海事劳工证书许可

《海上交通安全法》明确了中国籍国际航行船舶取得海事劳工证书应当符合的条件，这是我国履行《2006 年海事劳工公约》对国际航行船舶取得海事劳工证书的制度性安排，满足了公约要求成员国以法律形式规定国际航行船舶需持有海事劳工证书的规定。

《海上交通安全法》第十四条：

中国籍船舶的所有人、经营人或者管理人应当为其国际航行船舶向海事管理机构申请取得海事劳工证书。船舶取得海事劳工证书应当符合下列条件：

所有人、经营人或者管理人依法招用船员，与其签订劳动合同或者就业协议，并为船舶配备符合要求的船员；

所有人、经营人或者管理人已保障船员在船舶上的工作环境、职业健康保障和安全防护、工作和休息时间、工资报酬、生活条件、医疗条件、社会保险等符合国家有关规定；

所有人、经营人或者管理人已建立符合要求的船员投诉和处理机制；

所有人、经营人或者管理人已就船员遣返费用以及在船就业期间发生的伤害、疾病或者死亡依法应当支付的费用提供相应的财务担保或者投保相应的保险。

3. 明确船员境外突发事件预警和应急处置制度

《海上交通安全法》的适用范围扩大到船员在境外发生突发事件的处置，明确了派出单位所在地人民政府对于船员境外突发事件的应急处置第一责任，同时规定了船员户籍所在地人民政府配合、驻外使领馆和海事管理机构协助处置的协同机制。有利于调动全社会的力量关心和关注船员，妥善解决船员在境外遭遇的困境。

《海上交通安全法》第十六条：

国务院交通运输主管部门和其他有关部门、有关县级以上地方人民政府应当建立健全船员境外突发事件预警和应急处置机制，制定船员境外突发事件应急预案。船员境外突发事件应急处置由船员派出单位所在地的省、自治区、直辖市人民政府负责，船员户籍

所在地的省、自治区、直辖市人民政府予以配合。

中华人民共和国驻外国使馆、领馆和相关海事管理机构应当协助处置船员境外突发事件。

4. 界定船长的权利和责任

首次在法律层面明确了船长管理和指挥船舶的权利以及落实船舶安全生产的主体责任，使船长的责任和权力法定化。同时受新冠疫情等时代背景影响，增加了船长对传染病防治的特定条款，更有利于充分保障海上人命安全。

《海上交通安全法》第三十八条：

船长负责管理和指挥船舶。在保障海上生命安全、船舶保安和防治船舶污染方面，船长有权独立做出决定。

船长应当采取必要的措施，保护船舶、在船人员、船舶航行文件、货物以及其他财产的安全。船长在其职权范围内发布的命令，船员、乘客及其他在船人员应当执行。

《海上交通安全法》第三十九条：

为了保障船舶和在船人员的安全，船长有权在职责范围内对涉嫌在船上进行违法犯罪活动的人员采取禁闭或者其他必要的限制措施，并防止其隐匿、毁灭、伪造证据。

船长采取前款措施，应当制作案情报告书，由其和两名以上在船人员签字。中国籍船舶抵达我国港口后，应当及时将相关人员移送有关主管部门。

《海上交通安全法》第四十条：

发现在船人员患有或者疑似患有严重威胁他人健康的传染病的，船长应当立即启动相应的应急预案，在职责范围内对相关人员采取必要的隔离措施，并及时报告有关主管部门。

五、船员条例

为了加强船员管理，提高船员素质，维护船员的合法权益，保障水上交通安全，保护水域环境，国务院于 2007 年 3 月 28 日国务院第 172 次常务会议通过了《中华人民共和国船员条例》（国令 494 号，以下简称《船员条例》）。《船员条例》自 2007 年 9 月 1 日起施行。2020 年 3 月 27 日进行第六次修订。

1.《船员条例》的构成

《船员条例》共 67 条，分为 8 章：总则、船员注册和任职资格、船员职责、船员职业保障、船员培训和船员服务、监督检查、法律责任和附则。

2. 船员注册和任职资格

本条例所称船员，是指依照本条例的规定取得船员适任证书的人员，包括船长、高级船员、普通船员。本条例所称船长，是指依照本条例的规定取得船长任职资格，负责管理和指挥船舶的人员；高级船员是指依照本条例的规定取得相应任职资格的大副、二副、三副、轮机长、大管轮、二管轮、三管轮、通信人员以及其他在船舶上任职的高级技术或者管理人员；普通船员是指除船长、高级船员外的其他船员。

申请船员适任证书，应当具备下列条件：年满 18 周岁（在船实习、见习人员年满 16 周岁）且初次申请不超过 60 周岁；符合船员任职岗位健康要求；经过船员基本安全培训。

3. 船员职责

船员在船工作期间，应当携带本条例规定的有效证件；掌握船舶的适航状况和航线的通航保障情况，以及有关航区气象、海况等必要的信息；遵守船舶的管理制度和值班规定，按照水上交通安全和防治船舶污染的操作规则操纵、控制和管理船舶，如实填写有关船舶法定文书，不得隐匿、篡改或者销毁有关船舶法定证书、文书；参加船舶应急训练、演习，按照船舶应急部署的要求，落实各项应急预防措施；遵守船舶报告制度，发现或者发生险情、事故、保安事件或者影响航行安全的情况，应当及时报告；在不严重危及自身安全的情况下，尽力救助遇险人员；不得利用船舶私载旅客、货物，不得携带违禁物品。

4. 船员职业保障

(1)船员用人单位和船员应当按照国家有关规定参加工伤保险、医疗保险、养老保险、失业保险以及其他社会保险，并依法按时足额缴纳各项保险费用。船员用人单位应当为在驶往或者驶经战区、疫区或者运输有毒、有害物质的船舶上工作的船员，办理专门的人身、健康保险，并提供相应的防护措施。

(2)船舶上船员生活和工作的场所，应当符合国家船舶检验规范中有关船员生活环境、作业安全和防护的要求。船员用人单位应当为船员提供必要的生活用品、防护用品、医疗用品，建立船员健康档案，并为船员定期进行健康检查，防治职业疾病。船员在船工作期间患病或者受伤的，船员用人单位应当及时给予救治；船员失踪或者死亡的，船员用人单位应当及时做好相应的善后工作。

(3)船员用人单位应当依照有关劳动合同的法律、法规和中华人民共和国缔结或者加入的有关船员劳动与社会保障国际条约的规定，与船员订立劳动合同。船员用人单位不得招用未取得本条例规定证件的人员上船工作。

(4)船员工会组织应当加强对船员合法权益的保护，指导、帮助船员与船员用人单位订立劳动合同。

(5)船员用人单位应当根据船员职业的风险性、艰苦性、流动性等因素，向船员支付合理的工资，并按时足额发放给船员。任何单位和个人均不得克扣船员的工资。船员用人单位应当向在劳动合同有效期内的待派船员，支付不低于船员用人单位所在地人民政府公布的最低工资。

(6)船员在船工作时间应当符合国务院交通主管部门规定的标准，不得疲劳值班。船员除享有国家法定节假日的假期外，还享有在船舶上每工作 2 个月不少于 5 日的年休假。船员用人单位应当在船员年休假期间，向其支付不低于该船员在船工作期间平均工资的报酬。

(7)船员在船工作期间，有下列情形之一的，可以要求遣返：船员的劳动合同终止或者依法解除的；船员不具备履行船上岗位职责能力的；船舶灭失的；未经船员同意，船舶驶往战区、疫区的；由于破产、变卖船舶、改变船舶登记或者其他原因，船员用人单位、船舶所有人不能继续履行对船员的法定或者约定义务的。

(8)船员可以从下列地点中选择遣返地点：船员接受招用的地点或者上船任职的地点；船员的居住地、户籍所在地或者船籍登记国；船员与船员用人单位或者船舶所有人约定的地点。

(9)船员的遣返费用由船员用人单位支付。遣返费用包括船员乘坐交通工具的费用、旅途中合理的食宿及医疗费用和30公斤行李的运输费用。

(10)船员的遣返权利受到侵害的,船员当时所在地民政部门或者中华人民共和国驻境外领事机构,应当向船员提供援助;必要时,可以直接安排船员遣返。民政部门或者中华人民共和国驻境外领事机构为船员遣返所垫付的费用,船员用人单位应当及时返还。

5. 新增中国公民的保护管辖规定

明确主管机关依法参与国际事务,维护中国船员以及公民合法权益的权利,让船员的权益保障更加符合国际惯例。

《海上交通安全法》第八十六条:

外国籍船舶在中华人民共和国管辖海域外发生事故,造成中国公民重伤或者死亡的,海事管理机构根据中华人民共和国缔结或者参加的国际条约的规定参与调查。

六、船员的个人责任

船员特别是海员,肩负着发展国家水上运输事业、促进我国与世界各国和地区的经济贸易关系及文化交流的重要使命。由于船员的工作面对艰险、涉外、分散和流动的职业环境和国际航运竞争日趋激烈的局面,因而,对船员的个人责任应有特别的要求:

(1)忠于祖国,热爱人民,立场坚定,爱憎分明。不做有损国格、人格和违背祖国及人民利益的事。

(2)热爱船舶和本职工作,发扬团结紧张,务实有效的工作作风。

(3)刻苦钻研专业技术业务,解放思想,勇于开拓,不断提高思想政治觉悟和专业技术业务水平。

(4)遵守国际公约、国内法规和船公司的各项规章制度;严守船舶所到国家和地区的有关法律法规;严守党和国家的秘密和所在企业的商业秘密。

(5)树立"安全第一"的思想,增强自我保护意识。严守各项航行安全法规制度和船舶安全技术操作规程,积极参加船舶组织的各项安全活动和救生、消防等演习;在船舶遇险和发生事故时,应临危不惧,积极抢险,排除故障,控制事故的扩大,以最大限度地确保船舶和人员的安全。

(6)树立"货主至上,旅客为先"的思想。严格遵守货物和旅客管理的有关规定,安全优质地完成运输任务。

(7)增强敬业精神,树立正确的服从意识和良好的职业道德。同心同德,团结协作;弘扬正气,敢于同违法犯罪现象作斗争。

(8)发扬艰苦朴素的优良传统,厉行节约,杜绝浪费,严格遵守双增双节规定;降低船舶营运成本,提高经济效益。

(9)注重文明礼貌和仪表仪容,严格遵守外事交往的各项规定;尊重船舶所到国家和地区人民的风俗习惯。

(10)履行国际义务,发扬人道主义精神。

七、船员的任职条件

船员的任职条件应坚持"德才兼备"的原则,以确保船员,尤其是高级船员具有良好的思想品德和合格的技术业务素质。

根据 STCW 公约和《中华人民共和国海船船员适任考试和发证规则》的基本要求，船员必须经过认可的航海技术教育和培训；满足最低年龄要求；身体符合健康标准，尤其是视力、听力和口语能力等要求。

船员上船任职除了满足海上经历的要求外，必须持有相应的资格证书和其他有关证书，如海员证、服务簿等，以表明其在技术业务、船舶基本知识和专项知识技能及身体等方面具备了所任职务的基本条件。

《中华人民共和国海商法》《中华人民共和国海船船员适任考试和发证规则》和《中华人民共和国船员条例》以及国家颁布的一系列相关规定要求：所有船员必须持有基本安全培训合格证书；船长、驾驶员、轮机长、轮机员、电机员、无线电操作人员和组成航行值班的水手、机工必须持有相应的适任证书。从事国际航行的船舶的中国籍船员必须持有中华人民共和国主管机关颁发的海员证和健康证书；对于从事客船、油轮、危险品船、高速船和超大型船舶的船员必须持有相应的特殊培训合格证书。

船员上船任实职前，除了应具备上述基本条件外，还应具备熟悉所上船舶和岗位的具体情况和实际操作要求的条件。对于新上某类船舶或新上岗的船员，必须经过熟悉培训或在船舶指定专人帮助其熟悉情况和掌握实际操作，当确认其已完全熟悉情况和掌握实际操作后方可认定其具备了正式任职的条件。

【拓展知识】

《中华人民共和国船员条例》的法律地位与意义

1.《中华人民共和国船员条例》的法律地位

我国第一部关于船员注册和任职资格、船员职责、船员职业保障、船员培训、船员服务、监督检查和法律责任等方面的行政法规是《中华人民共和国船员条例》，其被业内人士认为是船员管理的“宪法”。

2.《中华人民共和国船员条例》的意义

(1)《中华人民共和国船员条例》的颁布实施填补了我国海事法律体系的一块空白，是我国船员和船员发展事业一个新的重要里程碑。

(2)《中华人民共和国船员条例》标志着我国的船员从业、船员职责、船员权益保护、船员培训发证和船员服务等工作进入了更加规范化、法制化的阶段；

(3)将对提高我国船员素质、加强船员管理、维护船员权益起到十分重要的作用；

(4)对促进我国航运业又好又快地发展具有重要意义；

(5)体现了中国海事管理与国际先进海事管理理念的接轨；

(6)体现了对船员工作、航运事业发展的高度重视；

(7)规范的船员工作，将为保障水上交通安全和防止船舶污染以及促进航运业的健康发展创造积极的条件；

(8)规范的管理、公平的环境、充分的保障将使船员职业成为其实现自身价值的理想行业。

第二节 船员的职业道德

【要点】

职业道德规范是劳动者在长期的劳动实践中反复积累、逐步形成的，它是一定社会对劳动者在劳动中，必须遵守的基本行为准则的概括和提炼。它源自于劳动者的道德生活实践，却高于道德生活实践，对劳动者在劳动中的道德行为有着巨大的调控和导向作用。

【必备知识】

一、职业道德的基本要求

船员的基本职业道德应该至少包括以下要求：

(1)诚实劳动，忠于职守

劳动者要忠于自己所从事的职业劳动，以自己的良心和职业责任感来对待劳动，忠实履行职业劳动的义务和责任。

(2)和睦相处，互相协作

在劳动过程中，劳动者应当互相尊重、平等待人、乐于助人、恪守信用、互相支持。坚决反对相互歧视、以强欺弱、互相拆台、尔虞我诈、损人利己的行为。

(3)虚心学习，精益求精

劳动技能是有效地从事劳动、创造劳动价值和造福人类的基本能力，具有重要的道德意义。劳动者应本着虚心学习、学无止境的精神坚持学习和训练，精益求精，不断增长自己的知识和提高业务技能。

(4)我为人人，弘扬奉献

树立高尚的为社会公众服务的精神是社会主义重要的道德准则，也是人类社会进步的价值取向。群体内的成员应满腔热情地为大家提供力所能及的服务，为他人排忧解难，应摒弃那些唯利是图、只为金钱的私欲主义行为。

(5)勤俭节约，艰苦创业

中国人的传统美德是勤俭持家、勤俭治国。中国目前还是发展中国家，生产力还没有得到高度发展，综合国力更是尚待提高，因而，以艰苦创业发展国家，以勤俭节约办一切事业，不仅是一个国家的政策体现，而且也是劳动者的道德规范。

二、船员职业道德的特别要求

船员的职业特点不同于一般职业，即一个为数不多的群体控制着一艘价值上亿元资产的船舶以及各种类型的货物航行在茫茫大海，远离家庭，远离祖国，停靠在世界各地的港口。对于船员，除了一般的职业道德规范以外，还有其特殊的职业道德要求。要通过培养职业感情、强化职业责任、规范职业行为等结合航海职业特点的教育，使船员自觉热爱本职，忠于职守，掌握航海技术，精通航运业务，奉献在平凡的水运工作岗位上，献身于祖国的水运事业。具体要求是：

(1)爱国敬业,为国争光

最重要的船员职业道德是坚信中国共产党的领导,热爱祖国,忠于祖国,自觉维护祖国的声誉;热爱航海事业,脚踏实地地做好本职工作,是最重要的船员职业道德。应该看到,中国是一个海岸线长达18 000多公里的航运大国,中国的水上运输业,尤其是远洋运输经过几十年的发展,取得了令世人瞩目的成就。

20世纪60年代,我国刚成立第一支远洋运输船队时,仅有船舶20多艘,20多万载重吨。现在,我国已是一个航运大国,截至2021年底,全国拥有运输船舶12.6万艘、净载重量2.84亿吨、集装箱箱位288.4万标准箱、载客量85.8万客位,船舶大型化、专业化和标准化加快发展。我国控制的海运船队运力规模达3.5亿载重吨,居世界第二位。我国拥有注册船员170余万人,年均外派船员近12万人次,稳居世界前列。我国是世界上船员最多的国家。船员在我国对外贸易中发挥了重要作用。中国是国际海事组织十个A类理事国之一。航运事业作为交通运输的重要组成部分,具有其他运输方式不可替代的特殊地位和重要作用。

据预测,国民经济将是一个持续、快速、健康发展的态势,运输需求旺盛。因此,美好的事业前景,更需要船员有一种强烈的事业心,为中国的水运事业做出自己应有的贡献。

(2)遵章守法,纪律严明

船员是国际化最明显的职业之一,职业的流动性、分散性和国际性使得遵纪守法的职业道德显得十分重要。首先,守法的要求不仅体现在遵守国内法,而且也体现在遵守国际法和船舶所到国家和地区的法规和特别要求,例如,SOLAS、ISM规则、MARPOL、STCW、COLREG等国际公约和规则。其次,严格的组织纪律是船员的最基本要求。"华铜海"轮的船员纪律严明,十多年来,该轮上上下下换班船员近200人,没有一个违反外事纪律者,没有一个走私闯关者,没有一个做过有损国格人格的事。

遵纪守法贵在养成习惯。这种习惯的养成不是一朝一夕之功效,必须是从我做起,从小事做起,持之以恒,坚持不懈。

(3)优质服务,安全运输

优质与安全是相辅相成的统一体,没有安全的运输,谈不上优质的服务。其一,树立一切为货主旅客服务和提供方便的思想,杜绝"门难进,脸难看,事难办"的事情发生。其二,确保质量。一方面,确保安全航行的质量。消灭各种事故的隐患和苗子,严格执行各项规章制度,保证良好的工作程序,例如,不擅自离岗,谨慎操作,安全礼让,做到万无一失。另一方面,确保货物运输的质量。严格遵守货物装卸和运输操作规程,例如,合理积载,正确通风,良好隔舱,安全系固。其三,在优质服务上下功夫。运输服务不仅要求热情、周到,而且要求方便、高效。因此,只有切实树立起优质和安全的思想,才能保证船舶高效地航行和运输。

(4)团结互助,同舟共济

团结是力量,同济是必然。现代化的高技术船舶,自动化程度很高,因而船员人数大为减少,但分工明确,配合操作更为重要。船员应树立团结合作的精神,做到互相理解、互相尊重、互相关心和互相支持;尊重他人的生命就像尊重自己的生命一样。当船舶发生应急事件或有危难时,船员应顾大局,只有把自己同全体船员的命运联系在一起,坚守岗位,严守职责,依靠全部船员的力量和智慧,才有可能战胜危难。

第三节 船员纪律

【要点】

纪律是组织活动能否成功的关键。一艘船舶航行于世界各地，安全和高效地完成各项货物运输任务的基本保证是船员具有严明的组织纪律。对于船员来说，纪律犹如生命，不讲纪律，受其祸害的往往是自己。

【必备知识】

对于每一个船员来说，有三方面的纪律要求：

一、组织纪律

(1)严格遵守国家的法律、法规。

(2)严格执行船舶的作息制度、请销假制度、交接班制度和其他有关各项规章制度。

(3)服从调动，按要求及时上船工作、严禁延误船期或漏船。

(4)积极参加船舶组织的政治、业务学习和各种会议，不得无故缺席、迟到和早退。

(5)做到团结友爱，互相协作；不得拉帮结派，挑拨是非，寻衅闹事，打架斗殴。

(6)爱护公共财物，不得随便拆动生活区和房间内的固定设施。

(7)自觉维护船舶工作、生产和生活秩序，不准酗酒和在航行中饮用烈性酒，航行值班人员在当值前 4 小时不准饮用带酒精的饮料。严禁打麻将和进行任何形式的赌博活动。

(8)家属和亲友不得登油船和装运危险品的船舶，并不得在锚泊时登轮和随船航行；家属和亲友探望船员，一般应在岸上住宿。

(9)严禁吸食、注射、携带及贩运毒品。

近年来，毒品犯罪日趋严重。不仅案件上升幅度大，而且毒品数量越来越多，涉及地域越来越多，毒品犯罪极大地危害了人们的身心健康，导致吸毒丑恶现象沉渣泛起，并由此诱发多种社会问题和犯罪，严重影响社会稳定和经济现代化建设事业的发展。因此，打击毒品犯罪，开展禁毒斗争，关系到国家的强盛、民族的兴旺和后代的健康幸福。

根据《全国人民代表大会常务委员会关于禁毒的决定》的要求，对于走私、贩卖、运输和制造毒品的犯罪分子，必须坚决依法从严惩处。

二、劳动纪律

(1)认真履行职责，服从工作分配，保质保量地完成所承担的任务，对分配的工作或工作中的问题可提出不同意见或改进建议，但不得消极怠工和顶撞、谩骂、威胁船舶领导或部门负责人。

(2)坚持 8 小时工作制，做到不迟到、不早退、不旷工。

(3)严格执行各项操作规程、安全注意事项、防火防爆守则和防污染规则,不得违章作业。

(4)严格遵守船舶航行、停泊值班制度和其他有关规定确保船舶安全。

(5)值班时应尽职尽责,坚守岗位,并按规定着装,佩戴标志;不得做与值班无关的事情,当班人员向接班人员交代工作应清楚、明了;未经船舶或部门负责人同意不得调换值班时间。

三、涉外纪律

(1)严格遵守所到国家和地区的法律、法规以及当地和港口的有关规定,尊重当地的风俗习惯。

(2)在涉外活动中,应严守党和国家及船公司的秘密。

(3)不得私自与任何境外外国机构、组织、人员联系,船员如需在国外探望亲友,应经船公司批准,由船舶领导酌情安排。

(4)境外人员登船参观访问,应由船舶领导组织有关人员接待。未经船舶领导允许,不得私自接待。

(5)境外商船邀请船员上船参观、看电影、电视、录像等,船舶领导应根据情况决定是否应邀,如果应邀,应有组织有准备地前往。如发现有反动、淫秽等内容,应拒绝参观和观看并表明态度。

(6)不得向境外机构及人员索要、借用电影片和录像来船放映;不得在任何港口(航区)收看反动、淫秽电视。

(7)不得进入妓院、夜总会、酒吧间、按摩院、舞厅、太阳浴场、影院、弹子房以及淫秽书店等场所;不得嫖妓和让妓女登轮。

(8)不得购买、拣拾、索要、接收、藏匿和传看淫秽、反动的书刊、画报、照片和录像带,不得收听反动、淫秽的广播。

(9)登岸购物应到正当的贸易场所,不得走家串户;不得拣拾、偷拿任何物品和以物易物;不得在国外出售、倒卖烟酒及其他物品。

(10)不得接受贿赂和变相受贿;不得向境外人员索要或暗示馈赠礼品;正常业务往来中所得的礼品、钱物,应由船舶领导按有关规定处理。

(11)不得进行偷带国家禁止进出口或限制进出口或依法应缴纳关税的物品出入境的走私行为和申报不实、逃避监管、倒卖个人进出口物品出入境的违反海关监管规定的行为;携带和在国外使用人民币及外币应严格遵守我国海关的有关规定和所到国或地区的有关规定,不得进行非法货币兑换。

四、《海上交通安全法》

《海上交通安全法》针对船员可能涉及的违反法律的情形制定了具体的惩罚。从船舶未持有有效证书、文书到未持有船员适任证书、船员健康证明,到违反通航秩序,无线电规则和海上航行、停泊、作业规则以及相关报告制等涉及海上交通安全的法律责任进行了全面规范，进一步压实了船长和有关责任人的法律责任，具体详情见附录。

五、《船员违法记分管理办法》

为增强船员遵守法律意识，减少人为因素对水上交通安全的影响，防治船舶污染水域，根据《中华人民共和国船员条例》等有关法律和法规，制定本办法。

本办法适用于对船员违反水上交通安全和防治船舶污染水域法律、行政法规行为实施累计记分（以下简称“船员违法记分”）。本办法所称船员，是指经注册取得服务簿的船员和引航员，以及游艇操作人员。中华人民共和国海事局负责统一实施全国船员违法记分管理工作。各级海事管理机构，依照各自职责负责具体实施船员违法记分工作。

船员累计记分周期（即记分周期）为 1 个公历年，满分 15 分，自每年 1 月 1 日始至 12 月 31 日止。根据船员违法行为的严重程度，一次船员违法记分的分值为：15 分、8 分、4 分、2 分、1 分五种。船员违法记分分值标准见附录。

船员违法行为事实清楚、证据确凿的，具有管辖权的海事管理机构应按照本办法对其实施船员违法记分，并予以相应记载。船员一次存在两种以上违法行为的，应当分别计算，累计记分分值。对存在共同违法行为的船员，应当分别实施船员违法记分。对船员的同一违法行为，不得给予两次及以上船员违法记分。船员在一个记分周期内累计记分达到 15 分的，最后实施船员违法记分的海事管理机构应当扣留其船员适任证书，责令其参加为期 5 日的水上交通安全、防治船舶污染等有关法律、行政法规的培训（以下简称“法规培训”）并进行相应的考试。船员在一个记分周期内累计记分未达到 15 分的，记分分值重新起算。

船员在一个记分周期内两次及以上达到 15 分，或在连续 2 个记分周期内分别达到 15 分，或连续 2 个记分周期内累计记分达到 40 分的，最后实施船员违法记分的海事管理机构应当扣留其船员适任证书，责令其参加法规培训和考试，考试内容除理论部分外，还包括船员适任能力考核。

船员需参加法规培训的，可向最后被实施船员违法记分地、船员注册地或船员适任证书签发地的海事管理机构报名。海事管理机构收到船员的报名后，对符合上款规定的应在 15 个工作日内组织培训。法规培训应包括水上交通安全和防治船舶污染等管理法规、安全知识的教育和海事案例等内容。被扣留船员适任证书的船员未经考试合格的，不得在船舶上继续服务。

第四节 外派船员的特点与要求

【要点】

外派船员一般都是分散在境外的私人船公司的船舶上工作，显然，职业特点与国轮上的船员有所不同。

【必备知识】

国际间的经济和技术合作不仅体现在国际投资和资金借贷方面的合作，而且体现在对外承包工程和对外劳务合作，尤其是对发展中国家来说具有特别重要的意义。船员劳务外派是对外劳务合作的重要形式之一，即指享有对外劳务经营权的企业与境外雇主签订合同，派出专业技术人员到雇主方的船舶上从事海上运输工作，派出单位和派出人员以合同规定取得经济报酬。

随着世界经济的增长和经济全球化的发展，国际贸易和海上运输得到了进一步的发展。由于发达国家人员工资在经营成本中的比例大幅增长和发达地区中船员数量的明显下降，船员供应的世界性东移已成定局。目前，世界船员的主要输出国是菲律宾、中国、印度尼西亚和印度。波罗的海航运公会和国际航运公会 2021 年海员劳动力报告预测到 2026 年将需要额外的约 89 510 名船员来运营世界商船队。该报告估计，目前约有 189 万海员为世界商船队服务，在全球运营着超过 74 000 艘船只。中国有较高质量的航海教育体系，国际船东们都对中国的航海教育予以高度评价和积极关注，事实上，中国有较大的潜力扩大船员培训的规模和容量。因此，对扩展船员劳务的国际份额将是一个极好的机遇。

一、外派船员的职业特点

其一，劳资雇佣关系明确。船员受雇于雇主，必须严格服从于雇主。船员虽然受到国家法律的保护，但是，同时也受到雇用合同的约束。其二，具有更高的英语交流能力要求。船员的多国化使英语沟通成为必要的工具，不仅工作需用英语，而且生活上的交往也必须用英语。其三，船员文化背景的多样化。船员组成的多国化不仅使各种文化在一艘船上出现交融和冲突，而且使人际关系变得更为复杂。因此，如何面对特殊的船上环境，做好本职工作，是外派船员的特殊要求。

二、外派船员的特殊要求

(1)严守劳务合同的规定，增强服从意识。每位船员都必须明确劳务合同的责任和义务，严格服从雇主的指挥；一旦出现劳资纠纷，应在法律允许的范围内，积极维护国家和个人的利益。

(2)自尊自律，爱国敬业。自觉维护人格和国格，自觉抵制各种腐朽思想的侵蚀，尤其是要自觉抵制吸毒运毒、嫖娼、赌博等违法行为。

(3)尊重同船他国船员的文化和生活习惯，谦虚谨慎，团结互助，确保各项任务的完成。

(4)严守涉外纪律，内外有别，严守国家机密。

第五节 滥用毒品和酗酒的危害

【要点】

吸食毒品会对身体、神经、精神、人格等方面产生极大的危害;酗酒是指经常过量饮用酒精饮料,饮酒成瘾,沉溺于饮酒尤其是强迫性过量饮酒后,酒精中毒同样有害于身心健康。

【必备知识】

一、毒品的危害

1. 吸毒对身心的危害

(1)吸毒对身体的毒性作用:毒性作用是指用药剂量过大或用药时间过长引起的对身体的一种有害作用,通常伴有机体的功能失调和组织病理变化。

中毒主要特征有:嗜睡、感觉迟钝、运动失调、幻觉、妄想、定向障碍等。

(2)戒断反应:是长期吸毒造成的一种严重的,并具有潜在致命危险的身心损害,通常在突然终止用药或减少用药剂量后发生。许多吸毒者在没有经济来源购毒、吸毒的情况下,或死于严重的身体戒断反应引起的各种并发症,或由于痛苦难忍而自杀身亡。戒断反应也是吸毒者戒断难的重要原因。

(3)精神障碍与变态:吸毒所致最突出的精神障碍是幻觉和思维障碍。他们的行为特点围绕毒品转,甚至为吸毒而丧失人性。

(4)感染性疾病:静脉注射毒品给滥用者带来感染性合并症,最常见的有化脓性感染和乙型肝炎,及令人担忧的艾滋病。此外,还损害神经系统、免疫系统,易感染各种疾病。

2. 吸毒对社会的危害

(1)对家庭的危害:家庭中一旦出现了吸毒者,家便不成其为家了。吸毒者在自我毁灭的同时,也危害自己的家庭,使家庭陷入经济破产、亲属离散,甚至家破人亡的困难境地。

(2)对社会生产力的巨大破坏:吸毒首先导致身体疾病,影响生产,其次是造成社会财富的巨大损失和浪费,同时毒品活动还造成环境恶化,缩小了人类的生存空间。

(3)毒品活动扰乱社会治安:毒品活动加剧诱发了各种违法犯罪活动,扰乱了社会治安,给社会安定带来巨大威胁。

无论用什么方式吸毒,对人体的肌体都会造成极大的损害。

二、酗酒的危害

早在1856年,法兰西航海医学家就提出了“酒精中毒是海员的麻风病”一说。一般概念饮酒的人在船员中较陆地人多。

酒精中毒有害于身心健康,其中最常见的是酒精中毒性的精神障碍,对肝脏的损害,其他还有胃炎、胃肠炎、周围神经炎、高血压动脉硬化等。有资料分析，酒精中毒性的精神障碍可通过药物治疗，一般能获得满意的效果，能在短时间内控制症状，但更重要的是强化其戒酒意念和心理治疗，使病人认识到酗酒的害处，做到永远戒酒。

有人认为需要借酒的放松作用来与朋友交谈，这不只是船员，其他人也是如此。应该指出的是，为交谈目的而饮酒的人应该注意自己在加强友谊中适当饮酒。

当今船上越来越得到改善的设备，给船员的生活提供了较好的条件。如果每个人都能合作，不良饮酒习惯就能得到改善。

现在大多数航海国家意识到，在他们的船上，潜伏着因毒品和酗酒带来的危险。特别是在现代化的船上，机械化程度越高，船员的人数越来越少，船员在海上吸毒和酗酒的可能性远比过去大，常因意识恍惚、丧失警觉、失去机械操作敏捷性，导致航海事故的发生，造成过失性犯罪。因此，航海业中应对滥用毒品和酗酒的危害做大力的宣传和不懈的斗争。

第六节

航海事故对船员心理的影响

海上事故发生后，航运企业往往只重视事故的善后处理，尽量减少经济损失，而对船员可能出现的心理问题不够重视或无力应对。随着时间的推移，船员有的心理问题得以疏解，而有的则可能演化成心理疾病，影响海上正常工作，甚至影响到船舶的安全航行。

我国《船舶交通事故统计规则》将航海事故分为 8 个类别：碰撞、搁浅、触礁、触损、浪损、火灾、风灾、其他事故。关于海事等级，我国分为 5 类：特别重大事故、重大事故、大事故、一般事故、小事故。

一、船员心理问题的表现

海上安全事故发生后，船员尤其是涉事一般会出现心理失衡状态，出现不同的反常状况，一般体现在四个方面的问题：

1. 生理方面

不同的安全事故会产生不同的心理反应，一般的安全事故造成的生理方面的问题会有紧张、头痛、注意力不集中、食欲下降等现象；部分船员要参与处理遗体，目睹现场的船员会有相当长一段时间的生理方面的问题，包括紧张、做噩梦、失眠等。

2. 情绪方面

一般性事故给船员造成的情绪方面的波动包括情绪低落、不安、焦躁、易怒、敏感、无法放松等，而大事故以及死亡事故给船员造成的情绪问题则更加明显，包括害怕、恐惧、悲伤、过分警觉等，有的甚至发展成为抑郁。

3. 认知方面

一般体现为：反应迟钝，判断力、注意力下降，难以集中精力，对自己不够自信，行动迟缓，工作效率低下，工作中易出错。

4. 行为方面

在船期间，不敢经过出事地点，刻意避开有关话题，过分小心谨慎，个别会有强迫、偏执行为；休假期间，躲避社交，不愿出门，不信任人，对人对事过分警惕。

二、船员心理问题的干预原则

1. 迅速确定问题所在

心理问题，表现在症状上，有的比较明显，有的非常隐蔽甚至会被忽略掉。海上安全事故发生后，要尽快进行分析和辨别，有的船舶领导受到过一定的培训、具有一定的分析辨别能力，可以直接开展工作，如没有这方面的能力可以向公司岸基或专业机构求助，防止错过时机、漏掉问题而导致船员心理问题的发生甚至恶化。

2. 家人或朋友参与危机干预

亲情的力量是巨大的，凭借现代化的通信工具，船舶领导可通过卫通电话、微信视频、电子邮件等通信方式让涉事船员的亲人或亲密朋友介入，给予鼓励、提供精神上的支持、帮助缓解心理压力等，其效果一般要比船舶领导的谈话谈心更快更好。

3. 让当事船员树立信心

安全事故发生后，当事船员要发挥自我调节的潜能，树立信心，自我鼓励，自我奋发，直面现实，解决问题；同时，船舶领导、公司机关要帮助当事船员放下思想包袱、帮助他们恢复心理平衡状态；注意防止船员产生依赖心理，否则很难让他们走出心理压力的困境。

4. 适当用药治疗心理问题

因安全事故造成的普通心理问题，通过心理辅导、行为干预等方式介入，基本可以解决问题，而且不会给当事船员造成后遗症；即便是较为严重的情况、需要药物治疗，也须以心理治疗为主，直至其恢复心理平衡状态；如果当成普通疾病处理，会对当事船员造成错误认识，而且一味服用药物会导致对药物的依赖性，那么恢复心理平衡状态将会很困难。

第七节 船员权益风险规避及维护

一、不签合同的风险

船员上船服务，如未签订合同，可能会面临难以证明雇主或用人单位是谁，每月工资是多少的风险，而这些内容将会直接影响船员维权的结果。船员上船前应当与雇主或用人单位签订书面合同，对工资标准等重要事项进行明确约定，在条件受限的情况下，可以通过微信、QQ、短信、电子邮件等方式订立合同，尽量要求对方给予明确的回复。

二、与“黑中介”签合同的风险

有的“黑中介”打着劳务派遣的旗号诱骗船员到其指定的船上服务，一般仅用工一两个月就要求船员下船，船东和中介都不支付工资。因船员短期内对服务船舶的所有人、经营人等信息难以了解，一般不会选择向其主张权利。但是在向这些所谓的中介机构主张权利时，又发现约定了由船东支付工资，维权遭遇“两头难”。船员要选择正规的劳务派遣机构签订合同，与中介签订合同时如约定由雇主或用工单位支付工资的，应要求实际支付方予以确认。

三、未保存证据的风险

如果没有签订合同，也未保存相应的证据，一旦发生纠纷，船员可能面临举证不能而承担败诉的风险。船员在与雇主或用人单位商谈工资标准过程中以及后续工作期间，务必保存通话录音、微信或 QQ 聊天记录等证据，尽量选择银行转账等更容易保存证据的收款方式，解职离船前如未结清工资的，要求雇主或用人单位出具欠条并邀请其他船员作证。

四、约定“包干工资”的风险

根据相关规定，对船员工资构成是否涵盖船员登船、在船工作、离船遣返期间的工作日加班工资、休息日加班工资、法定休假日加班工资，当事人有约定并主张依据约定确定双方加班工资的，应予支持。但约定标准低于法定最低工资标准的，不予支持。也就是说，双方签订的合同约定了“包干工资”涵盖了加班工资的，原则上不得再行主张。船员在签合同时一定要看清约定的工资是否包括加班工资。

五、不遵守安全生产规范的风险

雇员在从事受雇作业中受伤，雇主根据过错承担相应的损害赔偿责任，雇主可证明雇员存在重大过失的，可以减轻其赔偿责任。所以，船员在船服务期间受伤，如果其自身违反安全生产规范是导致受伤的重要原因的，船员也要承担相应的不利后果。船员需严格按照安全规范进行操作，做好必要防护。

六、未在期限内行使船舶优先权的风险

船舶优先权是对船员权益保护极为重要的一项先取权利，往往直接影响船员薪酬债权是否能够得到受偿，应当特别关注。因法律规定实现优先权必须通过扣押产生优先权的船舶行使，且必须自优先权产生之日起 1 年内行使该权利，故建议船员在解职离船后尽快行使权利，以免权利丧失。还需特别注意，船舶优先权的确认和行使并非是一回事，在法院判决确认优先权的情况下，仍应在上述期限内向法院申请扣船。

七、未购买保险而无法得到赔偿的风险

在船员和船东成立劳务合同关系的情况下，船员在船服务期间受伤的，作为雇主的船

东的赔偿能力主要取决于保险和自身经济实力,如未投保雇主责任险等能够增强船东赔偿能力的保险,一旦船东自身赔付能力较差,船员受伤后将难以得到充分赔偿。建议船员上船服务前与船东协商为其投保相应的商业险,以保障自身合法权益。

【思考题】

1. 试简述培训的要求和内容。
2. 成为一名合格的船员,应具备哪些条件?
3. 我国船员具备哪些劳动和社会保障的权利?
4. 作为一名合格的船员,应履行哪些义务和责任?
5. 船员应符合哪些特殊的职业道德要求?
6. 外派船员的特点和特殊要求是什么?
7. 滥用毒品和酗酒的危害有哪些?
8. 简述船员违法记分管理办法的主要内容。

第十章 案例教学

第一节 案例教学组织

(1)提供几个海事事故作为典型案例供小组分析和讨论;

(2)根据学员所受教育和培训资历,按每组 10 人合理配员;

(3)教师为每组指定一名组长和一名副组长;

(4)教师为各组布置讨论项目,各组项目可相同,亦可不同,明确时限和要求;

(5)各组在组长主持下进行讨论,副组长协助组长,并负责记录和整理讨论结果,如有助理教员,助理教员可做必要指导;

(6)在教师主持下,各组长向全班汇报讨论情况和结果,其他学员发表意见,教师讲评后结束讨论。

第二节 海事事故案例

一、"HJ"轮火灾事故

(1)事故概要

1994 年某"HJ"轮在宁波以东海面约 200 n mile 处(29°03′.000 N,124°04′.870 E)待命。轮机部趁此机会对右主机进行检修。当空载试车时,突然发生"飞车"事故,因未能得到及时有效的遏制,导致机舱失火。虽然初始火势不大,但终因组织不力,措施不当,灭火无效,酿成火灾。大火被扑灭后,该船被拖至码头接受专案组调查。该船因损坏严重,预算修复费用过大,最终放弃修复,作废钢船处理,推定全损。

(2)事故经过

1994 年 1 月 13 日 0300 时,某“HJ”轮在 29°03′.000N,124°04′.870E 处附近水域待令,该船曾于 1 月 12 日 0830 时发现右主机冒黑烟,燃烧工况欠佳,且主机已连续运转累计近 1 500 h。轮机部使用左主机单机运行,并开始检修右主机,在大管轮主持下,更换该机的全部 6 只喷油器。1 月 12 日约 1500 时进行空载试车 20 min(转速约 300 r/min),观察其排烟温度,发现第 1、2、3、5 号缸都偏离正常值甚大。认为可能是由于喷油器装配不良所致,计划将第 4 缸、第 6 缸的喷油器取出重新组装、调试。

1 月 13 日 0830 时,开始检修右主机第 4、6 缸喷油器。参加拆检的有大管轮、见习轮机长和另外两名机工,三管轮和一名机工在机舱集中控制室值班,轮机长在集控室。约 1040 时检修完毕,开始准备空载试车。大管轮在机房控制台操作,先打开气缸盖放气阀,用压缩空气冲车两次。在第一次冲车时,大管轮发现有油雾从第 6 缸示功考克处喷出。约 1042 时启动,初始转速正常(300 r/min)。约 5 s 后,该机转速突然猛增,机体剧烈抖动,发出刺耳的声音,该机左侧 6 个气缸盖上的安全阀全部跳起,并伴有火舌和黑烟从该机左侧喷出。机体下部左侧也有黑烟冒出。

机舱人员意识到这是“飞车”现象。大管轮、见习轮机长几乎同时将“供油调节旋钮”旋至零位,又将“操纵手柄”拉到停车位置,紧接着将高压油泵进油总阀和喷油嘴冷却进出油阀关闭。随后,轮机长也来到集控室,查看了各阀门都在关闭位置,又跑到机舱上部切断了机舱内 4 部通风机电源。以上措施均未奏效,右主机仍在高速运转,机体抖动加剧。约 1047 时,听到右主机发出一声巨响,并伴有浓烟从右主机右侧中部向外涌出,顿时整个机舱烟雾弥漫。这时,在右主机右侧燃油低压驳运泵处有明火出现,右主机也停了下来。轮机长一边告诉见习轮机长、三管轮和大管轮快去灭火,一边跑到集控室将左主机停掉,随后离开机舱向船长报告起火情况。轮机长离开机舱后,见习轮机长和两名机工也相继离开机舱。当时,现场灭火人员只有大管轮和三管轮。火源初始范围约 2 m,火焰高度约 1 m。他们共释放了两瓶手提式二氧化碳灭火剂,因烟气使人窒息,两人也相继离开机舱。

船长接到轮机长的报告后,要求轮机长想办法救火。轮机长在主甲板走廊喊:

“机舱失火了,快拉水龙带”,并告诉见习轮机长到机舱启动消防水泵。在附近的大副听到后,立即组织甲板人员拉水龙带,但由于机舱烟雾过大,没能拉到机舱下层。大副派人拿来的两套消防衣因气瓶无压,呼吸器无法使用,最终放弃到机舱灭火的念头。此时,轮机长感到机舱火势得不到控制,机舱内油柜可能会爆炸,即请示船长。

轮机长得到同意后,约 1057 时,关闭了总的油柜“速闭阀”。约 1100 时,船长报告:“现在我船机舱失火,主机、辅机全部停掉了。现在我正在抢救。”约 1104 时,运行中的发电机停止,全船断电。在关闭“速闭阀”的同时,轮机长告诉电机员启动应急发电机,并通知见习轮机长启动应急消防泵,但都没有启动成功,人也下不了机舱。得知此情况,船长决定弃船。约 1120 时,与附近的台湾商船“YXHD”轮联系救助。1155 时,全体 35 名船员离船,登上营救船“YXHD”轮。

【分析与讨论】

(1)导致该起火灾事故发生的主要原因是什么?

(2)在主机修理过程中,火灾的最初发现者采取了哪些火灾应急措施?所采取的应急措施是否有效？

(3)该船消防设施的使用与养护是否得当？

(4)从该起火灾事故中，应吸取哪些经验教训？

二、几例船舶碰撞事故

(1)某晚2036，M船和G船在日本Irako水道中发生碰撞。当时能见度很好，流向S，流速约1.5 kn。M船装有航向记录器和雷达，G船装有两台真运动雷达但无航向记录器。水道两侧的航海危险物由红、绿闪光灯浮标示，航道的轴线由两个闪白光灯浮标示，方向为133°/313°，两灯浮间距约5 n mile。按照日本航路指南规定，进口船应在两灯浮东面通过，出口船在其西面通过。M船是出口船，G船是进口船，为了左舷对左舷安全通过，各船应保持在水道的右侧航行。G船是保持在水道右侧航行的，而M船没有这样做，它所驶的航向使其逐步进入水道另一侧的进口航道（左侧）。当两船驶近后，两船都采取大舵角试图避碰，从而发生了碰撞。

(2)夜间，能见度不良。K船向西行驶，G船向东行驶，两船航向相反且都全速前进。两船都在使用雷达，G船没有进行雷达标绘，K船在6 n mile距离上停止标绘。在能见度很快变坏的情况下，K船先以10.5 kn速度行驶，仅鸣放过一次雾号。当它看见G船回波在距离左首12 n mile时，向右转向10°，6 min后它又右转10°。G船在浓雾中采用自动操舵，以11.5 kn速度行驶，雾中行驶一段时间后，鸣放了雾号。观察到K船时，其方位是右首约7.5°，距离6 n mile（这时K船已右转）。两船在0.5 n mile距离上互见，随后G船以直角撞击K船使之沉没。

(3)早晨0400左右，S船和H船发生碰撞，当时天晴，能见度良好。两船都在使用雷达，可在14~16 n mile探测到他船的存在。两船都在相当距离上看到他船的桅灯，可在相距8 n mile时用视觉或望远镜获知他船的动态。两船航向接近相反，只差2°或3°。两船都有自动操舵装置，两船速度都是16 kn。H船二副值班，采用自动操舵，航向324°。在0345时即碰撞前15 min，瞭望人员和实习生离开驾驶台去叫接班人员，这时S船方位是右舷30°，距离为3~4 n mile。二副认为两船会以1 n mile距离通过，因此离开驾驶台到海图室用雷达定位。在碰撞前6 min，S船突然盲目地在不恰当的时刻采取了向右转向的行动。在临碰撞前，H船瞭望人员回到驾驶台，看到与S船处于交叉相遇航向，便叫二副，二副命令将自动操舵改变为人工操舵，并下令全速倒车。碰撞随即发生，S船起火，11人丧生。

【分析与讨论】

(1)总结上述几起碰撞事故，船舶驾驶人员违反了哪些避碰规则？

(2)船舶碰撞事故发生后，应采取哪些有效的应急措施？

(3)在这几起碰撞事故案例中，应吸取哪些方面的教训？

三、搁浅/触礁事故

某船载重10 000 t，满载最大吃水7.5 m，自印尼JAMBI港装约1 000 m^3 PLYWOOD后，船舶吃水2.20/5.60 m，再驶往PONTIANAK锚地加载。航行过程中，代理传真通知锚地的装载位置为 00°05′. 10 S、109°05′. 10 E，由于印尼海区的航海资料匮乏，只有 BA1312 海图可以使用，经简单分析、预画，决定采用计划航向 081°，直接驶向装货地点。0620 时通知机舱换油备车，0645 时通知大副、水手长去船头备锚，并将车速减至 SLOW AHEAD。

根据 GPS 船位显示 00°04′. 97 S、109°05′. 00 E，发现继续航行 081°将偏离指定位置，随即船长下令"右舵 15°"，改驶航向 100°，但当船首右转至 095°时就不再转动。船长估计搁浅，又采用右满舵试图继续改向，发现船首稳定在 095°不动，断定搁浅，立即停车、正舵，通知机舱船舶已经搁浅，命令轮机长检测机舱状况，并通知大副抛下左锚，一节锚链入水。0700 时用雷达核对船位 00°06′. 42 S，109°05′. 48 E，通知机舱完车舵。然后命令大副放软梯查看水尺，命二副和水手长用水锤测深，前后水尺为 F 2.00 m、A 3.80 m。

船长马上用 VHF 通知代理上船，并要求其携带当地潮汐资料。代理上船后，告诉船长电传中的装货位置是错误的，正确位置应为 00°04′. 90 N、109°03′. 70 E，有不少船舶曾在此处搁浅，并告知底质为淤泥，不会对船体造成损伤。船长要求代理派大功率拖船协助，代理明确告诉此地无拖船可使用，只能靠船舶自行脱浅。

【分析与讨论】

(1) 船长在初次发现船首无法转动后，采取的右满舵措施是否正确？

(2) 船长在确定船舶搁浅后，采取了什么措施？这些措施是否正确？

(3) 在该起船舶搁浅/触礁事故案例中，船舶应如何成功脱浅？

四、战争应急典型案例

(1) 事故概要

2003 年 3 月，波斯湾的局势风起云涌，伊拉克战争的阴云笼罩在波斯湾上空，剑拔弩张。我国"FAS"轮安全地靠离战争区域港口，顺利驶出战争区域。

(2) 预防措施

在战争这个特定时期，既要保证人身安全，又要坚持正常的生产，维护公司的信誉和货主的利益，这是一件相当艰巨的任务。为了完成航次任务，船舶严格遵照公司的部署，从船舶领导到普通船员，全船行动，做了大量的准备工作，采取了战区特色措施：

做好船员思想的稳定工作，加大宣传教育力度，向船员讲清此次航行任务的艰巨性、战区运输的危险性和防范工作的重要性，同时说明只要思想重视，认真做好防范工作，战争便不会威胁到船舶。

电台应 24 h 与公司保持联系，每天向公司反馈船上动态。船舶部门分头布置，甲板部在大副带领下在船体上做醒目标志，轮机部加强检修，业务部准备食品和应急药品。

停靠霍梅尼港期间，保持高度警惕，驾驶台、电台、梯口实行 24 h 值班，对来往人员进行登记。

靠泊时抛出开锚，机舱主机备妥，一旦战火危及霍梅尼或封港，可在没有拖轮、引航员的情况下自行离泊出港。

(3) 事故经过

2003 年 3 月，"FAS"轮从德国汉堡出发，经比利时、埃及、希腊，过苏伊士运河，驶入红海，开往波斯湾内的伊朗霍梅尼港，该轮于 3 月 17 日到达了阿曼湾附近海域，再往前就是波斯湾，据电台消息，当日是美国总统布什宣布开战的最后期限。

3 月 18 日凌晨，船舶过霍尔木兹海峡，COAST GUARD 电台询问该轮国籍等资料，船长一一做了回答。进入波斯湾后，美英联军船只和直升机很多，船舶一直由美英军舰和直升机“护航”。

3 月 19 日，当地时间(下同)1416，该轮抵达霍梅尼港外引航站附近锚泊，此时距战争打响只有十几个小时，与伊拉克水域相邻的霍梅尼引航站形势相当紧张，附近海面没有一条抛锚船。

1500 时，狂风大作，沙尘弥漫，船舶从中国国际广播电台中获知自即时起美英联军随时会向伊拉克发起进攻。

1525 时，船舶领导立即集中各部门主管召开紧急会议，启动应急程序，要求各主管带头坚守一线岗位，坚持 24 h 值班，做好应对各种突发事件的工作，全力以赴保证船舶和人身安全。

1600 时，驾驶台各值班人员坚守岗位，生产经营有条不紊，船长用 VHF 呼叫引航员。原计划直接上引航员，因战争在即，当地民心浮动，引航员迟迟不愿出港引航，随后船长多次呼叫引航站，引航员均以天气不好为由不愿引航。

1605 时，两架标有“US”的战斗直升机向该轮径直飞来，在距船舶仅几米高的空中盘旋，面对全副武装，荷枪实弹的士兵，船员情绪很稳定，船长沉着冷静地用 VHF 呼叫直升机，向直升机报告了该轮的资料和装载货物的情况，美军战机盘旋几周后离去。

2300 时，该轮顺利靠泊距伊拉克战区仅 27 n mile 的霍梅尼港。

3 月 20 日 0536，战争打响，船舶立即进入紧急状态。由于船舶于开战前几小时进入伊朗境内，因而暂时避免了受炮击误打的危险。

3 月 24 日，船舶在霍梅尼港卸货完毕，下一个港口是沙特阿拉伯的达曼，然后是卡塔尔的多哈和伊朗的阿巴斯。从霍梅尼到达曼需航行 24 个小时，是航行中最危险的航程。当天 2300 左右，大部分船员都已休息，当值三副忽然发现船身右前方有不明漂浮物，而且雷达显示距离船舶只有 200 多米。由于夜晚的能见度极低，一时无法查清水面物标，考虑水流和船速的影响，船舶如果继续前进很可能会被撞中船体后部的生活区。三副立即警觉起来并报告船长，船长迅速判断了当时的形势，当机立断立即下令——减速，右满舵，同时拉响全船警报。全体船员听到警报后，迅速进入紧急状态。由于及时调整了航速和航向，漂浮物在距船首仅 20 m 左右的位置沿着船体左侧漂过，最后经确认，发现该物体是一个鱼标。

在阿巴斯卸完最后一批货后，该船终于在 4 月 7 日安全驶离了波斯湾，进入了相对安全的 B 级战区海域。

【分析与讨论】

(1)在该起战争应急案例中，美伊战争爆发前，我国“FAS”轮采取了哪些应急措施？

(2)船舶在战争区域航行时，采取了怎样的安全措施？

(3)试讨论在战争期间做好船员思想工作的重要性。

五、违反船员值班规则相关案例

(1)事故概要

1999 年“×××”轮满载河沙从中国港口驶往日本千叶港，1158 时在闽江口触碰七星礁，最终船舶沉没于 26°09′.20 N，119°47′.45 E，船员全部获救。

（2）事故经过

1999 年马耳他籍散货船“×××”轮满载河沙由福州港松门码头开往日本千叶港。船长为韩国人，于 1999 年 1 月 8 日在韩国仁川上船，第一次来福州港。二副、三副 1998 年 10 月 1 日在中国珠海上船，第四次来福州港。

0930 时引航员登船，0935 时离泊开航，1050 时抵壶江引航锚地，引航员离船后由船长指挥出港。约 1147 时二副上驾驶台，此时阴天，偏北风 4 级，海面轻浪，能见度良好，流向 SE。

三副用雷达测定了 1150 时船位：日庄礁方位 263°，距离 4 n mile。其实定位后已表明船舶向右偏离计划航线。但船长没有命令转向，三副也没有提醒船长。

三副测定船位后，在海图室交班给二副：“现在全速前进，没有定速，船长在驾驶台指挥。”然后自己在海图室写航海日志。二副接班后从海图室来到前面的操舵室，没有对船舶所驶航向、航速、船位及水域情况进行核对。此时七星礁方位 098°，距离只有 1.7 n mile，船首向几乎对着七星礁，但船长、二副和三副没有注意到。

此时电报员将编写的离港报文送船长审阅。船长对二副说：“我们已走出狭水道、浅水区……”（船长称跟二副说过：now you make her course，二副称船长说的是：keep course）然后离开操舵室到驾驶台右后部的电传站，这时航向 085°。

船长审阅电文后，电报员于 1155 时发出离港报。当水手告知二副前面有灯桩时，二副令左舵 10°，走 078°。

约 2～3 min 后，1158 时，船长刚从电传室回到操舵室，船剧烈振动了一下，船头向左偏转，二副用 GPS 定位，发现船位在七星礁盘北边缘上。1200 时船长下令停车，船舶靠惯性继续前冲。测量发现船舶多舱进水。1230 时船长令动车取航向 320°，不久改航向 330°，此时船艏已开始下倾。1320 时抛下左锚五节，位置在 26°09′.1 N，119°47′.5 E，继续观察、量水、排水，第一货舱进水较多，漫出货砂，船头下倾。

2000 时船员乘救生艇安全离开难船。2 月 1 日 0950 时该船全部坐底。

【分析与讨论】

（1）导致“×××”轮触礁沉没的主要原因是什么？

（2）船长、二副、三幅和值班水手各有哪些值班上的疏忽？

（3）在本案例中，应汲取哪些经验教训？

六、“瓦尔迪兹”号油轮溢油事故分析

1989 年 3 月 24 日零时 4 分，埃克森石油公司的瓦尔迪兹号超级油轮，装载原油 192 000 m^3 行驶到威廉王子湾水域时触礁搁浅，致使 8 个油舱破裂。原油以 6 360 m^3/h 的流速溢出。

事故发生后，因未及时采取措施，溢出的原油一度失去控制。据海岸警卫队官员报道，事故发生 3 h 后溢出原油达 21 940 m^3，6 h 后，在海上迅速扩散成 15.5 km^2 的溢油带。3 月 25 日用围油栏包围“瓦尔迪兹”号油轮时，海面上的溢油带为 31 km^2。此时天气晴朗无风，有利于溢油回收。但 26 日海面起风，使油层漂浮扩散了约 60 km^2，进入威廉王子湾西南海域，侵袭了奈特岛、内基德岛和小斯密斯岛海岸。27 日后，溢油在海面迅速

扩散到 259 km。已无法控制。最终使溢油面积扩大到 7 770 km^2,污染了 1 609 km 长的海岸线。

为控制原油不再继续从油轮中溢出,采取的有效方法之一是将油轮中剩余的约 154 000 m^3 原油由 6 台潜油泵和 4 台辅助泵输往另外 3 艘油轮中。为保持油轮平衡,在输出原油的同时,向油轮内泵送海水。输送到两艘油轮中的油量达 128 000 m^3,占总油量的 83%,输送到第三艘油轮中的液体为油水混合物。

从瓦尔迪兹油轮中溢出的原油达 38 160 m^3。以上,原油溢出后迅速扩散,直到 7~10 天后才停止扩散。但部分溢油仍随海风、海流、海浪和海潮继续漂移。

埃克森石油公司 5 月 1 日开始实施清理阿拉斯加湾海峡以外溢油区的计划,截至 9 月 15 日结束。预计在风暴来临前有些时间无法从事清理工作,其中 6、7 两月占 5%,8 月占 20%,9、10 两月占 80%。埃克森公司估计有 1 168 km 的海岸需要清理。溢出的 38 160 m^3 原油可蒸发 13 355 m^3,回收 3 500 m^3,水中降解 1 908 m^3,分散 1908 m^3。估计在威廉王子湾水域和海岸分别有 4 770 m^3 溢油。阿拉斯加湾有 6 360 m^3 溢油,湾内海岸上有 1 590 m^3 溢油。4 月中旬,苏联 130 m 长的"Vaidogubsky"号污油回收船驶抵出事地点协助除油工作。埃克森石油公司出动 2 800 多名清理人员,分成 6 个清理队,由两艘军用船只(每艘载送 400 人)送往清理现场。每支溢油清理队由 400 名清理队员组成,配备有 92 艘船只,其中包括 12 艘平底船、10 艘拖船以及若干艘膳宿船、渔船、娱乐船和快艇,用来运送清理人员和供需品、铺设围油栏以及运送发电机、泵、水龙带和热水器等。

为处理这次溢油事故,埃克森公司从美国本土 33 个州和中国、芬兰、挪威及加拿大等国购买了大量的物资和设备。其中购买热水器费用约 800 万美元,小型起重设备 600 万美元,防水布 20 万美元,食品 1 200 万英镑;发放保护眼镜 10 万副、手套 50 万副,并使用了数百万条废料袋;同时还购置了 275 艘快艇,700 台舷外用马达,350 台发电机,490 台蒸汽清洗器,850 台泵和 170 多部机动车辆。

在清理溢油过程中,先后使用各种船只达 2 000 多艘。对于这次溢油事故对威廉王子湾自然资源产生的长远影响的问题,埃克森公司同意提供 1 500 万美元进行研究。这次清理阿拉斯加溢油的总费用达 10 亿多美元。

在清除海岸溢油的工作中,埃克森公司采用了热水驱油法。所用的一种主要设备是数十艘 55 m 长的 Maxi 平底船,船上专门配有由锅炉和换热器模块组成的密闭淡水系统以及 225 kW 发电机、水龙带、燃料罐、增压泵、排污泵和撇油器。海水经换热器加热至 60 ℃,并以 5~6.4 kg/cm^2 的泵压和 9.5 L/s 的排量泵输至海滩,进行高压冲刷海滩作业。含油水流入用围油栏包围的浅海水域内,并由撇油器把污油从水面回收到平底船内。截至 5 月中旬,清理人员超过了 5 万人,因为来自阿拉斯加州的 125 个团体也加入了清理大军。另一种主要设备是一艘装有 34 m 长机械臂的 Omni 平底船。经过改装后,在机械臂上安装了 8 只可调节喷嘴,能在不同的工作强度下进行各种类型的清理作业。机械臂由液压控制,其首部可在清理人员无法作业的海滩溢油区进行冲刷清理作业。船上装有 6 台燃油热水器,可将海水加热至 66 ℃;然后,以 5.6 kg/cm^2 的泵压和 31.5 L/s 的排量泵输,进行清理操作。

在努力进行人工清除溢油的同时,还采用了生物降解溢油的方法。在威廉王子湾,海水含有能够降解多数有毒烃类的自然菌。但大量的溢油限制了把烃作为食物的菌类所必需的氮、磷有机营养物的数量。5月初,美国环境保护局对生物降解法进行了试验。给溢油海滩添加氮、磷营养物,促使了细菌增殖,使其含量超过正常含量的100倍。实际上,这自然培养了嗜油的有机物,使其降解更多的溢油。

到8月底,清理人员已从海滩上清除了大部分溢油,海洋生物开始恢复。但是,在岩石海滩上,风化后的溢油稠如沥青,即使用热水冲刷亦难清除。最后,在作业海滩采用了生物降解法,发现在受到轻度及中度污染的溢油海滩上,采用生物降解两周就可使溢油完全消失。据估计,采用生物降解法3~5年就可降解海滩上的全部溢油,采用其他办法约需5~10年的时间。

这次清理溢油作业于9月15日结束。使用的设备和物资都超过了埃克森公司的原计划指数。但是,清理的溢油海岸超过原预计清理1 168 km海岸的50%。

这次溢油事故给美国的政治和经济带来了严重影响。4月初,美国海岸警卫队做出规定,油轮只能在白天通过威廉王子海峡。事故发生后北坡原油供应量下降50%,为159 000 m^3/天,导致至少一家炼油厂停产,另一家炼油厂的生产能力下降。阿拉斯加州也因事故推迟了原定于1989年6月26日出租库克湾的租约。被污染地区的大量海洋生物遭受到厄运,估计有200多头海獭类动物和1 400多只水鸟丧生。事故迫使阿拉斯加州的渔民不得不过早地结束了捕虾季节,推迟了捕鲱鱼的季节,也取消了捕鳕鱼的计划。据估计,1989年该地区的渔业收入至少损失了1.5亿美元,10年内渔业生产难以恢复到正常水平。2009年3月,世界自然基金会发表了一份研究报告。报告称研究后发现,20年后,阿拉斯加州海岸仍旧覆盖着大量的石油,油水混合物甚至渗入到了阿拉斯加州威廉王子海峡艾利洛岛。

【分析与讨论】

(1)试讨论:船舶油污染的途径及危害。

(2)《船上油污应急计划》的主要内容包括什么?

(3)船舶溢油污染应采取哪些处理措施?

(4)根据教师提供的实船《垃圾管理计划》,讨论:船舶垃圾处理方法,减少船舶垃圾产生途径,防止船舶垃圾污染的主要措施。

七、"××"轮触礁事故分析

(1)事故概要

1996年11月2日某航运股份有限公司"××"轮,装载油菜籽17 850 t,在由加拿大温哥华开往日本鹿岛途中,在千岛群岛即北纬47°18.07′、东经152°31.66′处触礁搁浅,导致船体严重损坏变形,并在随后的风暴中折断全损,直接经济损失达600万美元,"××"轮上28名船员在俄罗斯救助机构的协作下,在各方的积极救助下,全部安全脱险,无一伤亡。

"××"轮:全长184.72 m,型宽23.20 m,总吨17 119 t,净吨8 190 t,载重吨25 667 t。

(2)事故经过

"××"轮第25航次在温哥华装载油菜籽17 850 t,于1996年10月19日1485LT离港,按二副根据船长指示设计并画好的计划航线驶往日本鹿岛港卸货,船舶吃水:首8.20 m、尾9.18 m。"××"轮自10月19日开航至11月1日中午,共航行3 176.6 n mile,平均航速11.06 kn。11月2日0400至0445LT(含拨慢20 min),航行15 n mile,平均航速 13.64 kn。

1996 年 11 月 2 日 0350LT,大副上驾驶室,先在海图室过目了航向和船位,接着到驾驶室看天气和海况,为阴天、西南风 6 级左右、能见度良好。目测,右舷接近正横方向约 4 n mile 左右有一艘渔船,灯光较强,与本船反向行驶;另有四艘渔船在本船左舷约 45°、6 n mile,灯光较弱,移动不明显。大副在雷达上观测,当时雷达扫描显示在 24 n mile 档(相对运动雷达显示),认为:荧光屏左前及四艘渔船前有云块回波,从左前约 5°到右前约 30°又有一块比较大的云块回波,右后有不明显形状的云块回波。此时双眼适应,就叫二副休息,0400LT 二副交班 GPS 船位:47°21.5′N,52°53.5′E,航向 C255°,GC255°,CC256°(磁差 CE-1°)。从 0400LT 开始,在驾驶室值班的为大副和一水,交班前二副未在雷达上观测。

0420LT 大副将船钟拨慢 20 min,为 0400LT,东 10 区,并通知机舱同时拨,后到海图室用 GPS 定位,GPS 船位:47°21.5′N,52°47.0′E(航海日志未记),这期间大副曾用雷达做过观测,并认为:船首左右云块回波接近较快。

0430LT 左右值班水手(当时站在驾驶室右侧距前瞭望窗约 2 m 的位置)看到前方有像山的影子时,自言自语说了一句"前面是山吗?"大副接着说:"空白图怎么会有山呢"(注:大副未承认)。此时水手看到大副在用雷达观测。大副观测并判断为,云块回波接近较快,认为雨雪即将来临,决定穿过云区。

0445LT,大副感到船如浪击似的抖动了几下,令值班水手换手操舵,左满舵,值班水手从驾驶室右边过来,改手操舵,左满舵,船头不动,水手说,"无舵效",大副又说"左满舵",水手说,"我已讲过没有舵效"。水手又对大副说"大副,是山",大副回答"空白图怎么会有山呢"。

睡觉中船长感到船有抖动,起床到房间前边舷窗向外看,看到窗外黑乎乎的,认为主机有毛病,是主机转速到临界转速的抖动,后来到卫生间听到电话铃响,跑出来听电话,大副在电话里讲"船钻云了",船长说"船钻云不会有抖动"。

约 0452LT 船长穿睡衣裤上驾驶室,上来就问:"什么事情?"大副和水手都说了"舵不来",船长问"什么舵",大副说"左满舵",水手说"好像有山",船长说"走空白图怎么会有山(船长未承认)"。船长、大副和水手到驾驶室右边门外一看,船附近有白色浪花,再向远一点看,岛的影子模糊可见,船长回到雷达处,将 24 n mile 挡换成 3 n mile 挡,看到雷达荧光屏一片白,马上到海图室将 GPS 船位记在草稿纸上,从每日用图的抽屉里取出洋流图,将船位标上,知道已搁浅了,命令停车,大副记下时间为 0455LT。

由于受千岛北部南下冷空气影响,11 月 2 日至 3 日,阴天,西风 7 级,巨浪,船舶颠簸震动并有异常的响声,船长分析船舶存在断裂的可能性,向公司报告准备撤离"××"轮。

该公司根据船长的报告和天气趋势,经慎重研究分析,为保护船员的生命安全,同意组织船员分批撤离,并通过俄罗斯救助机构积极联系先期抵事故地附近海域的俄罗斯渔船和集装箱船协助转移船员。

11 月 3 日 1525LT,按船长命令,第一批船员 19 名乘艇向俄罗斯渔船转移,1710LT 三管轮、水手长、舵长驾艇回"××"轮。1930 时 16 名"××"轮船员从俄罗斯渔船转移到俄罗斯集装箱船上,船长、轮机长等其他 12 名船员留"××"轮守候。

4 日下午根据 5 日中午有猛烈的大风天气将影响该海区的气象预报,该公司同意候守在“××”轮上的12名船员撤离“××”轮。

5日约1000LT起至8日上午，有一发展低压影响该海区，海面最大风力达11级，狂浪。

风暴过后，“××”轮已断为两部分（从水面上看），船尾部向后移30～50 m、向右倾斜，尾楼左舷在水面露出，雷达架及卫通天线看不见，首桅及1号和2号克令吊露出水面。

由该公司日本救助船11日1400LT抵达事故现场报告：“××”轮的后部与前部完全分离开，船的前部向左倾斜7度，走向接近朝南，由于浪的作用露出部位时隐时现，从这些部位向后就完全在水里面。首楼甲板后面位置上的吊杆已经不见，在这种程度上来讲，此船已破损。

鉴于“××”轮折断、无救助可能，“××”轮船长于12日0000LT宣布弃船。

（3）事故原因

船长管理上的严重失职是致使“××”轮全损事故发生的根本原因：

①船长自1996年9月2日上“××”轮后，特别是在对高级船员不完全了解、不熟悉的情况下，不考察高级船员的业务技能，在接受航次任务后，不召开航前会，研究部署航行计划，说明航线特点和注意事项。

②向二副下达的设计航线指示不明确，当二副向其报告无北太平洋总图（航用海图）时说“去年我在这当船长时就没有总图（航用海图）”。在第25航次共三次购图，船长都未申购北太平洋航用海图。

③当二副设计完由温哥华至日本鹿岛的航线，准备好用图，建立台账，并报告船长后，船长仅翻过一次航次用图，而未按《海图作业规则》的规定审核航行计划。

④航行中，对驾驶员只使用仅能用于定位参考的空白图，未做出任何纠正，从未严格审核驾驶员的海图作业。

⑤对公司指示、命令漫不经心，不予重视。10月21日接公司调度部门询问航程电报后，船长未加复查核实航线航程，草率回电。

大副航行值班严重疏忽、盲目判断是导致“××”轮全损的直接原因。

⑥违背航行值班的基本原则，盲目驾驶，使“××”轮面临危险。11月2日0350LT，大副上驾驶室，并于0400LT接班。只查看标在空白图上的船位、航向、GPS，但未按规定核对船舶在海图上的地理位置和有关海图资料及前方海域地形、海流等情况，对航速加快以及进入太平洋航行以来第一次同时见到数艘渔船作业的现象和雷达屏幕上的大片回波未做任何分析，而臆断为在大洋航行无障碍。

⑦违背《1972年国际海上避碰规则》，未保持正规瞭望使船进入危险局面。大副在0350LT就在雷达中观测到左舷前及四艘渔船的回波前还有较大的回波，从左前约5°到右前约30°又有一比较大的回波，且回波范围大，影像明显、清晰，此时船距千岛群岛最近处约有15 n mile，有充分时间供大副分析判断，但在此后的1小时5分钟时间里（船钟拨慢20 min），虽曾用雷达做过观测，但未做连续的观察，也未采取其他有效手段核对，而是将此时出现在雷达屏幕上的千岛群岛中的部分岛屿认为是云，而当从雷达上观测上述回波方位不变，距离减小，这种显而易见的危险局面时，仍未按海员通常习惯谨慎驾驶，不采取有助于避免碰撞的行动。

⑧严重戒备疏忽过失，不负责任的航行决断致使“××”轮不可避免地驶上OSTOVKE-

TOI 岛岸边礁群,船体严重受损。约 0430LT 左右站在驾驶室右侧靠近门边的值班水手自言自语地说了一句“前面是山吗”。此时船距 OSTOVKETOI 岛约为 n mile,如果大副立即警觉,加强瞭望,或是打开驾驶室门到室外认真查看,用望远镜仔细瞭望、观察、搜索前方或周围海面情况,发现山的影子是不难的,马上按驾驶室常规命令采取紧急措施还是有足够时间的,可是大副非但不按驾驶室常规命令要求采取任何措施,还一意孤行地认为“空白图怎么会有山呢”。而将前方一面积约 9.7 km^2、主峰 1 172 m 高的岛屿,当作云区并决定穿云而过,而当约 0445LT 船触礁产生震动之时,大副将其采取的左满舵的措施解释为避开云区。致使船继续推进 10 余分钟,船体严重变形损坏,不能抗御大风浪而折断全损。

二副航线设计错误是导致此起事故的重要原因:

①二副严重违背《海图作业规则》,在执行船长下达设计航线的指示时,没有参考任何有关资料,也没考虑选择大洋航线应注意的问题,只根据船长“航线可拟在来时北一些”的意图,在没有北太平洋航用海图,没有采用大圆航行设计图的情况下,仅在 10 月份航路海图上用三角板和平行尺取点,从“J”灯浮到经度 180°走恒向线,之后到鹿岛外逐渐向下转点航向,设计出所谓的“大圆航线”。整个航线共有 12 个转向点,其中经度 130°以西 7 个转向点,取好点后在空白图上画妥航向、转向点等。事实上第 8 转向点(47°55.5′N,156°00.0′E)到第 9 转向点(47°01.1′N,151°00.0′E)之间的 225°计划航向线穿过了千岛群岛的 OSTOVKETOI 岛;第 9 转向点到第 10 转向点(41°07.0 N,142°48.5′E)之间的 225°计划航向线第二次穿过岛屿。航线画好后未核查就放进了抽屉。

②没有认真履行二副职责,当在本船找不到北太平洋航用海图时,仅问船长怎么办,而三次购图均未申报购领此图。

(4)事故教训

①未能科学合理地配备船员,特别是高级船员

“××”轮船员派出单位,在确定船员时是考虑了新老搭配,老带新,新帮老,取长补短,但事实证明在选派船员,特别是在选派高级船员问题上缺乏周密性、科学性和合理性,没有认真分析船员素质好坏搭配问题,忽视了船员的综合素质和表现。人事管理部门对派前选拔考核缺乏有效措施,未能准确掌握受聘船员的技术状况,放低了船员标准。

该轮所配备的船长、大副缺少责任心和敬业精神。二副、三副均初次任职,专业理论水平也低,实践经验少。

②船长未加强对船舶航行计划的指导和监督

10 月 21 日,该公司在该轮预抵日本卸港的电报后,对船舶预抵时间产生了疑问,也曾发电要求船长调整航线,但对船长不负责的复电,未严格履行职责检查和分析,对与习惯航线、航程出现的误差未予纠正。

【分析与讨论】

(1)作为船员,为了自身和船上人员的安全,船员应具有哪些义务和责任?

(2)如何成为一名合格的海员?

(3)本案例中船员应承担哪些责任?

八、“大舜”轮火灾沉没事故分析

(1)事故概要

1999 年 11 月 24 日,山东航运集团有限公司控股企业——烟大汽车轮渡股份有限公司(以下简称烟大公司)所属客滚船“大舜”轮,从烟台驶往大连途中在烟台附近海域倾覆。船上 304 人(40 名船员,264 旅客)中 22 人(5 名船员,17 名旅客)获救,包括船长、大副和轮机长等船上主要船员在内共 282 人遇难,直接经济损失约 6 000 万元。

(2)事故经过

烟大公司为一股份制企业,成立于 1998 年 1 月 11 日。经营烟台至大连航线的客滚运输,由山东航运集团有限公司控股。集团公司直属山东省交通厅,对烟大公司按直属企业实施管理。烟大公司设总经理、副总经理、海监室等岗位和职能机构。领导班子无一人懂船舶驾驶,主管安全和海务监督业务的海监室编制 3 人,该室主任长期空缺,副主任和监督员无客滚船舶的驾驶资历。

“大舜”轮是烟大汽车轮渡股份有限公司 9 条客滚船中的一艘。“大舜”轮总吨 9 843 t,净吨 5 118 t,载重吨 2 888 t;总长 126.23 m,设计航速 18.5 kn,乘客定额 520 人。

1983 年 4 月 20 日在日本内海造船株式会社建造。

“大舜号”船员证书和船员适任证书齐全有效。船长时年 42 岁,是威海一家海运学校的毕业生,毕业伊始就投身海运事业,至 1999 年已近 20 年;他从三副做起,而后任二副、大副,1991 年当上了船长,截至 1999 年,船长仍是烟大公司最年轻的船长。起初,公司派了另外一位船长来驾驶这艘船,但由于该船吨位大,驾驶难度也大,公司又临时把富有航海驾驶经验、技术一流的该船长召回到“大舜号”上当船长。

1999 年 11 月 24 日 1320 时,“大舜”轮船员到山东省烟台海监局签证,监督科对“大舜”轮出港签证进行现场检查后予以放行。该轮载旅客 264 人(检票数 262 人,另有 2 名未购船票的儿童),船员 40 人,各种车辆 61 台,载重 1 722.12 t(未超载),自烟台开往大连。

当天 1100 时烟台气象台寒潮警报:“受西伯利亚一股较强冷空气影响,北到东北风,烟台沿海海面、渤海海峡逐渐增强到 7~8 级,阵风 9 级。冷空气前峰过后,气温将明显下降 10 ℃。”11 月 24 日上午,公司收到了寒潮大风警报,但未调整“大舜”轮当天的航次任务。

1341 时,“大舜”轮驶过烟台港 6 号灯浮,船长令主机定速后离开驾驶台,由二副指挥出港。

1345 时,左舷正横小山子岛,定向 018°,航速 15.5 kn。

1500 时,风力 7~8 级,大浪,船舶发生剧烈颤抖,船长、大副、轮机长等先后上驾驶台。

1503 时,为缓解和减轻风浪对船体的影响,船长令备车减速,将定速改为港内前进三(12 kn 左右)。几分钟后,值班乘警报告:汽车舱内有车辆碰撞,车辆可能移动。船长没有派人下去查看车辆的移位情况,也未采取其他措施,当即决定掉头返航,回烟台港避风。

1520 时,风向西北,风力 8 级,浪高 5 m,船长下令减速为前进二(10 kn 左右),并向右转向掉头。因船位已偏原计划航线东侧,加之向右掉头后船位更明显偏东,为驶回烟台港，船长又逐步调整航向至 220°，致使船舶更接近横风横浪，船体横摇达 30°，水手操舵十分困难，舱内车辆移位、碰撞加剧，船体出现左倾，船长令施放防摇装置。

1621 时，船位在小山子岛东北约 10 n mile，驾驶台烟雾报警系统报警：D 甲板（从上数第四层）汽车舱 6 区、7 区起火。船长令大副、二副组织人员灭火。二副打开汽车舱侧门，发现舱内浓烟滚滚，在没有探明火情的情况下，就立即关闭舱门，并通知驾驶台开启水雾系统灭火。同时，轮机长、大副带人去关闭汽车舱通风筒，但艉部一通风筒没能关闭。

1630 时，船长通过单边带电话向烟大公司调度室报告险情并请求救助；二副与水手使用 4 支消防水枪冲水冷却 C 甲板（从上数第三层）；服务员组织旅客穿救生衣并在救生艇甲板集合。后来，D 甲板火势蔓延至上一层的 C 甲板，C 甲板压力水雾灭火系统亦被开启。烟大公司将“大舜”轮险情通报山东省烟台港航监督和山东省海上搜救中心烟台分部。之后，烟大公司派本公司的“齐鲁”轮、“兴鲁”轮（均为空载客滚船）前往救助，但由于风浪太大，两船均未能抵达现场。

1635 时，左舵机失灵，20 min 后右舵机失灵。通往舵机间的通道被大火封堵，无法启用应急舵，船舶处于失控状态。

1645 时，交通部烟台海监局（现中华人民共和国烟台海事局）总值班室（本次搜救的临时指挥部）接到烟大公司险情报告并立即报告中国海上搜救中心和山东省、烟台市有关领导；通知和组织协调烟台救捞局、烟台港务局和当地驻军等方面的船舶前往施救。出动参与施救的船舶有“烟救 13”（2 600 马力拖轮）等共 17 艘，除“烟救 13” 和“岱江”两轮外，其他船舶均未能出港或未能抵达“大舜”轮遇险海域。

1725 时，根据烟大公司抛“活锚”的建议，船长为了减轻船舶横摇，令抛左锚 1 kn（长度 27.5 m）入水。至船舶倾覆时止，平均以约 2.2 kn 的速度随风浪拖锚向岸边漂移。

1730 时，途经的空载杂货船“岱江”轮，受命抵达现场施救。因风浪太大，操纵困难，救助失败。此后该轮按照指挥部的命令，在“大舜”轮东侧约 1 000 m 左右的海面上抛锚待命。1921 时，“烟救 13”轮抵达遇险现场并试图拖带，先后 5 次在下风舷接近“大舜”轮，4 次向“大舜”轮发射撇缆枪，“大舜”轮也 2 次向“烟救 13”轮发射撇缆枪，但都因风浪太大，带缆失败。此过程持续约 2 h。此后，根据指挥部的命令，“烟救 13”轮一直守候在“大舜”轮附近，伺机救援。

1930 时后，因风大、浪高、天寒等原因，甲板上的旅客陆续回舱。此后，船上没有再组织人员到甲板集中。

2045 时，在同一海域遇险的“银河公主”轮观测：风向偏北，风力 9 ~ 10 级，阵风 11 级，狂浪。2130 时，“大舜”轮火势加大而无法控制，并引燃 B 甲板（载客甲板，从上数第二层）的被服仓库。2300 时，“大舜”轮消防水枪因停泵打不出水。同时船体左倾加剧。

2338 时，船体左倾加剧到 90°，并突然倾覆，倒扣在离烟台市牟平姜格庄云溪村海岸 1.5 n mile 处，船底露出水面，艏向 320°，船位 37°28.5′ N，121°47.6′ E，当时水深约 21 m（含潮高 4 m）。

船上 304 人（40 名船员，264 名旅客）中的 22 人（5 名船员，17 名旅客）获救，包括船长、大副和轮机长等船上主要船员在内的 282 人（男 228 名，女 54 名）遇难，直接经济损失约 6 000 万元。

(3)事故原因

①气象、海况恶劣是这起事故的客观原因和重要原因

受西伯利亚强冷空气影响,烟台市从 24 日中午开始,偏北风逐渐增大到 7~8 级,约 1700 时后风速急剧增大,阵风 10 级;气温从 24 日 1400 时 8.2 ℃降至 25 日 0800 时零下 1.3 ℃,下降约 10 ℃。当日正值农历十七,2300 时为天文大潮高潮潮时,实际潮高 4.09 m,比预报的 2.48 m 高 1.61 m。受风浪和大潮影响,沿岸雕塑倒塌,路边石条等严重移位。事故附近海域不受遮蔽,实际风力和浪高更大,异常超出预报,实测为偏北风 9~10 级,阵风 11 级,浪高 5.5~7.5 m。在寒潮降温、大风和大潮的共同作用下,24 日中午以后烟台沿海出现了 1991 年以来第二个最恶劣的气象、海况,致使"大舜"轮遇险,并给施救带来极大困难,直至遇难。同时也使当日在渤海湾航行的客滚船"银河公主"和货船"漩达"等船舶遇险,"中鲁""工友""生生"等客滚船被迫返航或使航行时间大幅延长。

②船长决策失误,操纵不当是这起事故的主要原因

"大舜"轮在开航前收到当天烟台气象台发布的寒潮警报,但是船长对这一季节性恶劣气候的形成和影响缺乏足够的认识和准备,盲目指挥船舶开航出港。离港后不到 2 小时遇大风大浪认为难以抵御,又匆忙指挥船舶返航避风。导致掉头返航过程中,船舶大角度横摇,舱内车辆及其货物倾斜、翻倒、移位、碰撞,使汽车油箱内燃油外泄,汽车相互撞击摩擦产生的火花或汽车电源线短路打火引起火灾。进而导致舵机因通往舵机间的通道被大火封堵而无法启用,船舶失控。

船长采取向右掉头措施,并企图返回烟台港,船舶掉头后因风压造成船位进一步大幅度向下风漂移;使该船处于只有采取接近横风横浪航行才能返回烟台港的困难和危险境地。

船舶失火后,在没有探明火情的情况下,盲目打开 D 甲板压力水雾灭火系统,且未能关闭艉部的一个通风筒,影响了灭火效果。

在灭火过程中,除打开所有高压水雾灭火系统外,还长时间使用 4 支消防水枪往船舱灌水,又因排水不畅,造成舱内大量积水,形成自由液面,船舶稳性被破坏。

船长对船舶倾覆可能性及其严重后果估计不足,没有及时宣布弃船,也没有组织旅客重新回到甲板,致使船舶倾覆时多数旅客被扣在舱内。

③车辆超载、系固不良是这起事故的重要原因

"大舜"轮所载车辆中,经核实的 34 辆货车的总额定载重为 225.5 t,实载 487.6 t,为额定载重量的 2.16 倍。其中 33 辆载货车超载。

经对打捞起的"大舜"轮沉船进行验证:C 甲板汽车舱内甲板地铃 350 个,其中 327 个完好无损,14 个受外力切割,9 个变形,舱内所载 14 辆汽车无系固痕迹,前舱右侧舱壁两旁系固索具排列整齐;D 甲板汽车舱内甲板地铃 357 个,其中 325 个完好无损,30 个地铃无铃无环,2 个变形,舱内 47 辆汽车无系固痕迹。由于 C、D 甲板汽车舱所载车辆没有有效系固,造成车辆及货物因船舶大角度操纵和大风浪航行颠簸、摇摆而发生倾斜、移位、碰撞,进而引发火灾,导致舵机失灵、船舶失控。

【分析与讨论】

(1)“大舜”号船员在船上应急部署与演习方面是否存在不足?

(2)“大舜”号船员的灭火措施是否得当?

(3)“大舜”号船长应承担哪些责任?

(4)“大舜”号火灾沉没事故给我们哪些启示?

(5)试述客滚轮船员职业岗位培训的重要性。

九、“振华4”轮船员斗败海盗记

一艘巨轮平稳地航行在亚丁湾茫茫大海的波涛上,时间是北京时间2009年12月17日。这是中国交通建设集团总公司的6万吨级特大件运输船“振华4”轮,它在苏丹卸货后,正向上海返回的途中。

亚丁湾是一片海盗经常出没的海域。近几年来,亚丁湾、索马里海域海盗活动日益猖獗,尤其是2009年,海盗相继劫持了40多艘货轮、油轮,甚至装载坦克的乌克兰货轮也被劫持,有250多名船员先后被海盗扣押为人质。

当年航经亚丁湾、索马里海域的中国船舶有1 300多艘次,其中80多艘次受到海盗的袭扰。也正因此,振华轮上30名船员事先就做了许多反击海盗的准备,用空酒瓶自制了一些燃烧弹,为防海盗袭击还做过一定的演练。不想,在这次航程中还都派上了用场。

北京时间17日12时许,瞭望的船员发现两艘海盗的快艇向“振华4”轮包抄过来。全船立即紧张起来(见图10-1)。12时43分,7名手持火箭筒、重机枪等武器的海盗向“振华4”轮发起突然袭击。火箭炮、冲锋枪齐发,炮弹在甲板上爆炸,子弹打在驾驶舱上。

图10-1　船员们在防线后面阻击海盗图

危机中船长瞪圆了双眼,但他出奇地冷静,大喊道:“同志们!狭路相逢勇者胜!不要怕他们!动手还击!”

海盗身手分外敏捷,只瞬间,有4名武装海盗就登上了货轮前甲板(见图10-2和图10-3)。

图 10-2 海盗登上了货轮甲板图

图 10-3 海盗在甲板上开枪射击图

船员们当即操起了高压水龙头,高压水流如柱般射向穷凶极恶的海盗。还用土制燃烧弹、酒瓶、水杯、饭碗等,从船员藏身的各个隐蔽点砸向甲板上的海盗。船员们割断了通向生活区的软梯,用简单的工具,在甲板上构成一道抗击海盗的防线,阻止了海盗靠近生活区。

在发现海盗的同时,船长通过卫星电话,把遭遇海盗的消息报告中交集团总公司,和中国海上搜救中心总值班室。遭到袭击后,船长立即向位于吉隆坡的国际海事局海盗报告中心进行了紧急情况报告,并打电话求救。

由于海盗是光着脚登船的,燃烧弹在甲板上燃起熊熊大火;酒瓶、饭碗在甲板上散成碎片;高压水龙直喷射到海盗头上。面对不断逼近的海盗,30 名船员奋勇抵抗,毫不退缩!燃烧弹扔完了,就现装,装一个,扔一个;同时用汽油泼向海盗头上。该轮船员们用力反击,将海盗们阻止在甲板上。

海盗被吓住了:汽油遭遇燃烧弹的后果只有一个:会将人活活烧死!这时,一个海盗高喊:“停战!停战!我们撤退!”

船长观察了一阵后,以为海盗不使诈,遂下令:“停止行动。与海盗对话。”

海盗喊道:“你们只要给我们提供鞋子,我们就撤退!”

图 10-4　船员用自制燃烧瓶阻击海盗图

甲板上,碎玻璃、碎瓷片混合着燃烧弹在燃烧,海盗们的脚底渗出血迹。

船长说:“你们的人撤退到甲板上,我们给你们提供鞋子。”海盗退了回去,历时 1 个半小时的激烈战斗,暂时停止。船员们扔过去了几双鞋子。

然而毫无诚信可言的海盗们穿上鞋子后,再次向生活区发起攻击。局势再次严峻起来!

海盗们的子弹更加密集地射向生活区。3 名海盗在其他海盗的掩护下,躲过燃烧弹的袭击,冲到生活区下方,架设起梯子,爬上了 7 米高的平台甲板,向生活区内开枪扫射。

船员们躲避在死角,子弹将船体射得弹痕累累。海盗找到了门,开始动手撬门。形势异常危险了。

船长向船员们喊道:“交通运输部领导已经和国际有关组织联系了,多国部队很快就来支援我们。我们有祖国做坚强后盾。要坚持住,坚持就是胜利!”

就在海盗发起新一轮攻击的十分危险的时刻,一架直升机飞了过来,悬停在海盗头顶。经联系,得知船员都在生活区,海盗们都在甲板上后,直升机开始用机枪向甲板上开火扫射。

海盗们当即被直升机火力压倒在甲板角落抬不起头,停泊在水面上的有一艘海盗快艇也被打翻,艇上的 2 名海盗爬上了“振华 4”轮。海盗为躲避直升机扫射,停止了攻击。

当“振华 4”轮船员们与海盗进行激烈战斗时,祖国各方面也在紧急行动,启动防范海盗应急机制,协调组织对“振华 4”轮进行救援。

交通运输部党组副书记、副部长翁孟勇赶到中国搜救中心总值班室,要求应急工作组与遇险船舶保持联系,指示船长继续在确保船员生命安全的前提下见机行事,与海盗周旋,等待支援;同时协调国际海事局马来西亚防海盗中心及多国海军部队,派舰艇和直升机火速赶往事发海域提供援助;还向外交部等有关部门及时通报情况,请求启动外交途径组织救援。

中国海上搜救中心总值班室值班员迅速拨通了马来西亚防海盗中心的电话:“中国‘振华 4’轮正遭遇海盗袭击,恳请派出力量,进行救助。”

半小时后,马方回电:“我们已协调派出马来西亚一架飞机和一艘军舰前往救助!”

过了一会儿,直升机因燃油不足飞走。海盗趁机再次攻击!船员们再次全力投入阻击战。船长马上报告了中国海上搜救中心总值班室。大家心急如焚,因为传来的消息是,军舰一个小时后才能到达,如果海盗做出极端行动怎么办?

中国海上搜救中心总值班室再次与马方联系:“请你们协调,再派飞机。”

经马来西亚方面紧急协调多国部队后,又有一架直升机飞到了危机中的“振华 4”轮上空,不断盘旋。

海盗再次停止了攻击,向船员们喊话:“我们的船没有汽油了,只要你们提供汽油,或者开到岸边,我们就下船。”

“振华 4”轮没有汽油。汽油被当作“武器”泼到了海盗身上。双方对峙起来。船长下令,把船向军舰开来的方向驶去。有直升机在头顶上,海盗们无计可施。

一个多小时后,海盗发现轮船行驶的方向不对,再次喊话:“停船,停船!让我们下去!”

16 时 45 分,“振华 4”轮停下来,7 名海盗下船,乘坐携带的小艇溜走了。行驶一个小时后,“振华 4”轮终于遇到前来接应的马来西亚军舰。

惊心动魄的战斗结束了。正义战胜了邪恶。亚丁湾上这场反劫持行动的成功,是强大祖国力量的展示,是中国船员智慧和勇敢的展示。

虽然“振华 4”轮弹痕累累,但 30 名船员无人受伤。历经了生死攸关的真枪实战,船员们整夜无眠。12 月 18 日 12 时,“振华 4”轮终于驶出海盗活动海域,驶进印度洋。

亚丁湾的洋面,在激烈较量近 5 个小时后,“振华 4”轮成功逼退了登船企图劫持轮船的海盗。这是今年在亚丁湾海域遭遇劫持的轮船中,通过船员激烈反劫持自救和国际力量援助(多国部队的支援)成功战胜海盗的一个案例。

【分析与讨论】

简述“振华 4”轮逼退登船企图劫持轮船的海盗的成功经验。

附　录

表 1　海船船员水上交通安全类违法记分分值标准

代码	行为名称	对象	分值	法律依据
11001	船舶、设施上的人员在船上值班期间，体内酒精含量超过规定标准的；在船上履行船员职务，服食影响安全值班的违禁药物的	当事船员	15	《海上交通安全法》第九条
11002	船长在弃船或者撤离船舶时未最后离船的	船长	15	《船员条例》第二十二条第(九)项
11003	由他人代替参加考试或者代替他人参加考试的	当事船员	15	《海上交通安全法》第九条
11004	发生海上交通事故的船舶、设施在不严重危及自身安全的情况下，擅自离开事故现场或逃逸的	船长	15	《海上交通安全法》第三十七条
11005	转让、买卖或租借船员职务证书的	当事船员	15	《海上交通安全法》第七条
11006	船舶、设施遇难时，不及时向海事管理机构报告出事时间、地点、受损情况、救助要求以及发生事故原因的	船长	8	《海上交通安全法》第三十四条
11007	在事故现场附近的船舶、设施，不听从海事管理机构统一指挥实施救助的	船长及值班驾驶员	8	《海上交通安全法》第三十八条
11008	船舶、设施不符合安全航行条件而开航的	船长	8	《海上交通安全法》第十条
11009	船舶、设施不符合安全作业条件而作业的	船长	8	《海上交通安全法》第十条
11010	船舶、设施未按照规定进行夜航的	船长	8	《海上交通安全法》第十条
11011	船舶、设施未按规定拖带，或非拖带船从事拖带作业的	船长	8	《海上交通安全法》第十条
11012	船舶、设施储存、装卸、运输危险货物，装运危险货物的船舶擅自在非停泊危险货物船舶的锚地、码头或其他水域停泊的	船长	8	《海上交通安全法》第三十二条 《危险化学品安全管理条例》第四十五条

（续表）

代码	行为名称	对象	分值	法律依据
11013	引航员在引领船舶时，未持有相应的引航员适任证书的	当值引航员	8	《船员条例》第九条第一款
11014	船员在船工作期间，未持有相应的船员适任证书的	未持证船员	8	《船员条例》第九条第一款
11015	船舶、设施不按照规定载运旅客、车辆的	船长	8	《海上交通安全法》第十条
11016	船舶、设施超过核定载重线载运货物的	大副	8	《海上交通安全法》第十条
11017	未按照规定保障船舶的最低安全配员的	船长	8	《船员条例》第二十二条第三项
11018	伪造船舶服务资历，或者提供虚假材料申请船员证书的	责任船员	8	《船员条例》第五十三条
11019	船舶无正当理由进入或者穿越禁航区的	值班驾驶员	8	《海上交通安全法》第十五条
11020	船员考试作弊的	当事船员	8	《海上交通安全法》第九条
11021	船舶、设施上的人员在船上履行船员职务，未按照船员值班规则实施值班的	当事船员	8	《海上交通安全法》第九条
11022	船舶、设施储存、装卸、运输危险货物，不遵守国家关于危险货物管理和运输规定的	当事船员	4	《海上交通安全法》第三十二条 《危险化学品安全管理条例》第四十五条
11023	船舶、设施上的人员不按规定使用明火的	大副或轮机长	4	《海上交通安全法》第九条
11024	船舶进出港口或通过交通管制区、通航密集区和航行条件受到限制的区域时，不遵守中国政府或海事管理机构公布的特别规定的	船长	4	《海上交通安全法》第十四条
11025	引航员未按照水上交通安全和防治船舶污染操作规则引领船舶的	当值引航员	4	《船员条例》第二十条第（三）项
11026	船舶、设施上的人员不采用安全速度航行的	值班驾驶员	4	《海上交通安全法》第九条
11027	船舶、设施上的人员不按规定的航路航行的	值班驾驶员	4	《海上交通安全法》第九条
11028	船舶、设施上的人员不遵守避碰规则的	值班驾驶员	4	《海上交通安全法》第九条

（续表）

代码	行为名称	对象	分值	法律依据
11029	船舶、设施上的人员不按照规定停泊、倒车、调头、追越的	值班驾驶员	4	《海上交通安全法》第九条
11030	船舶、设施上的人员不按规定进行试车、试航、测速、辨校方向的	船长	4	《海上交通安全法》第九条
11031	船舶、设施不遵守强制引航规定的	船长	4	《海上交通安全法》第十条
11032	船舶触碰航标不报告的	值班驾驶员	4	《航标条例》第十四条第二款
11033	未按照规定抄收海岸电台播发的海上航行警告的	船长、二副或值班驾驶员	4	《海上交通安全法》第九条
11034	船舶、设施超过核定航区航行的	值班驾驶员	4	《海上交通安全法》第十条
11035	游艇的航行水域超出检验证书所载明的适航范围的	游艇操作员	4	《游艇安全管理规定》第十七条第一款
11036	船长、高级船员在航次中，擅自辞职、离职或者中止职务的	当事船员	4	《船员条例》第二十三条
11037	船员未如实填写或者记载有关船舶法定文书的	当事船员	4	《船员条例》第二十条
11038	引航员在引领船舶时，未携带规定的有效证件的	未带证引航员	2	《船员条例》第二十条第（一）项
11039	船员在船工作期间未携带规定的有效证件的	未带证船员	2	《船员条例》第二十条第（一）项
11040	游艇操作人员操作游艇时未携带合格的适任证书的	操艇员	2	《游艇安全管理规定》第十五条第三款
11041	船舶、设施上的人员不按规定显示信号的	值班驾驶员	2	《海上交通安全法》第九条
11042	船舶、设施不遵守航行通信和无线电通信管理规定的	值班驾驶员	2	《海上交通安全法》第十条
11043	船舶、设施上的人员不按照规定保持船舶自动识别系统处于正常工作状态，或者不按照规定在船舶自动识别设备中输入准确信息，或者船舶自动识别系统发生故障未及时向海事管理机构报告的	值班驾驶员	2	《海上交通安全法》第九条
11044	船舶、设施违反船舶并靠或者过驳有关规定的	船长	2	《海上交通安全法》第十条

（续表）

代码	行为名称	对象	分值	法律依据
11045	游艇未在海事管理机构公布的专用停泊水域或者停泊点停泊，或者临时停泊的水域不符合《游艇安全管理规定》的要求的	操艇员	1	《游艇安全管理规定》第二十条

表 2　海船船员防治船舶污染类违法记分分值标准

代码	行为名称	对象	分值	法律依据
12001	因发生事故或其他突发性事件，造成海洋环境污染事故，不立即采取处理措施的	船长	15	《海洋环境保护法》第六十五条
12002	船舶向沿海水域排放《海洋环境保护法》等有关规定禁止排放的污染物或其他物质的	大副或轮机长，及责任船员	15	《海洋环境保护法》第六十二条第一款
12003	发生船舶污染事故，船舶、有关作业单位迟报、漏报、瞒报和谎报事故的	船长	8	《防治船舶污染海洋环境管理条例》第三十七条
12004	船舶超过标准排放污染物的	大副或轮机长，及责任船员	8	《海洋环境保护法》第六十二条第一款
12005	未经海事管理机构批准，使用消油剂的	船长	8	《海洋环境保护法》第七十条第（三）项、《防治船舶污染海洋环境管理条例》第四十三条
12006	未经海事管理机构批准，船舶载运污染危害性货物进出港口、过境停留、进行装卸的	大副	4	《海洋环境保护法》第六十七条《防治船舶污染海洋环境管理条例》第二十二条
12007	载运污染危害性货物的船舶不符合污染危害性货物适载要求的	大副	4	《防治船舶污染海洋环境管理条例》第二十一条第一款
12008	未经海事管理机构批准，船舶进行散装液体污染危害性货物过驳作业的	船长	4	《防治船舶污染海洋环境管理条例》第二十六条
12009	船舶未按照规定在船舶上留存船舶污染物处置记录的；船舶污染物处置记录与船舶运行过程中产生的污染物数量不符合的	船长、大副或轮机长，及责任船员	4	《防治船舶污染海洋环境管理条例》第十六条第一款

《海上交通安全法》中涉及船员法律责任的条款

第九十五条　船舶、海上设施未持有有效的证书、文书的，由海事管理机构责令改正，对违法船舶或者海上设施的所有人、经营人或者管理人处三万元以上三十万元以下的罚款，对船长和有关责任人员处三千元以上三万元以下的罚款；情节严重的，暂扣船长、责任船员的船员适任证书十八个月至三十个月，直至吊销船员适任证书；对船舶持有的伪造、变造证书、文书，予以没收；对存在严重安全隐患的船舶，可以依法予以没收。

第九十六条　船舶或者海上设施有下列情形之一的，由海事管理机构责令改正，对违法船舶或者海上设施的所有人、经营人或者管理人处两万元以上二十万元以下的罚款，对船长和有关责任人员处两千元以上两万元以下的罚款；情节严重的，吊销违法船舶所有人、经营人或者管理人的有关证书、文书，暂扣船长、责任船员的船员适任证书十二个月至二十四个月，直至吊销船员适任证书：

（一）船舶、海上设施的实际状况与持有的证书、文书不符；

（二）船舶未依法悬挂国旗，或者违法悬挂其他国家、地区或者组织的旗帜；

（三）船舶未按规定标明船名、船舶识别号、船籍港、载重线标志；

（四）船舶、海上设施的配员不符合最低安全配员要求。

第九十七条　在船舶上工作未持有船员适任证书、船员健康证明或者所持船员适任证书、健康证明不符合要求的，由海事管理机构对船舶的所有人、经营人或者管理人处一万元以上十万元以下的罚款，对责任船员处三千元以上三万元以下的罚款；情节严重的，对船舶的所有人、经营人或者管理人处三万元以上三十万元以下的罚款，暂扣责任船员的船员适任证书六个月至十二个月，直至吊销船员适任证书。

第九十八条　以欺骗、贿赂等不正当手段取得船员适任证书的，由海事管理机构撤销有关许可，没收船员适任证书，对责任人员处五千元以上五万元以下的罚款。

第九十九条　船员未保持安全值班，违反规定摄入可能影响安全值班的食品、药品或者其他物品，或者有其他违反海上船员值班规则的行为的，由海事管理机构对船长、责任船员处一千元以上一万元以下的罚款，或者暂扣船员适任证书三个月至十二个月；情节严重的，吊销船长、责任船员的船员适任证书。

第一百零一条　有下列情形之一的，由海事管理机构责令改正，对有关责任人员处三万元以下的罚款；情节严重的，处三万元以上十万元以下的罚款，并暂扣责任船员的船员适任证书一个月至三个月：

（一）承担无线电通信任务的船员和岸基无线电台（站）的工作人员未保持海上交通安全通信频道的值守和畅通，或者使用海上交通安全通信频率交流与海上交通安全无关的内容；

（二）违反国家有关规定使用无线电台识别码，影响海上搜救的身份识别；

（三）其他违反海上无线电通信规则的行为。

第一百零二条　船舶未依照本法规定申请引航的，由海事管理机构对违法船舶的所有人、经营人或者管理人处五万元以上五十万元以下的罚款，对船长处一千元以上一万元以下的罚款；情节严重的，暂扣有关船舶证书三个月至十二个月，暂扣船长的船员适任证书一个月至三个月。

第一百零三条　船舶在海上航行、停泊、作业，有下列情形之一的，由海事管理机构责令改正，对违法船舶的所有人、经营人或者管理人处两万元以上二十万元以下的罚款，对船长、责任船员处两千元以上两万元以下的罚款，暂扣船员适任证书三个月至十二个月；情节严重的，吊销船长、责任船员的船员适任证书：

（一）船舶进出港口、锚地或者通过桥区水域、海峡、狭水道、重要渔业水域、通航船舶密集的区域、船舶定线区、交通管制区时，未加强瞭望、保持安全航速并遵守前述区域的特殊航行规则；

（二）未按照有关规定显示信号、悬挂标志或者保持足够的富余水深；

（三）不符合安全开航条件冒险开航，违章冒险操作、作业，或者未按照船舶检验证书载明的航区航行、停泊、作业；

（四）未按照有关规定开启船舶的自动识别、航行数据记录、远程识别和跟踪、通信等与航行安全、保安、防治污染相关的装置，并持续进行显示和记录；

（五）擅自拆封、拆解、初始化、再设置航行数据记录装置或者读取其记录的信息；

（六）船舶穿越航道妨碍航道内船舶的正常航行，抢越他船船艏或者超过桥梁通航尺度进入桥区水域；

（七）船舶违反规定进入或者穿越禁航区；

（八）船舶载运或者拖带超长、超高、超宽、半潜的船舶、海上设施或者其他物体航行，未采取特殊的安全保障措施，未在开航前向海事管理机构报告航行计划，未按规定显示信号、悬挂标志，或者拖带移动式平台、浮船坞等大型海上设施未依法交验船舶检验机构出具的拖航检验证书；

（九）船舶在不符合安全条件的码头、泊位、装卸站、锚地、安全作业区停泊，或者停泊危及其他船舶、海上设施的安全；

（十）船舶违反规定超过检验证书核定的载客定额、载重线、载货种类载运乘客、货物，或者客船载运乘客同时载运危险货物；

（十一）客船未向乘客明示安全须知、设置安全标志和警示；

（十二）未按照有关法律、行政法规、规章以及强制性标准和技术规范的要求安全装卸、积载、隔离、系固和管理货物；

（十三）其他违反海上航行、停泊、作业规则的行为。

第一百零四条　国际航行船舶未经许可进出口岸的，由海事管理机构对违法船舶的所有人、经营人或者管理人处三千元以上三万元以下的罚款，对船长、责任船员或者其他责任人员，处两千元以上两万元以下的罚款；情节严重的，吊销船长、责任船员的船员适任证书。

国内航行船舶进出港口、港外装卸站未依法向海事管理机构报告的，由海事管理机构对违法船舶的所有人、经营人或者管理人处三千元以上三万元以下的罚款，对船长、责任船员或者其他责任人员处五百元以上五千元以下的罚款。

第一百零五条　船舶、海上设施未经许可从事海上施工作业，或者未按照许可要求、超出核定的安全作业区进行作业的，由海事管理机构责令改正，对违法船舶、海上设施的所有人、经营人或者管理人处三万元以上三十万元以下的罚款，对船长、责任船员处三千元以上三万元以下的罚款，或者暂扣船员适任证书六个月至十二个月；情节严重的，吊销船长、责任船员的船员适任证书。

从事可能影响海上交通安全的水上水下活动，未按规定提前报告海事管理机构的，由海事管理机构对违法船舶、海上设施的所有人、经营人或者管理人处一万元以上三万元以下的罚款，对船长、责任船员处两千元以上两万元以下的罚款。

第一百零七条　外国籍船舶进出中华人民共和国内水、领海违反本法规定的，由海事管理机构对违法船舶的所有人、经营人或者管理人处五万元以上五十万元以下的罚款，对船长处一万元以上三万元以下的罚款。

第一百零八条　载运危险货物的船舶有下列情形之一的，海事管理机构应当责令改正，对违法船舶的所有人、经营人或者管理人处五万元以上五十万元以下的罚款，对船长、责任船员或者其他责任人员，处五千元以上五万元以下的罚款；情节严重的，责令停止作业或者航行，暂扣船长、责任船员的船员适任证书六个月至十二个月，直至吊销船员适任证书：

（一）未经许可进出港口或者从事散装液体危险货物过驳作业；

（二）未按规定编制相应的应急处置预案，配备相应的消防、应急设备和器材；

（三）违反有关强制性标准和安全作业操作规程的要求从事危险货物装卸、过驳作业。

第一百一十条　船舶、海上设施遇险或者发生海上交通事故后未履行报告义务，或者存在瞒报、谎报情形的，由海事管理机构对违法船舶、海上设施的所有人、经营人或者管理人处三千元以上三万元以下的罚款，对船长、责任船员处两千元以上两万元以下的罚款，暂扣船员适任证书六个月至二十四个月；情节严重的，对违法船舶、海上设施的所有人、经营人或者管理人处一万元以上十万元以下的罚款，吊销船长、责任船员的船员适任证书。

第一百一十一条　船舶发生海上交通事故后逃逸的，由海事管理机构对违法船舶的所有人、经营人或者管理人处十万元以上五十万元以下的罚款，对船长、责任船员处五千元以上五万元以下的罚款并吊销船员适任证书，受处罚者终身不得重新申请。

第一百一十二条　船舶、海上设施不依法履行海上救助义务，不服从海上搜救中心指挥的，由海事管理机构对船舶、海上设施的所有人、经营人或者管理人处三万元以上三十万元以下的罚款，暂扣船长、责任船员的船员适任证书六个月至十二个月，直至吊销船员适任证书。

第一百一十三条　有关单位、个人拒绝、阻碍海事管理机构监督检查，或者在接受监督检查时弄虚作假的，由海事管理机构处两千元以上两万元以下的罚款，暂扣船长、责任船员的船员适任证书六个月至二十四个月，直至吊销船员适任证书。